독자의 1초를
아껴주는 정성을
만나보세요!

세상이 아무리 바쁘게 돌아가더라도 책까지 아무렇게나 빨리 만들 수는 없습니다.

인스턴트 식품 같은 책보다 오래 익힌 술이나 장맛이 밴 책을 만들고 싶습니다.

땀 흘리며 일하는 당신을 위해 한 권 한 권 마음을 다해 만들겠습니다.

마지막 페이지에서 만날 새로운 당신을 위해 더 나은 길을 준비하겠습니다.

즐거운
프로그래밍
경   험

개정판
Pi3·파이썬3

모두의
라즈베리
파이 with 파이썬

누구나 쉽게 배우는 전자 회로 공작과 파이썬 프로그래밍

이시이 모루나, 에사키 노리히데 지음 · 서수환 옮김

길벗

MINNA NO Raspberry Pi NYUMON - THE FOURTH EDITION - [TAIO GENGO: Python 3]
by Moruna Ishii, Norihide Esaki
Copyright ⓒ Moruna Ishii, Norihide Esaki 2017
All rights reserved.
Original Japanese edition published by Ric Telecom, Tokyo

This Korean language edition is published by arrangement with Ric Telecom, Tokyo in care of Tuttle-Mori Agency, Inc., Tokyo through Botong Agency, Seoul.

모두의 라즈베리 파이 with 파이썬, 개정판

Raspberry Pi for Everyone, 2nd

초판 발행 · 2019년 1월 20일
초판 6쇄 발행 · 2021년 12월 20일

지은이 · 이시이 모루나, 에사키 노리히데
옮긴이 · 서수환
발행인 · 이종원
발행처 · (주)도서출판 길벗
출판사 등록일 · 1990년 12월 24일
주소 · 서울시 마포구 월드컵로 10길 56(서교동)
대표전화 · 02)332-0931 | **팩스** · 02)333-5409
홈페이지 · www.gilbut.co.kr | **이메일** · gilbut@gilbut.co.kr

기획 및 편집 · 이원휘(wh@gilbut.co.kr) | **디자인** · 배진웅 | **제작** · 이준호, 손일순, 이진혁
마케팅 · 임태호, 전선하, 차명환, 지운집, 박성용 | **영업관리** · 김명자 | **독자지원** · 송혜란, 윤정아, 홍혜진

교정교열 · 김희정 | **전산편집** · 도설아 | **출력 · 인쇄** · 예림인쇄 | **제본** · 예림바인딩

ISBN 979-11-6050-702-7 93000
(길벗 도서번호 007013)

정가 26,000원

독자의 1초를 아껴주는 정성 길벗출판사

길벗 | IT단행본, IT교육서, 교양&실용서, 경제경영서
길벗스쿨 | 어린이학습, 어린이어학

페이스북 · www.facebook.com/gbitbook

라즈베리 파이의 네 번째 생일이었던 2016년 2월 마지막 날에 라즈베리 파이 3이 발표되었고, 3에 대응해 2016년 12월에 《모두의 라즈베리 파이 with 파이썬》 3판을 냈습니다. 8개월 후 라즈베리 파이 표준 OS인 라즈비안의 메이저 버전이 업데이트되었고 코드 네임도 Jessie에서 Stretch로 바뀌었습니다. 이때까지 라즈비안에 있던 파이썬은 Python 2가 중심이었지만 이후로 Python 3으로 바뀌었고 개발 환경도 IDLE에서 Thonny로 바뀌었습니다. 3판 머리말에 '라즈베리 파이는 진화를 멈출 줄 모릅니다'라고 썼는데 지금도 여전히 라즈베리 파이의 진화는 계속되고 있습니다. 이러한 진화에 대응하여 4판을 내게 되었습니다. 독자 여러분의 사랑 덕분입니다. 깊이 감사드립니다.

라즈베리 파이는 신용카드 크기만 한 기판에 LSI가 구현되어 있어서 아두이노 같은 마이크로컴퓨터 기판처럼 보입니다. 하지만 라즈베리 파이는 다른 마이크로컴퓨터 기판과 달리 PC로 쓸 수 있습니다. 그리고 학생들을 위한 프로그래밍 학습, 특히 파이썬 프로그래밍 학습을 돕기 위해 개발되었기 때문에 이미 파이썬 개발 환경이 준비되어 있어 편리합니다.

파이썬은 명령줄에서 동작하는 작은 프로그램부터 GUI를 사용한 본격적인 애플리케이션까지 모두 개발할 수 있는 강력한 프로그래밍 언어입니다. 게다가 멀티플랫폼에 대응하므로 파이썬으로 만든 프로그램은 윈도, macOS, 리눅스 등 다양한 OS에서 동작합니다.

라즈베리 파이라는 플랫폼을 이용해 파이썬을 학습하면 어떤 이점이 있을까요. 확장 커넥터를 쓸 수 있다는 점이 가장 큰 이점입니다. 라즈베리 파이는 파이썬으로 확장 커넥터를 제어해서 전자 회로를 동작시킬 수 있습니다. 윈도나 macOS 같은 다른 플랫폼에서는 쉽게 할 수 없는 일입니다. 확장 커넥터를 쓰면 프로그램으로 전자 회로를 제어해서 주변 밝기나 온도 같은 현실 세계의 정보를 얻을 수 있고, DC 모터나 서보 모터를 제어해서 본체를 움직일 수도 있습니다. 파이썬이라는 프로그래밍 언어로 PC 내부 동작과 PC 외부 동작을 간단히 제어할 수 있는 환경은 라즈베리 파이만의 매력입니다.

이 책은 PC에서 동작하는 프로그램과 현실 세계를 연결하는 방법을 소개하는 것이 목적입니다. 지금까지 PC에서 동작하는 프로그램만 만들었거나 아두이노 같은 전자 회로를 제어하는 프로그램만 만들었던 분이라면 양쪽을 이어 주는 환경을 이렇게 저렴하게 구할 수 있다는 걸 알아 주면 좋겠습니다. 두 세계를 연결하면 프로그래밍 가능성이 더욱 커진다는 걸 느끼길 바랍니다.

2017년 11월

이시이 모루나, 에사키 노리히데

시간의 흐름은 참으로 묘해 어제와 오늘이 별반 다를 바 없어 보이지만, 그렇게 하루가 한 주가 되고 한 달이 되고 한 해가 되다 보면 어느 틈에 많은 것이 바뀌어 있습니다.

에어컨 없이 어찌 살았을까 싶던 게 엊그제 같은데 걸치는 옷이 하루가 다르게 두꺼워지고 또 얼마 지나지 않아 전기장판 없이 어찌 살았을까 싶어지는 것처럼, 라즈베리 파이가 없었다면 어떻게 했을까 싶을 정도로 라즈베리 파이는 교육용 개발 보드 시장을 빠르게 바꾸고 있습니다.

라즈베리 파이는 낮은 가격과 작은 크기 덕분에 교육용으로 시작했지만 어느새 장난감, 사물 인터넷, 거울에 붙여서 오늘 날씨와 정보를 보여 주는 데 쓰일 정도로 쓰임새가 날로 넓어지고 있습니다.

라즈베리 파이와 파이썬을 설명하는 이 책도 이러한 변화에 발맞춰 사용하는 부품, OS 버전, 파이썬 버전이 달라졌습니다. 그렇다고 해도 프로그래밍과 전자 회로 공작을 즐긴다는 마음가짐은 변하지 않았으니 안심하고 라즈베리 파이가 주는 즐거움에 푹 빠져 보기 바랍니다.

일상을 늘 함께 해 주는 은미와 또또와 가족에게 감사하며, 여러분의 삶에도 조금씩 그러나 확실하게 좋은 변화가 함께 하기를 변함없이 바랍니다.

2018년 겨울

서수환

라즈베리 파이를 처음 만나면 '어떤 부품을 사용해야 하고, 어떻게 회로를 구성해야 하는지' 몰라 주저하게 됩니다. 이 책은 실습에 필요한 부품과 실제 배선도를 포함하고 있어 입문자도 쉽게 라즈베리 파이를 시작할 수 있습니다. 특히 파이썬을 기반으로 예제 코드가 작성되어 있고 실습에 필요한 문법을 설명한 후에 라즈베리 파이 실습을 진행하기 때문에 개발을 모르는 사람도 라즈베리 파이 기반으로 다양한 동작을 구현할 수 있습니다.

책에 있는 부품을 구할 수 없어 다른 종류의 부품으로 실습을 진행하는 경우라면 모델명과 제품 번호를 데이터 시트에서 확인하기 바랍니다. 부품 사양에 따라 회로 구성이 달라질 수 있기 때문입니다. 하지만 라즈베리 파이 키워드와 함께 검색하면 인터넷에 자료가 많기 때문에 쉽게 실습을 완료할 수 있을 것입니다.

책에 있는 전자 회로 실습을 하면서 센서와 라즈베리 파이를 어떻게 사용해야 하는지 제대로 배울 수 있었습니다. 이 책은 평소에 생각했던 아이디어를 실제로 구현하고 검증하는 데 원동력이 될 것입니다.

실습 환경 | Raspbian Stretch OS, 라즈베리 파이 3 Model B+, Python v3.5.3

박성진 | 삼성 SDS ACT(Agile Core Team) 그룹, 2SPRINTS 소속

라즈베리 파이를 파이썬으로 작동시키는 책이지만, 파이썬 기본 파트가 파이썬 기본서 이상으로 짜임새 있게 구성되어 있어서 파이썬 공부를 목적으로 사용해도 될 것 같습니다. 3장에서 간단한 파이썬 예제로 직접 실습하며 편하게 파이썬 공부를 할 수 있고, 4장부터 본격적으로 라즈베리 파이를 배울 수 있었습니다. 예제도 다양하고, 쉽게 접근할 수 있고, 회로 결선 방법도 기초부터 차근차근 설명이 되어 있어 초보자도 차근차근 따라 하기 좋습니다. 라즈베리 파이 학습을 위한 기본서로 매우 좋습니다.

실습 환경 | Raspbian, 라즈베리 파이 3 Model B+, Python v3

한효창 | 홍익대학교 전자전기공학부(컴퓨터공학 복수 전공)

파이썬에 대한 사전 지식이 없어도 코딩을 해 볼 수 있도록 파이썬을 소개하는 데 많은 부분을 할애하고 있습니다. 파이썬 입문서로 봐도 가치가 있는 책입니다. 코딩이나 센서에 대한 기초 지식이 없어도 실습할 수 있도록 곳곳에 설명이 채워져 있습니다. 센서 등 각종 부품의 사용법과 원리에 대해 충분히 설명하여 더 쉽게 실습할 수 있습니다. 다만 책에 소개된 부품 중 구하기 어려운 것이 있으므로 대용품을 사용할 경우 책의 배선을 그대로 따라 하지 말고 부품 사양을 꼭 참고해야 합니다.

베타테스트를 하면서 라즈베리 파이의 진정한 가치를 알았습니다. 평소 라즈베리 파이를 '가성비 좋은 미니 컴퓨터' 정도로 생각했습니다. 교육용으로 만들어졌다고 들었지만 어떤 의미인지 정확히 몰랐는데 실습을 하면서 코딩과 전자 회로의 구성을 모두 경험해 볼 수 있는 교육 환경임을 알게 되었습니다. '메이커'가 되기 위한 첫 이정표로 이 책과 라즈베리 파이는 더할 나위 없이 좋은 선택이 될 것입니다.

실습 환경 | Raspbian OS, 라즈베리 파이 3 Model B+, Python v3

신지후 | 프리랜서 개발자

> 이 책이 출간되기 전에
> 최초의 독자가 먼저 읽고 따라해 보았습니다.
> 베타테스트에 참여해 주신 모든 분께 감사드립니다!

편집자 후기

전자 회로 공작을 해 본 적이 없고 라즈베리 파이도 처음 다뤄 보았습니다. 컴퓨터라고 부르기엔 너무 작고 사양도 낮은 이걸로 뭘 할 수 있을지, 시작은 어떻게 해야 할지 막막했지만 하나하나 따라 하며 전자 회로 공작을 경험할 수 있었습니다. 라즈베리 파이에는 무엇이 필요한지 알아보는 것부터 시작해서 설치하고 설정하는 것은 물론, 필요한 부품을 하나하나 알아보고 배선을 꽂고 파이썬 코드를 돌려 동작을 확인하는 과정까지 누구라도 쉽게 해 볼 수 있습니다. 한 가지, 책에서 사용한 부품과 같은 부품을 구할 수 없는 경우가 있습니다. 이럴 때는 핀 위치나 선 색상이 다를 수 있으니 실습할 때 유의해야 합니다.

실습 환경 | Raspbian OS, 라즈베리 파이 3 Model B+, Python v3

이 책 의
특 징

파이썬 3에 신경썼습니다.

라즈베리 파이는 스크래치를 비롯해 다양한 언어로 프로그래밍할 수 있지만 라즈베리 파이 재단에서 권장하는 공식 언어는 파이썬입니다. 파이썬은 각종 라이브러리가 풍부하고 처리 속도가 빠르며 수준 높은 애플리케이션을 개발할 수 있기 때문입니다.

이렇게 장점이 많은 파이썬이지만 라즈베리 파이 초보자가 좌절하기 쉬운 부분 역시 파이썬입니다. 그래서 이 책에서는 파이썬을 차근차근 설명합니다. "프로그래밍은 나중에 배울래"라는 분은 1장 → 2장 → 4장 순으로 읽으면 됩니다.

그럼 라즈베리 파이로 마음껏 전자 회로 공작을 즐겨 주세요.

- 1장: 라즈베리 파이가 무엇이고 라즈베리 파이를 다룰 때 어떤 준비물이 필요한지 살펴봅니다.
- 2장: 운영체제(라즈비안)를 설치하고 기본 설정 방법과 사용 방법을 알아봅니다.
- 3장: 프로그래밍 기초와 파이썬을 학습합니다.
- 4장: 전자 회로의 기초를 알아보고 라즈베리 파이로 전자 회로 공작을 해 봅니다.

준 비 물

다음은 라즈베리 파이를 다룰 때 꼭 있어야 하는 기본 준비물입니다. 이 준비물은 꼭 준비하기 바랍니다. 자세한 내용은 1장 25쪽을 참고하세요.

- 라즈베리 파이(Raspberry Pi 3 Model B+)*
- 모니터, 연결 케이블(HDMI 케이블)

---

* **역주** 원서에서는 Model B를 사용했지만 한국판에서는 2018년 3월 출시된 Model B+를 사용해 실습을 검증했습니다. Model B+로도 이 책의 실습 예제를 잘 실행할 수 있습니다.

- 스피커(스피커 내장 모니터는 스피커가 필요 없음)
- 키보드, 마우스
- 전원(AC 어댑터), USB—microB 케이블, 마이크로 SD 카드

다음은 예제별로 필요한 준비물입니다. 실습해 볼 예제에 따라 필요한 것을 준비하기 바랍니다. 자세한 내용은 4장 2절 260쪽을 참고하세요.

- 브레드보드, 점퍼 와이어(모든 절에서 필요함)
- LED, 저항, 버튼 스위치(4장 3절)
- DC 모터, 모터 드라이버 IC 모듈, 건전지 홀더(4장 4절)
- 스테핑 모터, 모터 드라이버 IC 모듈(4장 4절)
- 서보 모터, 트랜지스터 어레이 IC(4장 4절)
- 라즈베리 파이 카메라, 접속용 케이블(4장 5절)
- A/D 컨버터 IC, Cds 셀, 저항, 가변저항, 조이스틱(4장 6절)
- 3축 가속도 센서 모듈(4장 7절)

**예제 소스
내려받기**

이 책에 나오는 모든 예제 소스를 길벗출판사 홈페이지와 깃허브에서 내려받을 수 있습니다.

❶ 길벗출판사 홈페이지(www.gilbut.co.kr)에서 내려받기

홈페이지에서 도서명으로 검색하면 예제 파일을 내려받을 수 있습니다.

❷ 깃허브(github.com/gilbutITbook/007013)에서 내려받기

깃허브 URL에 접속하면 예제 파일을 내려받을 수 있습니다.

목차

3   **파이썬 기본 지식**

4 전자 회로 공작에 도전!

## 1장

라즈베리 파이 + 파이썬 + 전자 회로 공작으로 컴퓨터와 친해지기

초소형 컴퓨터 기판인 라즈베리 파이(Raspberry Pi)에 프로그래밍 언어인 파이썬 (Python)과 전자 회로 공작을 조합하면 무슨 일을 할 수 있을까요? 라즈베리 파이 의 파이(Pi)가 파이썬에서 유래했다는 것에서 알 수 있듯이 컴퓨터인 라즈베리 파 이와 프로그래밍 언어인 파이썬은 궁합이 매우 좋습니다. 그럼 전자 회로 공작은 어떨까요?

궁금증을 해결할 열쇠가 이번 장에 있습니다. 꼭 끝까지 읽어서 컴퓨터와 조금 더 친해져 봅시다.

① 라즈베리 파이, 파이썬, 전자 회로 공작

이 책에서는 널리 쓰이는 프로그래밍 언어인 파이썬과 라즈베리 파이의 큰 특징인 '자유롭게 사용할 수 있는 포트' GPIO 확장 커넥터를 사용해서 전자 회로를 제어하는 프로그램을 설명 합니다. 우선 컴퓨터로 할 수 있는 일을 생각해 봅시다.

1.1 컴퓨터로 할 수 있는 일

여러분에게 가장 친숙한 컴퓨터는 PC(Personal Computer)일 것입니다. 여러분은 PC를 이용 해서 인터넷 탐색은 물론 이메일, 워드프로세서, 게임 등을 할 것입니다. 어쩌면 프로그래밍 언어로 프로그램을 작성하는 분도 있을지 모릅니다. 하지만 윈도나 맥에서 작성한 PC용 프 로그램은 대부분 PC에서만 동작하므로 LED나 모터를 제어하지 못합니다.

최근 들어 소형 마이크로 보드가 주목받고 있습니다. 그중에서도 특히 아두이노(Arduino)가 인기입니다. PC에 내장된 것과는 다르지만 아두이노의 소형 기판에도 마이크로 컴퓨터가 탑재되어 있어서 프로그램을 실행할 수 있습니다. 처리 능력이 PC보다는 낮아서 GUI 프로그램 등을 실행할 순 없지만 LED, 스위치, 센서 등을 제어하는 기능이 내장되어 있어서 전자 회로를 쉽게 제어할 수 있습니다. 실제로 아두이노처럼 마이크로 보드에 탑재된 마이크로 컴퓨터는 다양한 전자 기기에 내장되어 있습니다.

이렇듯 컴퓨터는 계산과 정보 처리뿐만 아니라 전기 제품이나 로봇처럼 현실 세계에서 움직이는 것을 제어하는 데에도 사용됩니다. 컴퓨터의 응용 범위는 무척 넓어서 컴퓨터로는 수없이 많은 일을 할 수 있습니다.

1.2 라즈베리 파이

라즈베리 파이는 영국에서 2012년에 발매한 컴퓨터 보드입니다. 애초에는 어린이 교육용으로 개발되었지만 일반 컴퓨터, 서버, 기계 부품과 조합하는 CPU 보드 등 매우 다양한 용도로 사용되면서 금세 전 세계로 퍼져 나갔습니다. 게다가 가격도 3~5만 원 정도로 저렴하고 운영체제를 고를 수 있는 유연성 덕분에 크게 인기를 얻었습니다.

그림 1-1 **라즈베리 파이의 종류(8가지)**

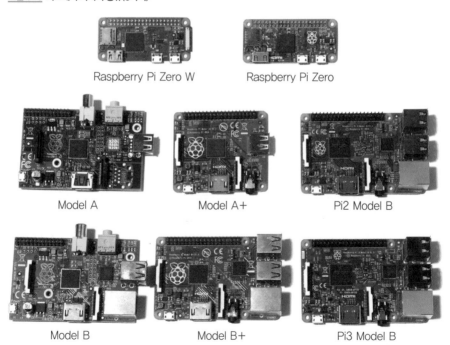

Raspberry Pi Zero W   Raspberry Pi Zero

Model A   Model A+   Pi2 Model B

Model B   Model B+   Pi3 Model B

라즈베리 파이는 운영체제를 설치한 SD 카드 또는 마이크로 SD 카드로 부팅해서 PC로 사용할 수 있습니다. 설치할 수 있는 운영체제가 몇 개 있는데 그중 표준으로 권장하는 라즈비안(Raspbian)은 리눅스를 기반으로 한 운영체제입니다.

라즈비안에는 프로그래밍을 위해 파이썬이 설치되어 있습니다. 라즈베리 파이가 애초에 파이썬으로 프로그래밍을 학습하도록 만들어졌기 때문입니다. 파이썬은 명령줄에서 동작하는 작은 프로그램부터 규모가 큰 GUI 프로그램까지 만들 수 있는 우수한 프로그래밍 언어입니다.

라즈베리 파이에는 디스플레이나 USB 기기를 연결하는 커넥터 외에도 전자 회로를 직접 연결할 수 있는 **GPIO 확장 커넥터**가 있어서, 파이썬 프로그램에서 전자 회로를 직접 제어할 수도 있습니다. 즉, 라즈베리 파이에서 파이썬 프로그램을 만들면 GPIO 커넥터를 이용한 전자 회로 제어부터 GUI 프로그램 구현까지 할 수 있습니다. 물론 이들을 조합해서 전자 회로를 제어하는 GUI 프로그램도 만들 수 있습니다.

윈도나 맥 같은 운영체제에서 프로그램으로 전자 회로를 직접 제어하려면 전용 확장 보드 등이 필요합니다. 또한 아두이노 같은 마이크로 보드는 GUI 프로그램처럼 규모가 큰 프로그램을 실행할 수 없습니다. 하지만 라즈베리 파이는 전자 회로를 직접 제어할 수 있고, 규모가 큰 프로그램도 만들 수 있으며, 이들을 조합한 프로그램도 만들 수 있습니다. 게다가 이 모든 프로그램을 파이썬만으로도 만들 수 있습니다.[*] 프로그래밍을 배우는 데 이보다 좋은 컴퓨터가 또 있을까요?

2 라즈베리 파이를 알아보자

라즈베리 파이는 1세대부터 3세대까지 세 종류가 있고, 앞에서 PC로 동작한다고 설명했습니다. 라즈베리 파이를 처음 사면 케이스도 없고 기판만 덩그러니 있습니다. 기판에는 다양한 반도체와 칩 부품 외에도 모니터, 마우스, 키보드를 연결하는 포트가 있습니다.

---

[*] 라즈베리 파이는 파이썬 외에도 스크래치, C, 루비 같은 프로그래밍 언어로 프로그램을 만들거나 실행할 수 있습니다.

2.1 라즈베리 파이의 구성

라즈베리 파이는 1세대부터 3세대까지 세 종류가 있습니다. 1세대에는 라즈베리 파이 1 Model A, Model A+, Model B, Model B+와 라즈베리 파이 Zero, 라즈베리 파이 Zero W 이렇게 여섯 종류가 있습니다. 2세대인 라즈베리 파이 2와 3세대인 라즈베이 파이 3에는 Model B가 있습니다.* 1세대 Model B+(이후 Model B+)와 2·3세대의 Model B(이후 Pi 2 Model B, Pi 3 Model B)의 하드웨어 구성은 거의 같지만 탑재한 컴퓨터 칩이나 메모리 용량은 다릅니다. 차이를 살펴보면 표 1-1과 같습니다.

표 1-1 모델별 라즈베리 파이의 구성

구분	라즈베리 파이 1 (1세대)				라즈베리 파이 2 (2세대)	라즈베리 파이 Zero(1세대)	라즈베리 파이 Zero W(1세대)	라즈베리 파이 3 (3세대)
모델명	Model A	Model A+	Model B	Model B+	Model B	–	–	Model B
SoC(System On Chip)	BCM2835				BCM2836	BCM2835		BCM2837
ARM 코어	ARM1176JZF-S 프로세서 1코어(700MHz)				ARM Cortex-A7 4코어(900MHz)	Low Power ARM1176JZ-F(1000MHz)		ARM Cortex-A53 4코어(1.2GHz)
메모리 용량	256MB		512MB		1GB	512MB		1GB
네트워크 커넥터	없음		이더넷			없음	와이파이, 블루투스, BLE	이더넷, 와이파이, 블루투스, BLE
USB 커넥터	1		2		4	1(마이크로 USB OTG)		4
GPIO 확장 커넥터 핀 수	26	40	26	40				
SD 카드 커넥터	SD	마이크로 SD	SD	마이크로 SD				
아날로그 오디오/ 비디오 출력	컴포지트 비디오 출력, Φ 3.5mm 스테레오 미니잭	Φ 3.5mm 4극 미니잭	컴포지트 비디오 출력, Φ 3.5mm 스테레오 미니잭	Φ 3.5mm 4극 미니잭		컴포지트 비디오 출력 (2핀 헤더(커넥터 없음))		Φ 3.5mm 4극 미니잭

Pi 3 Model B는 Pi 2 Model B를 대체하는 보드로 구성이 크게 달라 보이지 않지만 ARM 코어가 32비트 쿼드(4코어)에서 64비트 쿼드(4코어)로 바뀌면서 처리 능력이 크게 높아졌습니다. 또한 와이파이(무선 LAN), 블루투스(Bluetooth) 4.1, 저전력 블루투스(BLE)도 추가되었습니다.

---

* 역주 2018년 3월에 라즈베리 파이 3 Model B+도 출시되었습니다.

실제로 두 모델에서 동영상을 재생해 보면 Pi 2 Model B에서는 프레임 누락이 발생하는 경우에도 Pi 3 Model B에서는 원활하게 재생되는 걸 볼 수 있습니다. 다만 Pi 2 Model B에 비해 Pi 3 Model B는 소비 전력이 늘어났습니다(Pi 2 Model B는 약 9W, Pi 3 Model B는 12.5W). 기존 Pi 2 Model B에서 사용하던 AC 어댑터라면 출력 전류가 부족할 수도 있으므로 주의하기 바랍니다.

라즈베리 파이 재단의 웹 사이트(https://www.raspberrypi.org/)에서는 기기에 넣어서 사용하는 등 소비 전력을 줄이고 싶다면 Model A+나 라즈베리 파이 Zero 또는 Zero W를 추천하고 학습용으로 사용한다면 Pi 3 Model B를 추천합니다. 이 책에 있는 실습 내용 정도라면 Pi 2 Model B나 Pi 3 Model B 중 어느 것을 사용해도 크게 차이나지 않습니다. 둘 다 괜찮지만 이 책에서는 Pi 3 Model B를 사용하겠습니다(이후 라즈베리 파이라고 하면 Pi 3 Model B를 말합니다).

그림 1-2 **라즈베리 파이의 구성(앞)**

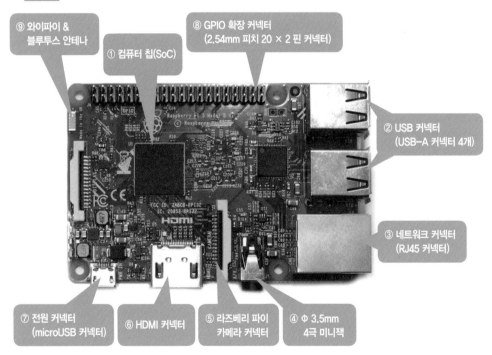

⑨ 와이파이 & 블루투스 안테나

① 컴퓨터 칩(SoC)

⑧ GPIO 확장 커넥터 (2.54mm 피치 20 × 2 핀 커넥터)

② USB 커넥터 (USB-A 커넥터 4개)

③ 네트워크 커넥터 (RJ45 커넥터)

⑦ 전원 커넥터 (microUSB 커넥터)

⑥ HDMI 커넥터

⑤ 라즈베리 파이 카메라 커넥터

④ Φ 3.5mm 4극 미니잭

그림 1-3 라즈베리 파이의 구성(뒤)

⑪ SDRAM

⑫ 와이파이 & 블루투스 IC

⑩ 마이크로 SD 카드 커넥터

❶ 컴퓨터 칩 SoC(System On Chip)

라즈베리 파이의 심장부입니다. 이 칩에 ARM 코어 프로세서, 그래픽 기능(GPU), 인터페이스 기능 등 다양한 기능이 내장되어 있습니다.

❷ USB 커넥터

USB-A 타입 커넥터를 4개 탑재하고 있습니다. USB 2.0을 지원합니다.

❸ 네트워크 커넥터

LAN 케이블을 사용할 수 있는 RJ45 커넥터입니다. 10/100Mbps를 지원합니다.

❹ Φ 3.5mm 4극 미니잭

4극 타입인 Φ 3.5mm 미니잭에 컴포지트 비디오 신호와 아날로그 스테레오 오디오 신호를 출력하는 커넥터입니다. 컴포지트 비디오 신호를 입력할 수 있는 구형 브라운관 TV 등에 연결하려면 핀 플러그로 변환하는 케이블을 사용하면 됩니다. 구형 브라운관 TV가 있다면 한 번 연결해 보기 바랍니다.

그림 1-4 Φ 3.5mm 4극 미니 플러그-RCA 핀 플러그 변환 케이블

이 잭에 연결하는 Φ 3.5mm 4극 미니 플러그의 각 포트 신호는 다음 그림처럼 할당돼야 합니다.

그림 1-5 라즈베리 파이에 연결하는 Φ 3.5mm 4극 미니 플러그의 신호 할당

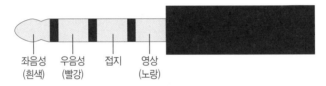

하지만 일반적인 Φ 3.5mm 4극 미니 플러그-RCA 핀 플러그 변환 케이블은 신호를 다음 그림처럼 할당하는 편입니다.

그림 1-6 일반적인 Φ 3.5mm 4극 미니 플러그-RCA 핀 플러그 변환 케이블의 신호 할당

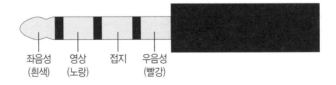

그림 1-5와 그림 1-6을 비교하면 알 수 있듯이 빨강(우음성)과 노랑(영상) 위치가 다릅니다. 그래서 Φ 3.5mm 4극 미니 플러그-RCA 핀 플러그 변환 케이블을 라즈베리 파이에서 사용하려면 TV에 핀 플러그를 연결할 때 빨강과 노랑 플러그를 바꿔 꽂아야 합니다.

단, 그림 1-6 타입 케이블은 접지 포트 위치가 그림 1-5와 같으므로 핀 플러그를 바꿔 꽂아 사용할 수 있지만, 접지 포트 위치가 다른 케이블도 있으니 주의해야 합니다. 접지 포트 위치가 다른 케이블은 핀 플러그를 바꿔 꽂아도 라즈베리 파이에서 사용할 수 없습니다.

⑤ 라즈베리 파이 카메라 커넥터

라즈베리 파이의 순정 부품인 카메라 모듈을 연결하는 전용 커넥터입니다. 일반 카메라 모듈뿐만 아니라 적외선 카메라 모듈인 Pi NoIR Camera도 연결할 수 있습니다.

⑥ HDMI 커넥터

TV나 모니터를 연결하는 커넥터입니다. 음성 신호도 출력할 수 있으므로 TV나 스피커가 내장된 모니터에 연결하면 됩니다.

⑦ 전원 커넥터

USB-microB 커넥터입니다. 전원으로는 DC 5V, 900mA 이상을 출력할 수 있는 AC 어댑터가 필요합니다*. USB-microB와 USB-A 커넥터 쌍으로 된 USB 케이블로 USB-A 커넥터를 연결할 수 있는 AC 어댑터와 연결합니다.

⑧ GPIO 확장 커넥터

프로세서(SoC) 포트에 직접 연결하는 핀 타입 커넥터입니다. LED나 스위치 등 전자 부품을 연결할 수 있습니다.

⑨ 와이파이 & 블루투스 안테나

와이파이용 · 블루투스용 안테나입니다. Pi 2 Model B에서는 LED가 있는 장소입니다.

⑩ 마이크로 SD 카드 커넥터

운영체제를 탑재한 마이크로 SD 카드를 삽입합니다. 라즈베리 파이에서는 마이크로 SD 카드가 PC의 하드디스크가 됩니다.

---

* [역주] Pi 3 Model B는 2.5A 이상 출력 가능한 어댑터를 추천합니다.

⑪ SDRAM

1GB인 SDRAM입니다.

⑫ 와이파이 & 블루투스 IC

와이파이용 · 블루투스용 IC입니다.

2.2 라즈베리 파이를 다룰 때 주의할 점

라즈베리 파이는 기판이 그대로 노출되어 있어서 외부 충격에 약하며 물에 닿으면 금방 고장납니다. 또한 컴퓨터 칩(SoC)에 직접 연결된 GPIO 확장 커넥터 핀도 돌출되어 있어서 정전기 등 과도한 전압이 걸리면 SoC가 파손될 수 있습니다.

필자는 보드를 집어 들다가 손가락에 마이크로 SD 카드가 걸려서 빠져버린 적도 있었는데 이렇게 되면 마이크로 SD 카드에 접근할 수 없어서 운영체제가 망가지거나 작성한 파일이 저장되지 않는 문제 등이 생길 수 있습니다. 이런 사고를 막기 위해 라즈베리 파이용 케이스를 씌우기도 합니다.

그림 1-7 **라즈베리 파이 케이스**

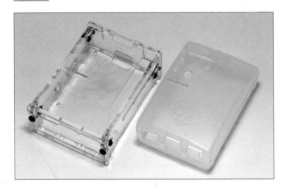

케이스에는 GPIO 확장 커넥터가 노출되도록 뚫린 것과 막힌 것이 있습니다. 이 책에서는 확장 커넥터에 전자 회로를 연결해서 사용하므로 확장 커넥터가 노출되는 뚫린 케이스를 이용하면 좋습니다. Pi 3 Model B와 Pi 2 Model B는 기판 크기가 같지만 부품의 크기나 배치가 다르므로 케이스가 서로 호환되지 않을 수도 있습니다. 케이스를 살 때는 사용하는 모델에 대응하는지 꼭 확인하기 바랍니다.

라즈베리 파이에 필요한 것

라즈베리 파이의 구성을 알아보았으므로 라즈베리 파이를 PC로 쓰기 위해 필요한 것을 알아보겠습니다.

3.1 모니터와 연결 케이블

HDMI 커넥터나 컴포지트 비디오 입력 포트가 있는 모니터가 필요합니다. 디지털 방송을 볼 수 있는 액정 TV라면 대부분 HDMI 커넥터가 있으니 여기에 라즈베리 파이를 HDMI 케이블로 연결합니다.

반대로 아날로그 방송만 볼 수 있는 브라운관 TV라면 컴포지트 비디오 입력 포트에 라즈베리 파이의 Φ 3.5mm 4극 미니잭을 연결합니다(앞에서 소개한 Φ 3.5mm 4극 미니 플러그-RCA 핀 플러그 변환 케이블을 사용합니다). 오래된 브라운관 TV가 있다면 재사용해 봅시다. 단, HDMI에 비해 화질이 떨어집니다.

그림 1-8 모니터

그림 1-9 HDMI 케이블

PC 전용 모니터에 HDMI 커넥터가 없고 DVI 커넥터가 있다면 HDMI-DVI 케이블이나 HDMI-DVI 변환 커넥터를 사용해서 연결합니다.

3.2 스피커

스피커 내장 모니터에 HDMI 커넥터로 연결하면 HDMI 커넥터에서 음성 신호가 제공되어서 따로 스피커를 꽂지 않아도 됩니다. 그렇지 않다면 Φ 3.5mm 4극 미니잭에 스피커를 연결합니다. 하지만 이 포트에서 출력된 음성 신호는 레벨이 낮아서 소리가 작게 나오므로 오디오 앰프를 연결하거나 앰프 내장 스피커를 사용하기 바랍니다.

3.3 키보드와 마우스

USB로 연결하는 표준 키보드와 마우스라면 사용할 수 있습니다. 이 책에서는 유선 키보드를 사용합니다. 집에 남아 있는 키보드를 사용합시다.

그림 1-10 **키보드와 마우스**

3.4 네트워크

운영체제를 업데이트하거나 파이썬 라이브러리를 내려받으려면 인터넷에 접속해야 합니다.

유선 접속이라면 일반적인 트위스트 페어 타입 LAN 케이블을 사용합니다.

무선 접속이라면 Pi 3에 무선 LAN 기능이 탑재되어 있으므로 따로 준비할 게 없습니다. Pi 3 이전 모델은 무선 LAN 기능이 내장되어 있지 않지만 USB 타입 무선 LAN 어댑터를 장착하면 무선 LAN 기능을 사용할 수 있습니다. 하지만 무선 LAN 어댑터 종류에 따라 라즈비안에서 동작하지 않을 수도 있으므로 주의해야 합니다.

다음은 필자가 확인한 결과 안정적으로 동작한 무선 LAN 어댑터입니다.*

① **버팔로 사** 무선 LAN 어댑터 WLI-UC-GNM

② PLANEX 무선 LAN 어댑터 GW-USNANO2A

③ PLANEX 무선 LAN 어댑터 GW-USECO300A

그림 1-11 무선 LAN 어댑터(왼쪽부터 **①**, **②**, **③**)

3.5 마이크로 SD 카드

마이크로 SD 카드는 PC에서 하드디스크에 해당하는 부품입니다. 여기에 운영체제를 설치하고 자신이 만든 프로그램, 영상, 그림 등을 저장합니다.

마이크로 SD 카드의 메모리 용량은 최소 4GB가 필요하지만, 운영체제 설치 방법에 따라서는 8GB 이상이 필요하므로(2장 참조) 책에서는 8GB 이상인 마이크로 SD 카드를 사용합니다.

라즈베리 파이가 인식할 수 있는 마이크로 SD 카드의 최대 용량은 32GB입니다. 데이터 전송 속도에 따라 Class 2, 4, 6, 10 등이 있는데 라즈베리 파이는 4 이상이 필요합니다. Class별 라즈베리 파이의 처리 속도는 크게 체감되지 않지만 신경 쓰인다면 제일 빠른 Class 10을 사용하기 바랍니다.

---

* 역주 이 책에서는 일본 회사 제품을 소개하지만 이외에도 사용할 수 있는 어댑터가 많으니 인터넷에서 찾아보기 바랍니다.

그림 1-12 마이크로 SD 카드

3.6 전원과 USB-microB 케이블

Pi 3 Model B는 소비 전력이 늘어났습니다. 따라서 Pi 2 Model B에서 사용하던 AC 어댑터는 용량이 부족할 수 있습니다. 라즈베리 파이 전원 커넥터는 전과 같이 USB-microB 커넥터입니다. PC에서 데이터 통신에 사용하는 일반적인 microB USB 케이블은 케이블 허용 전류 용량이 그다지 크지 않으므로, 라즈베리 파이를 전원에 접속하는 microB USB 케이블은 스마트폰 등을 충전할 때 사용하는 충전 전용 케이블을 사용하기 바랍니다. 가능하면 Pi 3 Model B를 구입할 때 대용량 AC 어댑터와 전류 용량이 큰 microB USB 케이블을 함께 구입하는 걸 추천합니다.

기존 라즈베리 파이도 마찬가지지만 연결하는 부품이 늘어나면 소비 전류도 늘어나므로 소비 전류가 큰 부품(무선 LAN 어댑터 중에는 500mA를 소비하는 것도 있습니다)을 연결해야 한다면 더욱 센 전류를 제공하는 AC 어댑터를 사용해야 합니다. 라즈베리 파이에서 사용 가능한 최대 전류는 2.5A입니다. 2.5A보다 센 전류가 흐르면 기판에 있는 퓨즈가 끊겨서 일시적으로 사용할 수 없게 됩니다. 이럴 때는 일단 AC 어댑터를 뽑아 둡니다. 퓨즈가 자동으로 복원되어서 다시 사용할 수 있습니다.

그림 1-13 AC 어댑터

그림 1-13 AC 어댑터

그림 1-14 USB-microB 케이블

지금까지 소개한 모든 부품을 연결하면 다음 그림과 같아집니다.

그림 1-15 전부 연결한 예(라즈베리 파이 본체)

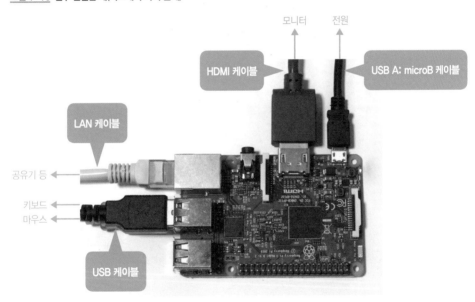

그림 1-16 전부 연결한 예(전체)

## 2장

운영체제(라즈비안) 설치와 사용 방법

1장에서 설명한 라즈베리 파이에 필요한 것을 모두 갖췄나요? 지금부터는 라즈베리 파이를 즐기기 위한 운영체제를 설치합니다. 2장에서는 라즈베리 파이가 공식 추천하는 운영체제인 라즈비안(Raspbian)을 설치하는 방법과 기본 사용 방법을 차례로 설명합니다.

① 라즈베리 파이에서 사용할 수 있는 운영체제

라즈베리 파이는 각종 리눅스 배포판을 설치해서 사용할 수 있습니다. **배포판**(Distribution)이란 운영체제의 기능을 간단히 설치할 수 있는 형태로 모아 둔 소프트웨어 집합으로, 심장부인 커널(Kernel)을 중심으로 여러 애플리케이션을 조합하여 구성됩니다. 배포판에는 여러 종류가 있으므로 사용 목적에 따라 선택해야 합니다.

현재 라즈베리 파이에서 동작하는 운영체제 중 공식 사이트에서 배포하는 건 표 2-1과 같습니다(기본적으로 리눅스 계열 운영체제인데 Windows 10 IoT Core와 RISC OS는 비리눅스 계열입니다). 이 책에서는 라즈베리 파이 표준 배포판이자 프로그래밍 언어 학습용 소프트웨어가 충실한 **라즈비안**을 사용합니다.

각 배포판, 특히 라즈비안은 꽤 자주 버전 업됩니다. 이 책에서 소개한 화면이 여러분이 설치하면서 보게 될 화면과 조금 다를 수도 있지만 기본적인 기능이나 조작법은 동일합니다.

표 2-1 배포판과 개요(라즈베리 파이 공식 사이트 발췌)

배포판 이름	개요
라즈비안(Raspbian)	리눅스 배포반인 데비안(Debian)을 바탕으로 한다. 라즈베리 파이를 프로그램 교육에 사용하기 좋도록 애플리케이션이 적용되어 있다. 2017년 8월 16일 현재 코드 네임은 Stretch다(코드네임은 라즈비안 버전에 표시됨).
라즈비안 스트레치 라이트 (Raspbian Stretch Lite)	라즈비안에서 최소 기능만 남겨 둔 경량판이다. GUI 없이 명령줄로만 조작 가능하다.
파이넷(PINET)	네트워크를 통해 라즈비안 환경을 제공하는 시스템이다. 우분투 OS에 서버를 구축해서 이용한다. 네트워크에 접속된 각 라즈베리 파이는 서버와 원격 접속해서 라즈비안 환경을 실현하므로 OS 일괄 관리나 파일 공유 등이 쉽다. 교육 현장 등에서 사용한다.
우분투 마테 (Ubuntu MATE)	누구나 쓰기 쉽고 최신 버전의 안정된 운영체제를 목표로 하는 리눅스 배포판인 우분투에 전통적인 외형을 계승한 데스크톱 환경 MATE를 채용한 배포판이다.
스나피 우분투 코어 (Snappy Ubuntu Core)	우분투 경량 코어다. 클라우드와 궁합이 좋아서 사물인터넷(Internet of Things, IoT)을 의식한 릴리스다.
리브레 에렉(LibreELEC)	Libre Embedded Linux Entertainment Center의 약어로 XBMC*를 가볍게 사용할 수 있는 리눅스 배포판이다.
오에스엠씨(OSMC)	Open Source Media Center의 약어로 리브레 에렉과 마찬가지로 XBMC**를 가볍게 사용할 수 있는 리눅스 배포판(RaspBMC의 후속 운영체제)이다. 인터넷의 다양한 디지털 콘텐츠에 접근 가능하다. 이탈리아의 Vero라는 스마트 TV에서도 채용했다.
RISC OS	에이컨 컴퓨터(Acorn Computers)의 ARM 아키텍처를 채용한 PC를 위해 개발된 RISC OS의 라즈베리 파이 버전이다. 리눅스 이외의 운영체제를 학습하고 싶은 사용자용이다.
윈도 10 아이오티 코어 (Windows 10 IoT Core)	윈도 10 내장 기기용 OS로 주로 원격 접속으로 사용한다. 프로그래밍은 개발용 윈도 PC가 별도로 필요(크로스 개발)하지만 비주얼 스튜디오 등으로 프로그램 개발이 가능하다.
웨더 스테이션 (Weather Station)	라즈베리 파이를 기상관측소 기지로 쓸 수 있는 전용 OS로 GUI 없이 명령어로 설정해야 한다. 라즈베리 파이가 서버가 되고 연결한 센서 정보를 발신한다. 아파치와 MySQL이 미리 설치되어 있어서 워드프레스(WordPress)를 설치하면 블로그를 바로 구축할 수 있다. 소개 사이트(http://www.raspberryweather.com/)에 필요한 부품과 설정 방법이 설명되어 있다.

※ 라즈비안 코드네임은 기반이 되는 데비안 코드네임을 그대로 사용합니다. 데비안 코드네임은 영화 〈토이 스토리〉의 등장 인물명을 사용하는 것이 관례입니다

※※ XBOX Media Center의 약어(지금은 Kodi로 명칭 변경)로 마이크로소프트가 개발한 첫 XBox를 위한 미디어 재생 애플리케이션입니다. 동영상과 음악을 재생할 수 있습니다.

라즈베리 파이에는 앞서 소개한 각종 운영체제(배포판)를 설치할 수 있는데, 이 책에서는 라즈베리 파이 표준 배포판인 라즈비안 설치 방법을 설명합니다.

2.1 설치 방법 개요

라즈비안을 설치하는 방법에는 다음 세 가지가 있습니다. 우선 작업용 PC에 라즈베리 파이 사이트에 있는 데이터를 내려받아야 합니다.

① NOOBS (Offline and network install)*를 사용해서 설치하는 방법

② NOOBS Lite (Network install only)를 사용해서 설치하는 방법

③ 라즈비안만 내려받아 설치하는 방법

NOOBS란 라즈베리 파이에 운영체제를 설치하거나 버전을 관리하는 소프트웨어입니다. 라즈베리 파이에서 사용할 수 있는 여러 운영체제 배포판 중 설치하고 싶은 운영체제를 선택하고, 마이크로 SD 카드에 선택한 운영체제의 이미지 파일을 설치합니다.

이미지 파일

운영체제는 특수 영역인 부트 프로그램(컴퓨터에 전원을 넣었을 때 최초로 실행되는 프로그램)이나 일반적으로 접근이 불가능한 영역에 데이터가 들어 있어서 일반적인 파일 조작으로는 다룰 수 없습니다. 이미지 파일이란 이런 데이터나 데이터 구조 영역을 통째로 복제한 파일입니다. 따라서 이미지 파일 복사는 일반 파일 복사와 달리 이미지 파일에 기록된 정보 구조를 그대로 복사할 곳에 재현해야 합니다. 49쪽에서 소개하는 Win32 Disk Imager나 dd 명령어는 이런 작업용 전문 애플리케이션입니다.

---

* NOOBS Version 1.4.1과 NOOBS Lite Version 1.4는 모두 라즈비안을 최신 버전으로 설치할 수 있지만, 2015년 5월 현재 우분투 마테(Ubuntu MATE)나 스나피 우분투 코어(Snappy Ubuntu Core)처럼 이전 버전 업그레이드 이후에 나온 운영체제는 설치할 수 없습니다. 이런 운영체제를 설치하려면 단독 이미지 파일을 내려받아야 합니다.

NOOBS를 사용하면 운영체제를 설치한 다음에도 ⎙Shift 키를 누르면서 라즈베리 파이를 부팅하면 NOOBS가 실행돼서 간단히 운영체제를 재설치할 수 있습니다. 라즈비안 이외의 운영체제를 시험해 보거나 라즈비안에서 이런저런 시행착오를 겪다가 운영체제에 문제가 생겼을 때 운영체제를 간단히 재설치할 수 있어서 편리합니다(단, 운영체제를 재설치하면 환경 설정, 애플리케이션, 작성한 프로그램과 문서가 삭제됩니다. 중요한 파일은 USB 메모리 등에 백업하기 바랍니다).

❶ **NOOBS**에는 라즈비안이 포함되어 있어서 라즈비안을 설치할 때 네트워크에 접속하지 않아도 됩니다(다른 운영체제를 설치하려면 유선으로 네트워크에 접속해야 합니다). 파일 크기가 약 737MB 정도라 작업용 PC에 내려받을 때 시간이 조금 걸리지만 라즈베리 파이가 인터넷에 접속되어 있지 않아도 설치할 수 있습니다. 또한 어떤 배포판을 설치했더라도 NOOBS로 되돌린 후 다른 배포판을 설치할 수 있습니다. 라즈비안 부팅 전에 표시되는 Fore recovery mode, hold shift라는 화면에서 ⎙Shift 키를 누르고 있으면 됩니다. 자세한 내용은 46쪽 TIP '복구 모드 진입법'을 참조합니다.

❷ **NOOBS Lite**에는 운영체제가 포함되어 있지 않습니다. PC에서는 NOOBS만 내려받고 라즈베리 파이에서 NOOBS를 실행한 후 인터넷에 접속해서 설치하려는 배포판을 라즈베리 파이에 직접 내려받아서 설치합니다. 이 방법도 일단 실행한 운영체제에서 다시 NOOBS로 되돌린 후 다른 배포판을 재설치할 수 있습니다. 단, 이 방법을 사용하려면 유선으로 인터넷에 접속해야 합니다. 이 방법은 37쪽에서 자세히 설명합니다.

❸ **라즈비안만 내려받아 설치하는 방법**은 설치 보조 소프트웨어인 NOOBS를 쓰지 않고 라즈베리 파이 자체를 마이크로 SD 카드에 심는 방법입니다. NOOBS 또는 NOOBS Lite를 설치하는 것보다 마이크로 SD 카드의 용량을 절약할 수 있습니다. 이 방법으로는 라즈베리 파이가 인터넷에 접속되어 있지 않아도 라즈비안을 설치할 수 있습니다. 단, 전용 툴을 작업용 PC에 설치해서 라즈비안 이미지 파일을 마이크로 SD 카드에 기록해야 합니다.

이 책에서는 세 가지 방법을 모두 설명하지만 라즈비안만 사용하더라도 ❶ 방법을 추천합니다.

설치할 때 외에도 라즈비안을 업데이트할 때, 다국어 입력 설정을 할 때, 파이썬 라이브러리를 설치할 때는 라즈베리 파이에서 인터넷에 접속해야 합니다.

그림 2-1 **설치 방법의 차이점**

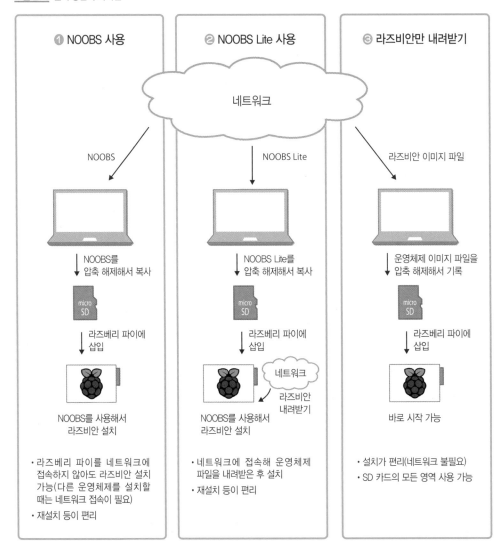

3 NOOBS 또는 NOOBS Lite를 사용해서 라즈비안 설치하기

NOOBS 또는 NOOBS Lite를 사용해서 라즈비안을 설치하는 방법을 설명하겠습니다. NOOBS Lite는 운영체제를 선택한 후에 라즈비안을 내려받지만 나머지 절차는 같습니다.

3.1 NOOBS 또는 NOOBS Lite 내려받기

NOOBS 또는 NOOBS Lite를 내려받은 후 SD 카드에 압축 파일을 풉니다.

❶ 작업용 PC의 브라우저에서 라즈베리 파이 공식 사이트(http://www.raspberrypi.org/)에 접속한 후 **DOWNLOADS** 탭을 클릭합니다. 내려받기 페이지로 이동하면 **NOOBS**를 클릭합니다.

그림 2-2 **라즈베리 파이 공식 사이트의 내려받기 페이지**

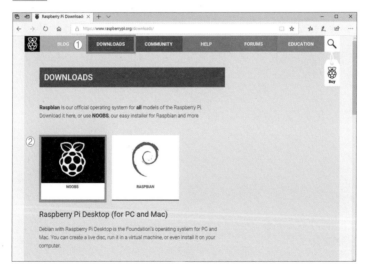

❷ NOOBS (Offline and network install)를 사용하려면 NOOBS 항목의 **Download ZIP**
을 클릭하고 NOOBS Lite (Network install only)를 사용하려면 NOOBS Lite 항목의
Download ZIP을 클릭해서 압축 파일을 내려받은 후 **저장**합니다(내려받기와 저장은 사
용 브라우저에 따라 다릅니다).

그림 2-3 NOOBS 내려받기와 저장

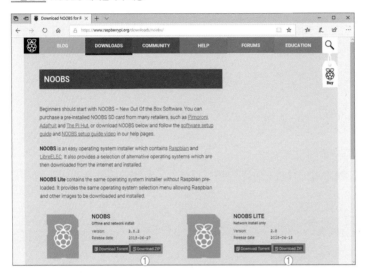

❸ 내려받은 파일을 마우스 오른쪽 버튼으로 클릭한 후 **압축 풀기**를 선택합니다. 현재 폴더가 아닌 다른 폴더에 저장하려면 '참조'를 클릭해서 폴더를 지정해야 합니다.

<u>그림 2-4</u> **저장한 압축 파일 풀기**

❹ 마이크로 SD 카드를 PC 카드 슬롯 또는 리더기에 넣고 탐색기 등으로 마이크로 SD 카드의 드라이브를 연 후 압축을 푼 파일을 모두 복사해서 넣습니다(드래그 앤 드롭해도 복사할 수 있습니다).

<u>그림 2-5</u> **마이크로 SD 카드에 복사**

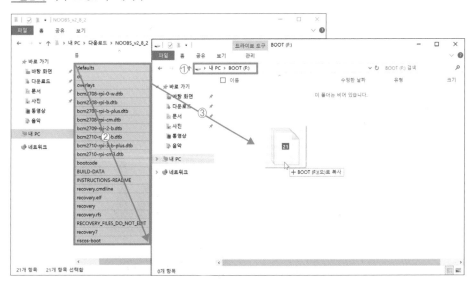

❺ 마이크로 SD 카드를 안전하게 제거한 후 꺼냅니다.

3.2 라즈비안 내려받기

라즈베리 파이에서 NOOBS(또는 NOOBS Lite)를 실행해서 라즈비안을 설치하겠습니다.

❶ 앞서 NOOBS(또는 NOOBS Lite)를 복사한 마이크로 SD 카드를 라즈베리 파이 카드 슬롯에 삽입합니다. 모니터, 키보드, 마우스, 유선 LAN을 사용한다면 LAN 케이블도 연결합니다. 무선 LAN을 사용해서 라즈비안을 설치할 수도 있습니다(라즈베리 파이 2 이전 버전에서 무선 LAN 어댑터를 사용한다면 이때 무선 LAN 어댑터를 장착하지만 NOOBS와 NOOBS Lite에서는 접속 설정이 불가능하므로 OS를 설치한 후 설정하기 바랍니다. 55쪽 '5.1 무선 LAN 설정' 참조).

그림 2-6 라즈베리 파이 카드 슬롯에 마이크로 SD 카드 삽입

❷ 모든 케이블을 연결했으면 전원용 USB 케이블을 연결해서 라즈베리 파이에 전원을 공급합니다. 빨강색 전원 LED에 불이 들어오면 마이크로 SD 카드에 설치된 NOOBS가 실행됩니다.

그림 2-7 라즈베리 파이에 케이블 연결하기

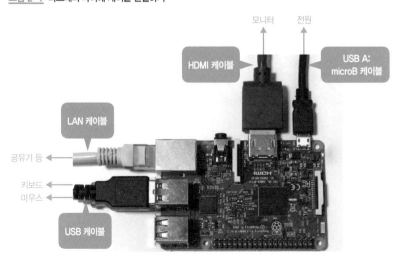

❸ 테스트용 무지개색 화면이 표시된 다음 라즈베리 파이 마크와 진행 바가 나타나면 잠시 기다립니다.

그림 2-8 **전원을 넣은 직후의 화면**

그림 2-9 **라즈베리 파이 마크와 진행 바**

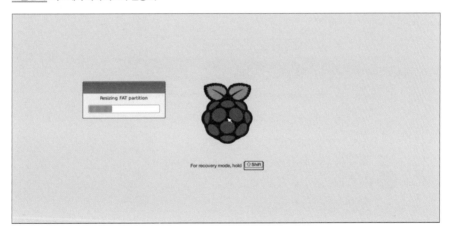

❹ 다음 그림과 같이 초기 화면이 나타납니다. 유선 LAN을 연결하지 않은 상태에서 NOOBS Lite를 부팅했다면 그림 2-10처럼 무선 LAN 설정을 요구하는 메시지가 나타나는데 이때 **Close**를 클릭하면 ❺ 무선 LAN 설정 화면(그림 2-12)이 나타납니다. NOOBS도 **네트워크 설정** 아이콘을 클릭하면 무선 LAN 설정이 가능합니다(NOOBS를 선택하면 이미 SD 카드에 라즈비안 이미지가 들어 있으므로 OS를 설치할 때 네트워크에 접속하지 않아도 됩니다. 네트워크 설정 없이 설치한다면 ❻으로 진행됩니다).

그림 2-10 초기 화면(NOOBS Lite)

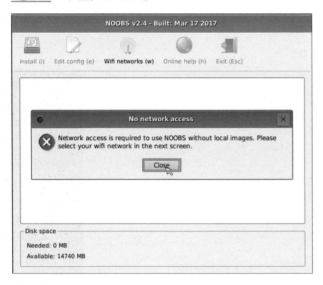

그림 2-11 초기 화면(NOOBS)

⑤ 무선 LAN 접속 포인트를 선택하고 Password(암호 키)를 입력합니다. 사용하는 공유기에 WPS 버튼(무선 LAN 접속 기기끼리 암호를 설정하는 기능)이 있다면 Pressing the WPS button on my wifi router를 선택하고 공유기 WPS 버튼을 누르면 자동적으로 암호가 설정됩니다. 이 상태에서 OK를 클릭하면 접속을 시작합니다. 오류가 뜨면 선택한 접속 포인트나 암호 키가 틀린 건 아닌지 확인하기 바랍니다.

그림 2-12 **접속 포인트와 암호 설정**

그림 2-13 WiFi 접속중

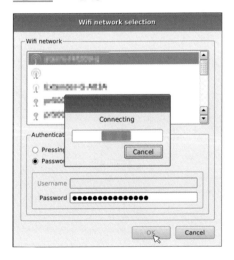

❻ 무선 LAN 또는 유선 LAN으로 네트워크에 접속하면 NOOBS나 NOOBS Lite에 네트
워크로 설치 가능한 OS가 표시됩니다. OS명 오른쪽 아이콘이 SD 카드라면 그 OS 이
미지가 SD 카드에 있다는 뜻이고, LAN 케이블 아이콘이라면 네트워크라는 뜻입니다.
이번에는 라즈비안을 설치하므로 맨 위에 있는 **Raspbian [RECOMMENDED]**의 왼쪽
사각형을 체크하고 왼쪽 위에 있는 **Install**을 클릭합니다.

그림 2-14 배포판 선택(NOOBS)[*]

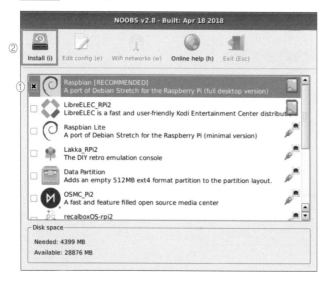

* 네트워크에 접속되어 있지 않으면 맨 위에 있는 라즈비안만 표시됩니다.

그림 2-15 배포판 선택(NOOBS Lite)

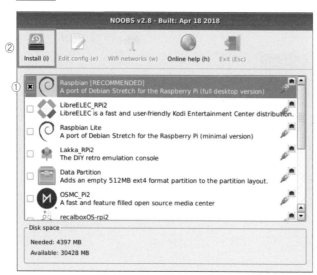

❼ SD 카드의 데이터를 덮어쓴다는 경고 창이 나타나면 **Yes**를 클릭해서 라즈비안 설치를
시작합니다.

그림 2-16 **SD 카드 관련 경고 표시**

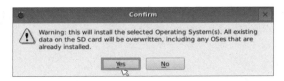

❽ NOOBS Lite는 인터넷으로 웹 사이트에 접속해서 최신 라즈비안을 마이크로 SD 카드
에 내려받습니다.

그림 2-17 **라즈비안 내려받기(NOOBS Lite)**

❾ 설치가 끝나면 **OK**를 클릭합니다.

그림 2-18 **설치 완료**

❿ 이 과정이 끝나면 라즈비안이 부팅됩니다. 다음 그림처럼 화면이 표시되면 설치에 성공한 것입니다. 이어서 55쪽 '5 라즈비안 기본 설정'을 참조해 설정을 마치기 바랍니다.

그림 2-19 라즈비안 부팅 화면

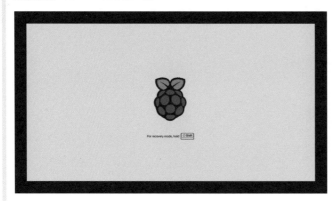

> **TIP**
>
> **복구 모드 진입법**
>
> NOOBS 또는 NOOBS Lite로 라즈비안을 설치했더라도 부팅할 때 ⇧ Shift 키를 눌러 NOOBS 초기 화면(복구 모드)으로 들어가서 라즈비안을 재설치하거나 다른 OS를 설치할 수 있습니다.
>
> 라즈베리 파이를 부팅하고 몇 초 지나서 다음과 같은 화면이 나타나면 ⇧ Shift 키를 누릅니다. ⇧ Shift 키를 눌러야 하는 시점을 놓치면 다음 화면으로 바로 넘어가므로 부팅할 때 화면을 유심히 지켜보기 바랍니다.
>
> 그림 2-20 복구 모드로 들어가는 시점

복구 모드에서 아무 것도 하지 않고 이미 설치된 OS로 부팅하려면 오른쪽 위에 있는 Exit 아이콘을 클릭합니다(그림 2-11 초기 화면(NOOBS) 참조)

라즈비안만 내려받아서 설치하기

작업용 PC에 라즈비안 이미지 파일을 내려받아서 마이크로 SD 카드에 설치하는 방법을 알아보겠습니다. 작업용 PC로는 윈도를 사용합니다. 맥을 사용하는 분은 53쪽 '4.4 맥에서 사용하는 방법'을 참고하기 바랍니다.

4.1 라즈비안 이미지 파일 내려받기

우선 다음 순서대로 라즈비안 이미지 파일을 내려받습니다.

❶ 작업용 PC의 브라우저에서 라즈베리 파이 공식 사이트(**https://www.raspberrypi. org/**)에 접속한 후 **DOWNLOAD** 탭을 클릭합니다. 내려받기 페이지에서 **RASPBIAN**을 클릭하고 라즈비안 페이지에서 **Download ZIP**을 클릭해서 압축 파일을 내려받습니다.

그림 2-21 **라즈베리 파이 공식 사이트와 내려받기 페이지**

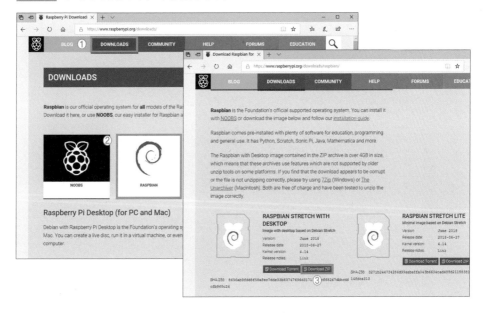

❷ 내려받은 파일을 원하는 장소에 저장합니다(브라우저에 따라 사용법은 조금씩 다릅니다).

그림 2-22 라즈비안 운영체제 이미지 파일 내려받기

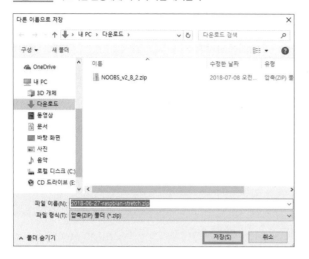

❸ 내려받은 파일을 마우스 오른쪽 버튼으로 클릭한 후 **압축 풀기**를 선택합니다. 현재 폴더
가 아닌 다른 폴더에 저장하려면 '참조'를 클릭해서 폴더를 지정해야 합니다.

그림 2-23 저장한 압축 파일 풀기

4.2 이미지 파일을 마이크로 SD 카드에 설치하기

앞에서 압축을 푼 폴더에는 라즈비안 이미지 파일(집필 당시 최신 파일은 2017-09-07
-raspbian-stretch.img)*이 있습니다. 이 이미지 파일을 마이크로 SD 카드에 설치하려면 전
용 프로그램이 필요합니다. 이 책에서는 Win32 Disk Imager 소프트웨어를 사용하겠습니다.

❶ Win32 Disk Imager 배포 사이트(http://sourceforge.net/projects/win32diskimager/)
에 접속한 후 Download를 클릭해 압축 파일을 내려받습니다.

그림 2-24 Win32 Disk Imager 배포 사이트

---

❷ 내려받은 **win32diskimager-1.0.0-install.exe** 파일을 더블클릭해서 실행하여 Win32
Disk Imager를 설치합니다.

그림 2-25 Win32 Disk Imager 설치

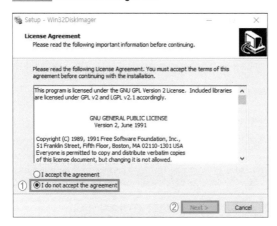

❸ Win32 Disk Imager를 실행하면 다음 그림과 같은 창이 나타납니다. Image File에 라즈
비안 이미지 파일(xxxx.img, xxxx에는 릴리스 날짜와 배포판 이름이 들어 있습니다)을
지정합니다.

그림 2-26 이미지 파일 선택

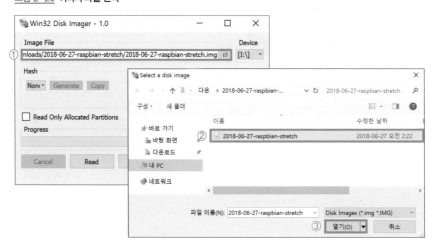

❹ Device에는 이미지를 설치할 마이크로 SD 카드가 들어 있는 드라이브(예제에서는 I:\)를 지정합니다(지정할 드라이브명은 탐색기로 반드시 확인하기 바랍니다. 잘못된 드라이브를 지정하면 작업용 PC의 자료를 잃을 수도 있습니다).

그림 2-27 Win32 Disk Imager 화면

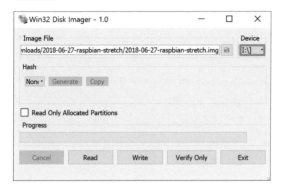

❺ 다음으로 Write를 클릭하면 파일을 기록할 드라이브를 선택하는 창이 나타납니다. 드라이브를 바르게 선택했는지 확인하고 Yes를 클릭합니다.

그림 2-28 드라이브 확인

⑥ 마이크로 SD 카드에 쓰기가 시작됩니다.

그림 2-29 **이미지 파일 쓰기**

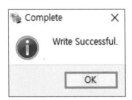

⑦ 쓰기를 성공했다는 창이 나타나면 **OK**를 클릭합니다.

그림 2-30 **쓰기 완료**

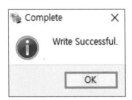

⑧ 하드웨어를 안전하게 제거한 후 마이크로 SD 카드를 꺼냅니다.

4.3 라즈비안 부팅하기

이제 작성한 마이크로 SD 카드로 라즈비안을 부팅해 봅시다.

① 라즈비안을 설치한 마이크로 SD 카드를 라즈베리 파이 카드 슬롯에 끼웁니다.

② 라즈베리 파이에 모니터, 키보드, 마우스, LAN 케이블(유선 LAN을 사용하는 경우)을 연결합니다.

③ 모든 케이블이 제대로 연결되었는지 다시 한 번 확인하고 전원용 USB 케이블을 연결해서 전원을 공급합니다.

이렇게 하면 라즈베리 파이의 빨강 전원 LED가 켜지고 곧바로 마이크로 SD 카드에 있는 라즈비안이 부팅됩니다. 이어서 55쪽 '5 라즈비안 기본 설정'을 참조해서 설정을 마치기 바랍니다.

그림 2-31 라즈비안 부팅 화면

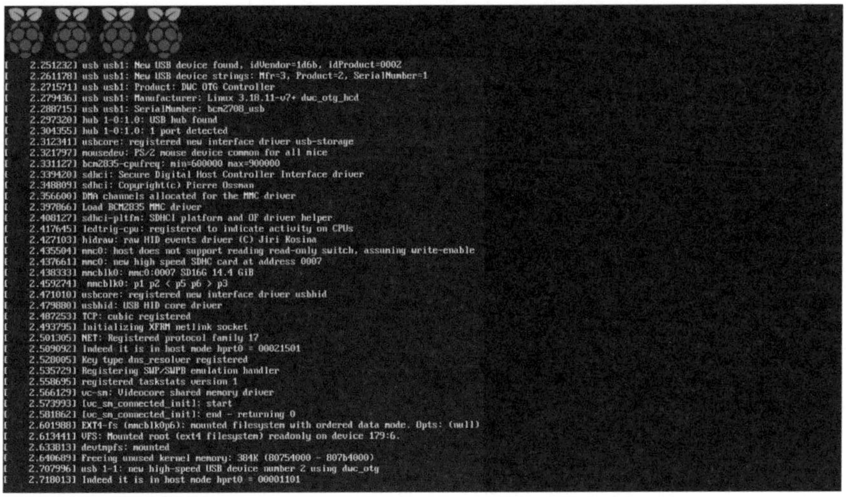

4.4 맥에서 사용하는 방법

맥을 사용하고 있다면 마이크로 SD 카드에 라즈비안 이미지 파일을 기록할 때 dd 명령어를 사용합니다. 구체적인 방법은 다음과 같습니다.

❶ 47쪽 '4.1 라즈비안 이미지 파일 내려받기'를 참조해서 라즈비안 이미지 파일을 내려받은 후 바탕화면에 압축 파일을 풉니다.

❷ 카드 리더기를 맥과 연결해서 마이크로 SD 카드를 삽입합니다. 카드 포맷이 필요하면 SD 포매터를 사용해서 포맷합니다(75쪽 '6 마이크로 SD 카드 포맷하기' 참조).

❸ Apple 메뉴에서 About This Mac을 선택해 표시된 정보 창에서 System Report...를 클릭합니다. 다음 그림처럼 시스템 정보가 나타나면 하드웨어의 USB를 클릭하고 SD 카드 정보를 찾아서 BSD Name을 확인한 후 기록해 둡니다(아래쪽 disk3 부분입니다).

그림 2-32 시스템 정보

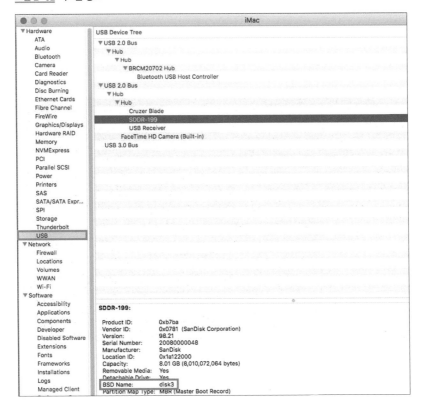

④ 이제 디스크 유틸리티를 실행해서 SD 카드를 선택하고 Unmount(마운트 해제)를 클릭한 후 SD 카드를 안전하게 제거합니다.

그림 2-33 디스크 유틸리티

⑤ 애플리케이션 > 유틸리티에 있는 터미널을 실행해서 다음 명령어를 실행합니다 (username에는 로그인할 때 쓰는 사용자명, disk3에는 시스템 정보에서 확인한 SD 카드의 BSD Name을 지정합니다). dd 명령어를 실행할 때는 틀린 부분이 없는지 주의 깊게 확인하기 바랍니다. 디스크를 잘못 지정하면 데이터가 손실될 수도 있습니다.

```
sudo dd bs=1m if=/Users/username/Desktop/xxxx.img if=/dev/disk3
```

⑥ 명령어 실행 후 암호를 입력하면 SD 카드에 쓰기를 시작합니다. 쓰기 작업에는 시간이 좀 걸립니다. 필자는 1시간 정도 걸렸습니다. 쓰기가 끝나면 터미널에 메시지가 표시됩니다. 메시지가 표시되면 카드 리더기에서 SD 카드를 꺼냅니다.

이것으로 마이크로 SD 카드 준비는 끝입니다. 이어서 52쪽 '4.3 라즈비안 부팅하기'를 따르기 바랍니다.

5 라즈비안 기본 설정

무사히 라즈비안 설치를 끝냈습니다. 지금부터 라즈비안을 사용하기 위한 기본 설정을 해 보겠습니다. 설명 중 5.2 라즈비안 업데이트, 5.3 한글 입력기 설치 과정은 라즈베리 파이가 네트워크에 접속된 상태여야 따라 할 수 있습니다.

5.1 무선 LAN 설정

라즈비안은 OS 업데이트나 한글 입력기 설치 같은 기본 설정을 모두 네트워크를 통해 하므로 무선 LAN을 사용한다면 가장 먼저 네트워크를 설정해야 합니다. 라즈베리 파이 2 이전 모델에 무선 LAN 어댑터를 사용하는 경우, 라즈베리 파이가 동작 중일 때 장착하면 무선 LAN 어댑터가 정상으로 동작하지 않을 수 있습니다. 그럴 때는 일단 라즈베리 파이를 종료한 뒤 무선 LAN 어댑터를 장착해서 다시 부팅하기 바랍니다.

유선 LAN은 NOOBS 또는 NOOBS Lite 초기 화면에서 이미 무선 LAN 설정을 끝내므로 라즈비안 설치 후에도 설정이 유지되어 있을 것입니다(오른쪽 위 무선 LAN 표시용 아이콘이 WiFi가 접속된 상태로 표시됨). 이럴 때는 59쪽 '5.2 라즈비안 업데이트'로 진행하면 됩니다.

그림 2-34 네트워크 접속 상태를 나타내는 아이콘

WiFi가 접속된 상태

유선 네트워크에
접속된 상태

네트워크에
접속되지 않은 상태

라즈비안 설치 후에 무선 LAN 설정이 지워졌다면(오른쪽 위 무선 LAN 표시용 아이콘이 네트워크에 접속되지 않은 상태로 표시됨) 다시 무선 LAN을 설정해야 합니다. 무선 LAN을 설정하는 방법은 다음과 같습니다.

❶ 데스크톱 오른쪽 위에 엑스(X) 표가 두 개 있는 🗙 아이콘을 클릭하면 접속 포인트 목록이 표시됩니다. 접속할 접속 포인트를 클릭합니다.

그림 2-35 무선 LAN 설정

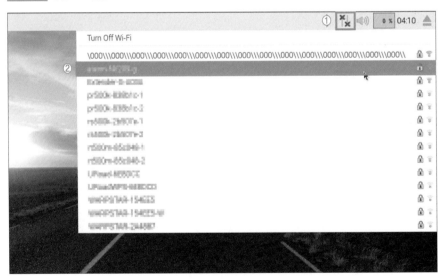

❷ 암호 키 입력 창이 나타나면 Pre Shared Key에 암호 키를 입력하고 **OK**를 클릭합니다.
통신이 시작되면 🗙 아이콘이 🛜 또는 ⇅ 아이콘으로 바뀝니다.

그림 2-36 **무선 암호 키 설정**

이것으로 무선 LAN 설정이 끝났습니다. 무선 LAN은 한 번 설정해 두면 다음 부팅부터는
이전에 사용한 접속 포인트에 자동으로 접속됩니다.

DHCP 서버를 사용하지 않고 고정 IP를 할당하려면 다음과 같이 설정합니다.

❶ 데스크톱 화면 오른쪽 위에 있는 🗙 아이콘을 마우스 오른쪽 버튼으로 클릭하고 **WiFi
Networks (dhcpcdui) Settings**를 선택합니다.

그림 2-37 **Network Preferences 설정 화면**

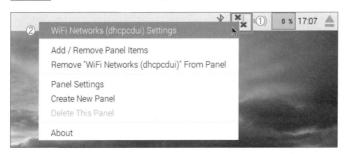

❷ Network Preferences 창에서 Configure - interface 항목의 채널을 eth0(유선 LAN)에서
wlan0(무선 LAN)으로 변경합니다.

그림 2-38 **Network Preferences 무선 설정**

❸ IP 주소 등을 입력하는 부분이 활성화됩니다. 설정 항목을 입력하고 **Close**를 클릭합니다.

그림 2-39 Network Preferences IP 주소 설정

> **TIP**
>
> **무선 LAN 맥(MAC) 주소 조사하기**
>
> 공유기에 맥 주소로 필터링을 설정하는 경우 등 무선 LAN 어댑터의 맥 주소를 조사하려면 ifconfig 명령어를 사용합니다. LXTerminal을 실행해서(실행 방법은 59쪽 '5.2 라즈비안 업데이트' 참조) ifconfig를 입력합니다(관리자 권한 sudo는 필요하지 않습니다).
>
> ifconfig를 실행하면 다음 그림처럼 표시됩니다. 화면 eth0은 유선 인터넷, lo는 로컬 루프백, wlan0은 무선 LAN의 현재 접속 상태를 나타냅니다. wlan0에서 ether 뒤에 나오는 것이 무선 LAN 어댑터의 맥 주소입니다.
>
> 그림 2-40 Ifconfig 실행 화면
>
>

5.2 라즈비안 업데이트

라즈비안은 윈도나 맥과 마찬가지로 늘 업데이트되므로 설치한 다양한 소프트웨어(파이썬 등)를 항상 최신 상태로 유지할 수 있습니다. 라즈베리 파이의 펌웨어(하드웨어의 기본 제어를 담당하는 프로그램)도 종종 최신 버전이 나오는데, 펌웨어 업데이트도 라즈비안에서 할 수 있습니다. 라즈비안을 설치하고 나면 우선 다음과 같은 업데이트 작업을 하고 이후에도 종종 업데이트해서 시스템을 최신 상태로 유지하기 바랍니다.

업데이트는 네트워크를 통해 이루어지므로, 업데이트하려면 라즈베리 파이가 네트워크에 접속되어 있어야 합니다. 업데이트할 때는 다음 순서대로 명령어 입력 화면을 실행해서 키보드로 명령어를 입력합니다. 명령어 입력 화면에서 명령어를 입력하고 [Enter] 키를 누르면 입력한 명령어가 실행됩니다.

❶ 작업 표시줄에 있는 **LXTerminal**() 아이콘을 클릭하면 명령어를 입력할 수 있는 화면이 열립니다.

그림 2-41 LXTerminal 실행

❷ 다음 두 명령어를 위에서부터 순서대로 하나씩 입력하여 실행합니다. 대소문자를 구별하므로 주의하여 입력하기 바랍니다. 각 명령어를 실행할 때마다 LXTerminal에 업데이트 상태를 표시하는 메시지가 표시됩니다. 이와 같은 명령어는 관리자 권한으로 실행해야 하므로 명령어에 sudo를 붙입니다.* 명령어의 내용은 표 2-2와 같습니다.

```
sudo apt-get update    ← OS 업데이트 조사
sudo apt-get upgrade   ← 업데이트 정보를 바탕으로 OS가 업데이트됨
```

표 2-2 **명령어 설명**

명령어	설명
sudo	관리자 권한으로 명령어를 실행합니다. 운영체제를 업데이트하거나 소프트웨어를 설치하는 명령어를 실행할 때 명령어 앞에 붙여야 합니다.
apt-get	서버에 문의해서 각종 소프트웨어 패키지를 내려받거나 설치합니다. 이 명령어는 다음과 같은 옵션을 사용할 수 있습니다. • update: 업데이트 정보를 조사합니다. • upgrade: update 명령어로 얻은 업데이트 정보에 따라 업그레이드합니다. • install 소프트웨어명: 소프트웨어를 설치합니다.

> **TIP** 명령어를 실행할 때 유용한 키
>
> 한 번 실행했던 명령어나 비슷한 명령어를 실행할 때는 이력 기능을 이용해 이전에 입력한 명령어를 다시 불러와 사용할 수 있습니다. 또한 명령어, 경로, 파일명을 일부만 입력하고 Tab↹ 키를 누르면 남은 내용이 자동으로 완성됩니다.
>
> 표 2-3 **명령어 이력과 자동 완성 기능**
>
> | 키 | 내용 |
> |---|---|
> | ↑ 키 또는 Ctrl + P 키 | 명령어 이력을 거슬러 올라갑니다. |
> | ↓ 키 또는 Ctrl + N 키 | 명령어 이력을 진행합니다. |
> | 명령어, 경로, 파일명의 앞부분부터
몇 글자 + Tab↹ 키 | 앞에 입력된 문자열에서 명령어, 경로, 파일명을 예측해서 표시합니다. |

---

*　관리자와 sudo 명령어에 관해서는 61쪽 TIP '다중 사용자 구조'를 참조하기 바랍니다.

❸ sudo apt-get upgrade 실행 중에 업그레이드할 것인지 묻는 메시지가 표시되면 Yes를 의미하는 y를 입력합니다.

다중 사용자 구조

리눅스 기반인 라즈비안은 다중 사용자에 대응하는 운영체제이므로 PC 한 대를 여러 사용자가 함께 쓰는 것을 전제로 합니다(지금은 윈도나 맥도 다중 사용자에 대응하지만, 이런 운영체제는 원래 혼자 쓰는 것을 전제로 합니다).

리눅스 사용자는 일반 사용자와 관리자라 부르는 특별한 사용자로 나눠집니다. 일반 사용자는 할당된 공간에서만 파일을 읽고 쓸 수 있지만, 관리자(슈퍼 유저, root 권한자, 단순히 root라고도 부름)는 특별한 권한이 있어서 시스템 설정 변경이나 애플리케이션 설치 등 운영체제의 모든 기능에 접근할 수 있습니다. 또한 일반 사용자 계정은 메모리 용량이 허용하는 한 얼마든지 만들 수 있지만, 관리자 계정은 하나뿐입니다.

라즈비안을 앞에서 설명한 대로 설정하면 라즈비안을 부팅할 때 사용자명 pi를 통해 일반 사용자로 로그인해서 부팅하는데, 이 상태에서는 애플리케이션 설치나 시스템 관련 설정을 할 수 없습니다. 관리자만 할 수 있는 동작을 일반 사용자가 하려면 sudo 명령어를 앞에 붙여야 합니다. sudo 명령어는 일시적으로 관리자 권한으로 프로그램을 실행하게 해 줍니다.

라즈비안에서도 관리자로 시스템에 로그인할 수 있지만, 이 책은 라즈베리 파이로 프로그래밍하는 것이 목적이므로 일반 사용자로 로그인한다고 전제합니다.

참고로 라즈비안에 관리자로 로그인하는 방법은 다음과 같습니다.

❶ 관리자 root의 암호 설정하기
관리자의 사용자명은 root로 고정되어 있으므로 변경할 수 없습니다. 다음은 root의 암호를 설정하는 명령어입니다. 이 명령어를 LXTerminal에서 실행하면 새로운 암호를 입력하라는 메시지가 나타납니다. 여기에 설정할 암호를 입력합니다. 암호를 확인하기 위해 다시 같은 암호를 입력합니다(LXTerminal은 나중에 자세히 설명합니다).

```
sudo passwd root
```

❷ 일반 사용자 pi에서 관리자로 전환하기
LXTerminal에서 su 명령어를 실행하면 암호를 입력하라고 나옵니다. 여기에 ❶에서 설정한 root의 암호를 입력합니다.

```
su
```

❸ 관리자에서 일반 사용자 pi로 돌아가기
LXTerminal에서 exit 명령어를 실행합니다.

5.3 한글 입력기 설치

라즈비안에는 한글을 입력하는 소프트웨어가 설치되어 있지 않습니다. 라즈비안에서 한글을 입력하기 위한 설정을 해 봅시다. 먼저 한글 입력 소프트웨어인 iBus를 설치합니다. iBus를 설치하려면 네트워크 접속이 필요하므로 네트워크에 접속한 후에 다음 과정을 따라 하기 바랍니다.

❶ 작업 표시줄의 **LXTerminal** 아이콘을 클릭해서 명령어 입력 화면을 엽니다.

❷ 다음과 같이 명령어를 입력해서 iBus를 설치합니다.

```
sudo apt-get install ibus ibus-hangul fonts-unfonts-core
```

❸ 명령어 실행 중에 설치를 진행할 것인지 묻는 메시지가 표시되면 **y**를 입력합니다.

그림 2-42 **한글 입력기 설치**

이것으로 한글 입력기가 설치되었습니다. 라즈비안을 재부팅하고 다음 명령어를 입력해서 한글 입력기를 활성화합니다.

```
ibus engine hangul
```

역주 한글 입력기 설치

재부팅했을 때 한글 입력기가 추가되지 않았다면 다음 방법으로 설정해 보세요.

1 데스크톱 화면 오른쪽 위에 있는 EN 아이콘을 마우스 오른쪽 버튼으로 클릭하고 Preferences를 선택합니다. Input Method 탭을 클릭하고 Add를 클릭합니다.

그림 2-43 Preferences 메뉴 선택 후 Input Method 탭 〉 Add

2 표시된 입력기 목록 맨 아래에 있는 ⋮을 클릭합니다.

그림 2-44 ⋮을 클릭

3 Korean을 선택합니다.

그림 2-45 **Korean 선택**

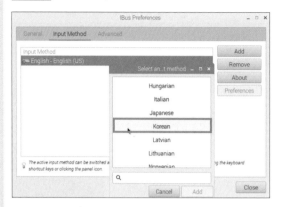

4 Hangul을 선택하고 Add를 클릭합니다. 목록에 Korean – Hangul이 추가된 것을 확인하고 Close를 클릭합니다.

그림 2-46 **Hangul 〉 Add 〉 Close**

5.4 라즈비안 설정

데스크톱 왼쪽 위에 있는 **Menu** 아이콘을 클릭하고 Preferences 〉 Raspberry Pi Configuration
을 선택합니다.

그림 2-47 Raspberry Pi Configuration 실행

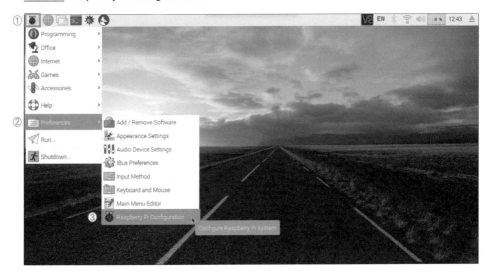

이제 다음 항목을 설정합니다.

- 암호 변경
- 오버 스캔 무효화
- 로케일(지역과 언어) 설정
- 시간 설정
- 키보드 레이아웃 설정
- WiFi 사용 국가 설정

■ 암호 변경

리눅스는 여러 사용자가 쓰는 다중 사용자 OS입니다. 라즈비안을 사용할 때도 우선 사용자
명과 암호를 입력해서 인증에 성공하면 로그인되는 구조입니다.

라즈비안은 기본값으로 사용자명이 pi고 암호가 raspberry라는 계정을 사용하지만 보안을 고려해 이 계정의 암호를 변경해 보겠습니다.

보통은 라즈비안을 부팅할 때마다 매번 사용자명과 암호를 입력해야 하지만 설정 창에 있는 Auto Login으로 Login as user 'pi'를 체크하면(기본값이 체크 상태) pi 사용자로 자동 로그인 되므로 부팅할 때마다 암호를 입력하지 않아도 됩니다. 일단 로그아웃해서 다시 로그인하거나 네트워크를 통해 라즈비안에 로그인할 때는 사용자명(변경하지 않았다면 pi)과 이번에 변경한 암호를 입력해야 합니다.

❶ Password: 옆에 있는 **Change Password**를 클릭합니다.

❷ 새로운 암호를 입력하는 창이 열리면 두 칸에 모두 같은 암호를 입력하고 **OK**를 클릭합니다.

그림 2-48 **암호 설정**

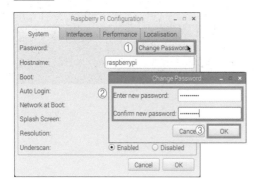

■ 오버 스캔 무효화

일부 TV에는 화면 끝이 흔들리는 현상이 보이지 않도록 화면 주변부를 잘라내는 '오버 스캔' 기능이 적용되어 있습니다. 오버 스캔 기능이 있는 기기는 라즈베리 파이가 보낸 화면의 주변부도 잘라서 보여 줍니다.

라즈베리 파이의 초기 설정은 모니터 크기보다 표시 화면을 조금 작게 보여 주는 '오버 스캔 대응' 상태입니다. 이 설정을 그대로 두면 오버 스캔 기능이 없는 모니터에서는 화면 주변에 검은 상자가 표시되므로 이 책에서는 오버 스캔을 무효화해서 사용하겠습니다.

Overscan을 Disabled로 체크합니다[*].

그림 2-49 **오버 스캔 무효화**

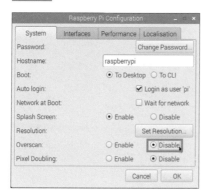

다음으로 로케일, 시간, 키보드 레이아웃, WiFi 사용 국가를 설정해 보겠습니다. 우선 Raspberry
Pi Configuration 창에서 **Localisation** 탭을 클릭하여 설정 화면을 전환합니다. Set Locale부
터 Set WiFi Country까지 순서대로 항목을 설정하겠습니다.

그림 2-50 Localisation **탭으로 전환**

■ **로케일(지역과 언어) 설정**

가장 먼저 지역과 언어 관련 설정을 해 보겠습니다.

❶ Set Locale...을 클릭합니다.

❷ Locale 창에서 Language를 **ko (Korean)**으로 선택합니다. 목록이 길기 때문에 스크롤해
　서 잘 찾기 바랍니다.

---

* 　역주　연결한 기기나 HDMI 설정에 따라 Underscan으로 표시되기도 합니다.

③ Country가 **KR (South Korea)**고 Character Set이 **UTF-8**인지 확인하고 **OK**를 클릭합니다. 설정 완료까지 시간이 조금 걸립니다.

그림 2-51 **로케일 설정**

■ 시간 설정

이어서 시간을 설정해 보겠습니다.

① **Set Timezone...**을 클릭합니다.

② Timezone 창에서 Area를 **Asia**로 선택합니다.

③ Location을 **Seoul**로 선택하고 **OK**를 클릭합니다. 설정 완료까지 시간이 조금 걸립니다.

그림 2-52 **시간 설정**

■ 키보드 레이아웃 설정

이어서 키보드를 설정해 보겠습니다.

❶ Set Keyboard...를 클릭합니다.

❷ Keyboard Layout 창에서 Country를 Korea, Republic of, Variant를 **사용하는 키보드 타입**으로 선택하고 OK를 클릭합니다. 사용하는 키보드 타입을 모르면 Korean (101/104 key compatible)을 선택합니다.

그림 2-53 **키보드 레이아웃 설정**

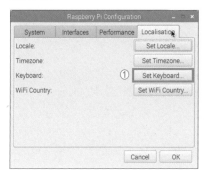
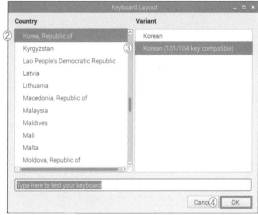

■ WiFi 사용 국가 설정

기본값은 Britain(UK)이지만 와이파이는 국가에 따라 사용할 수 있는 채널이 다르므로 사용하는 국가를 설정해 보겠습니다(와이파이 기능을 표준 탑재한 라즈베리 파이 3에 필요한 설정입니다).

❶ Set WiFi Country...를 클릭합니다.

❷ WiFi Country Code 창에서 Country를 KR Korea (South)로 선택하고 OK를 클릭합니다.

그림 2-54 WiFi 사용 국가 설정

이것으로 Raspberry Pi Configuration 설정이 끝났으므로 창을 닫겠습니다.

❶ Raspberry Pi Configuration 창 아래에 있는 OK를 클릭합니다.

❷ 라즈비안을 재부팅할지 물어보면 Yes를 클릭합니다.

그림 2-55 설정 종료

그림 2-56 라즈비안 재부팅

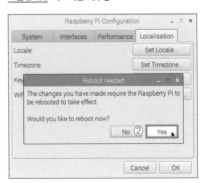

라즈비안은 부팅할 때 Raspberry Pi Configuration으로 설정한 내용을 읽어들이므로 설정을 변경했다면 재부팅해서 설정을 반영해야 합니다.

재부팅을 하면 다음과 같이 각 메뉴가 한국어로 표시됩니다.

그림 2-57 한국어 설정 후 데스크톱 화면

5.5 한글 입력

지금부터는 한글을 입력할 수 있습니다. 텍스트 에디터인 Text Editor를 실행해서 한글이 입력되는지 확인해 봅시다(한글 입력기 설치와 키보드 설정이 끝난 상태여야 합니다).

❶ 작업 표시줄 오른쪽 위에 있는 **태극무늬** 또는 **EN** 아이콘을 마우스 오른쪽 버튼으로 클릭한 후 **기본 설정**(Preferences)을 클릭합니다.

그림 2-58 입력 방식 기본 설정

❷ 환경 설정 창이 나타나면 **입력 방식**(Input Method) 탭을 클릭합니다. 입력 방식(Select an input method)에서 **한국어 – Hangul**을 선택하고 **추가**(Add)를 클릭합니다.

그림 2-59 **한국어로 입력 방식 변경**

❸ **한국어 – Hangul**을 선택하고 **기본 설정**(Preferences)을 클릭합니다. 원하는 한영 전환 단축키를 설정하고 필요 없는 단축키는 삭제합니다.

그림 2-60 **단축키 설정**

❹ 데스크톱 왼쪽 위에 있는 Menu 아이콘을 클릭합니다. **보조 프로그램** 〉 Text Editor를 선택해서 텍스트 에디터를 실행합니다.

그림 2-61 **텍스트 에디터를 실행해서 한글 입력하기**

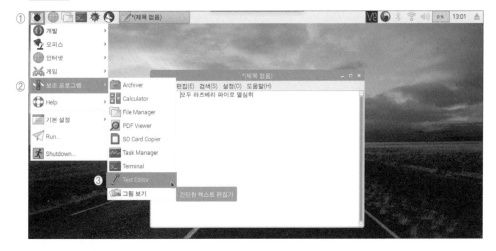

❺ 방금 설정한 한영 전환 단축키를 누르거나 데스크톱 오른쪽 위에 있는 **한영 전환** 아이콘을 클릭해 한글 입력 상태로 전환합니다.

그림 2-62 **한글 입력 전환**

그림 2-63 **영문 입력 전환**

이 책에서는 파일 내용을 확인하거나 라즈비안 설정을 변경할 때 텍스트 에디터를 사용합니다.[*]

---

[*] 역주 여기서 설명한 대로 따라 해도 한글 설정이 되지 않을 때는 부록 C를 참고하세요.

5.6 라즈베리 파이 종료 방법

라즈베리 파이는 반드시 다음 순서대로 종료하기 바랍니다.

① 데스크톱 화면의 작업 표시줄에서 **Menu** 〉 **Shutdown**을 선택합니다. Shutdown options 창에서 **Shutdown**을 선택하고 **OK**를 클릭합니다.

그림 2-64 라즈비안 종료

② 라즈비안이 종료되고 라즈베리 파이 기판에 있는 초록색 LED(ACT라는 글자가 적혀 있음)가 꺼지면 AC 어댑터와 연결된 USB 케이블을 뽑습니다. 초록색 LED에 불이 깜빡이면 라즈비안이 마이크로 SD 카드에 데이터를 기록하는 중이라는 뜻이므로 이때는 전원을 끄지 않도록 주의합니다.

그림 2-65 라즈베리 파이 ACT_LED

종료한 라즈비안을 다시 실행하려면 마이크로 SD 카드가 라즈베리 파이에 제대로 끼워져 있는지 확인한 후 전원을 연결하기 바랍니다.

이것으로 라즈비안을 사용하기 위한 기본 설정이 끝났습니다. 라즈베리 파이 2 이전 모델에서 무선 LAN 어댑터를 사용하려면 55쪽 '5.1 무선 LAN 설정'을 확인하기 바랍니다. 나머지 사용법은 82쪽 '7 기본 사용 방법'에서 설명하겠습니다. 이 부분도 읽어 보세요.

6 마이크로 SD 카드 포맷하기

라즈베리 파이가 마이크로 SD 카드를 인식하지 못하거나 라즈베리 파이에서 사용했던 마이크로 SD 카드를 다른 PC에서 사용하고 싶다면 SD 카드를 윈도 기본 포맷이 아니라 SD Association에서 내려받은 전용 소프트웨어로 포맷해야 합니다.

6.1 SD 포매터 설치

우선 SD Association*이 배포하는 SD 포매터를 내려받아 설치합니다.

❶ SD Association 홈페이지(https://www.sdcard.org)에 접속한 후 Downloads 탭을 클릭합니다. 내려받기 페이지에서 SD Memory Card Formatter를 클릭한 후 OS에 맞는 SD Formatter for SD/SDHC/SDXC를 클릭합니다(내려받는 위치는 브라우저에 따라 다릅니다).

---

* SD 카드와 관련된 표준 등을 만드는 국제적인 업계 단체입니다.

그림 2-66 SD Association 홈페이지

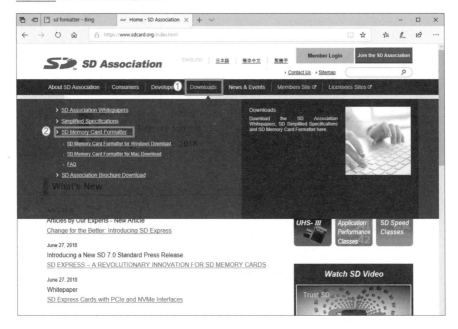

❷ 사용권 계약서를 읽고 **Accept**(동의)를 클릭하면 파일이 내려받아집니다.

그림 2-67 SD 포매터 사용권 계약서 페이지

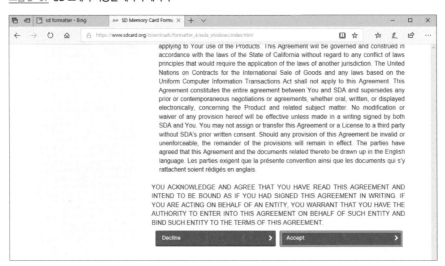

❸ **setup.exe 파일을 더블클릭합니다. SD 포매터 설치 화면이 나타나면 Next를 클릭합니다.**

그림 2-68 **실행 파일**

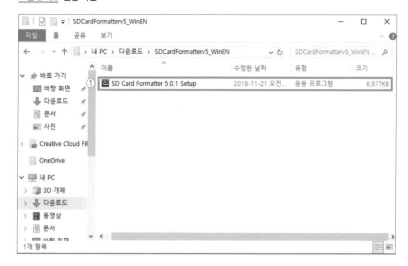

그림 2-69 **SD 포매터 설치**

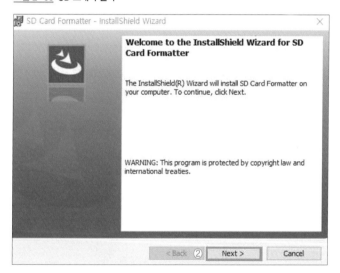

④ 사용권 계약서를 확인하고 I accept the terms...를 체크한 후 Next를 클릭합니다.

그림 2-70 사용권 계약서 조항

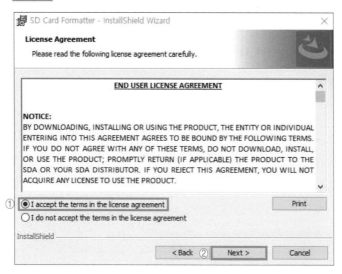

⑤ 설치할 폴더를 지정하고 Next를 클릭합니다.

그림 2-71 설치할 폴더 선택

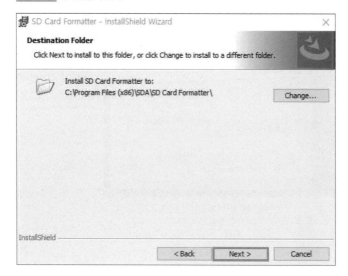

6 Install을 클릭해서 설치를 시작합니다.

그림 2-72 설치 준비 화면

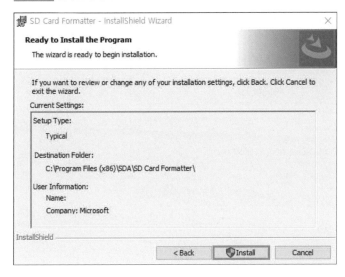

이것으로 SD 포매터 설치가 끝났습니다.

6.2 마이크로 SD 카드 포맷

이어서 마이크로 SD 카드를 포맷해 보겠습니다.

1 마이크로 SD 카드를 카드 리더기 또는 PC에 있는 SD 카드 슬롯에 꽂습니다.

2 데스크톱 또는 프로그램 목록에서 SDFormatter 아이콘을 찾아 클릭하면 SD 포매터가
실행됩니다.

그림 2-73 SD 포매터 아이콘

3 화면이 나타나면 Format Option이 퀵 포맷으로 선택되어 있는지 확인합니다. Volume
Label에 원하는 이름을 넣습니다(최대 11자까지 영문자만 가능합니다. 소문자를 넣어도
전부 대문자로 변환됩니다). Drive(포맷 대상 드라이브)가 마이크로 SD 카드가 들어 있
는 드라이브(여기서는 I:)인지 확인하고 **Format**을 클릭합니다.

그림 2-74 설정 후 화면

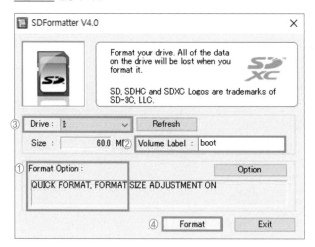

④ 확인 창이 두 번 나타나므로 둘 다 **확인**를 클릭합니다.

그림 2-75 퀵 포맷 관련 확인 창

⑤ 다음과 같은 창이 나타나면 포맷이 완료된 것입니다. **확인**을 클릭해 창을 닫습니다. 다음 작업을 위해 SD 카드를 뽑아 둡니다.

그림 2-76 포맷 완료

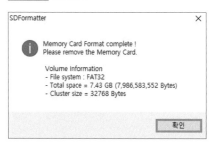

이걸로 운영체제 설치와 기본 설정이 끝났습니다. 다음으로 라즈비안 기본 사용 방법을 설명하겠습니다.

역주 맥에서 사용하는 방법: Etcher 사용하기

라즈베리 파이 홈페이지에서 추천하는 Etcher 프로그램을 사용하면 라즈비안 이미지 파일을 좀 더 쉽게 SD 카드에 기록할 수 있습니다(https://www.raspberrypi.org/documentation/installation/installing-images/README.md).

https://etcher.io 홈페이지에서 자신이 사용하는 운영체제에 맞는 프로그램을 내려받아 설치한 후 프로그램을 실행합니다. Select image를 클릭해 내려받은 라즈비안 이미지 파일을 선택합니다. 다음으로 Select drive를 클릭해 마이크로 SD 카드가 든 드라이브를 선택합니다.

그림 2-77 Etcher 설치 1 단계

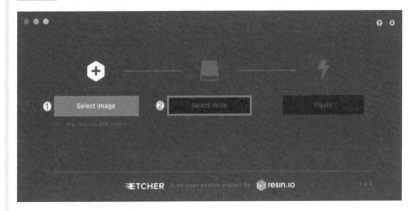

Flash!를 클릭하면 마이크로 SD 카드에 이미지를 쓰기 시작합니다. 잠시 기다리면 쓰기가 끝났다는 메시지가 나옵니다. 이때 마이크로 SD 카드를 뽑으면 됩니다.

그림 2-78 Etcher 설치 2 단계

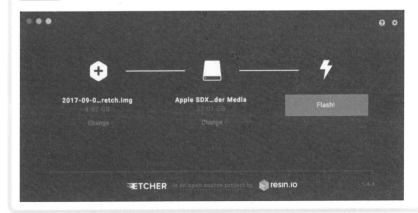

7 기본 사용 방법

이번에는 라즈비안 기본 사용 방법을 설명하겠습니다. 라즈비안에는 파이썬 외에도 다양한 애플리케이션과 프로그래밍 도구가 설치되어 있습니다. 우선 파이썬 프로그래밍을 하려면 꼭 알아야 할 내용을 중심으로 살펴보겠습니다.

7.1 라즈비안 애플리케이션

지금까지 설명한 대로 라즈비안을 설치하고 설정하면 라즈베리 파이를 부팅했을 때 다음과 같은 데스크톱 화면이 자동으로 표시됩니다. 작업 표시줄이나 Menu 아이콘을 클릭하면 각 카테고리가 표시되는데, 라즈비안에 설치된 애플리케이션이 여기에 등록되어 있어서 각 애플리케이션을 실행할 수 있습니다[*]. 다양한 프로그래밍 언어를 바로 쓸 수 있는 것이 라즈비안의 특징입니다. 프로그래밍 도구를 중심으로 주요 애플리케이션을 간단히 설명하겠습니다.

그림 2-80 **라즈비안 데스크톱 화면**

① **Epiphany(에피파니)** 라즈비안 표준 웹 브라우저입니다.

② **파일 매니저** GUI로 파일을 다루는 애플리케이션입니다. 윈도의 파일 탐색기처럼 사용할 수 있습니다.

③ **LXTerminal(엘엑스 터미널)** 이 책에서 사용하는 터미널 애플리케이션으로 각종 명령어를 실행합니다.

④ **Mathematica(매스매티카)** 수식 처리, 수치 연산, 그래프 등을 다루는 고성능 전문 과학 기술 계산 애플리케이션입니다.

⑤ **Wolfram(울프람)** 매스매티카의 인터페이스 언어로 유명합니다. 다양한 용도로 사용할 수 있는 멀티 패러다임 언어입니다.

⑥ **BlueJ Java IDE(블루제이 자바 아이디이)** 자바 개발 환경입니다. 클래스 의존 관계를 그래픽으로 알기 쉽게 표시합니다.

---

* 역주 배포판 버전에 따라 기본으로 설치되는 도구가 다를 수 있습니다.

❼ Greenfoot Java IDE(그린풋 자바 아이디이) 스크래치와 비슷한 자바 GUI 프로그래밍 환경입니다. 프로그래밍 첫 도전에 적합합니다.

❽ Node-RED(노드 레드) 하드웨어, API, 온라인 서비스를 뜻하는 노드를 연결해서 프로그램을 만드는 그래픽 개발 환경입니다. IoT(사물 인터넷)나 웹 서비스용으로 개발되었습니다.

❾ Python 2(파이썬 2) 파이썬 2 개발 환경입니다.

❿ Python 3(파이썬 3) 파이썬 3 개발 환경입니다. 파이썬 2.x 버전과 3.x 버전은 언어의 일부 사양이 서로 달라 2.x 버전으로 작성한 프로그램이 3.x 버전에서 동작하지 않을 수도 있습니다.

⓫ Scratch(스크래치) 프로그래밍 경험이 적은 사람도 쉽게 프로그램을 만들 수 있도록 GUI 프로그래밍 환경을 제공합니다.

⓬ Scratch 2(스크래치 2) 스크래치에는 없던 새로운 블록을 만드는 기능이 추가되는 등 확장 기능 추가가 쉬워졌습니다.

⓭ Sense HAT Emulator(센스 햇 에뮬레이터)

라즈베리 파이용 LED 매트릭스나 조이스틱, 각종 센서를 탑재한 HAT(위에 올리는 형태의 확장 기판)을 위한 에뮬레이터(실제 기판과 같은 동작을 하는 GUI로 프로그램이 바르게 동작하는지 평가하는 소프트웨어)입니다. 파이썬 예제 프로그램이 들어 있으므로 기본적인 제어를 바로 확인해 볼 수 있습니다.

⓮ Sonic Pi(소닉 파이) 음악을 만들면서 즐겁게 프로그래밍을 학습한다는 목표로 만들어진 교육용 애플리케이션입니다.

⓯ Thonny (Simple Mode) 파이썬 3 표준 개발 환경을 사용하기 쉽고 간단하게 만든 것입니다.

⓰ Thonny Python IDE 파이썬 3 표준 개발 환경입니다. 이 책에서는 이 개발 환경을 사용합니다.

⓱ 지니(Geany) 다양한 프로그래밍 언어에 대응하는 강력한 텍스트 에디터가 들어 있는 개발 환경입니다.

⓲ LibreOffice Base(리브레오피스 베이스) 리브레오피스는 오피스용 무료 애플리케이션 소프트웨어입니다. 리브레오피스 베이스는 데이터 관리 소프트웨어입니다.

㉙ **LibreOffice Calc(리브레오피스 칼크)** 표 계산용 소프트웨어입니다.

⑳ **LibreOffice Draw(리브레오피스 드로)** 그림을 그리는 소프트웨어입니다.

㉑ **LibreOffice Impress(리브레오피스 임프레스)** 프레젠테이션용 소프트웨어입니다.

㉒ **LibreOffice Math(리브레오피스 매스)** 수식 에디터입니다.

㉓ **LibreOffice Writer(리브레오피스 라이터)** 워드프로세스 소프트웨어입니다.

㉔ **Minecraft(마인크래프트) Pi** 세계적으로 인기를 끌고 있는 3D 그래픽 게임입니다. 재료를 모아서 도구를 만들고 집을 짓거나 거리를 만들 수 있는 창작 게임입니다.

㉕ **Python Games(파이썬 게임)** 파이썬으로 만든 게임입니다(파이썬 2.x 버전으로 만들었습니다). 소스 코드도 들어 있어서 프로그래밍을 학습하는 데 참고하기 좋습니다.

매번 메뉴를 열어서 애플리케이션을 실행하는 것이 귀찮다면 데스크톱에 아이콘을 꺼내 두는 것이 좋습니다. 메뉴에서 원하는 애플리케이션을 마우스 오른쪽 버튼으로 클릭하고 **Add to desktop**을 선택합니다. 그러면 데스크톱에 해당 아이콘이 추가됩니다.

그림 2-81 데스크톱에 Thonny Python IDE 아이콘 추가하기

아이콘을 삭제하고 싶으면 데스크톱 휴지통으로 아이콘을 드래그합니다. 휴지통에 버리는지 확인하는 메시지가 표시되면 **예**를 클릭합니다. 이 조작은 데스크톱에 있는 아이콘만 삭제하는 것이므로 애플리케이션 자체는 삭제되지 않습니다.

7.2 라즈비안에서 사용할 수 있는 명령어

라즈비안은 GUI 애플리케이션뿐만 아니라 명령줄에서 키보드로 직접 명령어를 입력해서
사용하는 애플리케이션도 있습니다(사실 이런 애플리케이션이 더 많습니다). 이런 애플리케
이션을 단순히 명령어라고 부르기도 합니다. 우리는 이미 60쪽에서 apt-get 같은 명령어를
사용했습니다.

라즈비안 데스크톱 환경에서 각종 명령어를 실행하려면 앞에서도 소개했던 LXTerminal을
사용합니다. LXTerminal은 작업 표시줄에 있는 아이콘을 클릭하면 실행됩니다.

그림 2-83 LXTerminal 실행

화면에 다음과 같은 문자열이 표시되는데 이건 프롬프트라고 부르는 것으로 명령어 입력을 기다리고 있다는 표시입니다. 각종 명령어를 실행할 때는 이 프롬프트 오른쪽에 명령어를 입력합니다.

```
pi@raspberrypi ~ $
```

이 책에서 사용하는 명령어는 표 2-4를 참조하기 바랍니다.

표 2-4 주요 명령어

명령어	설명
ls	디렉터리* 내부에 있는 파일 목록을 표시합니다.
cd 디렉터리명	현재 디렉터리**로 이동합니다.
mv 파일명1 파일명2	파일명1에서 파일명2로 파일을 옮기거나 파일명을 변경합니다.
cp 파일명1 파일명2	파일명1에서 파일명2로 파일을 복사합니다.
cat 파일명	파일 내용을 표시합니다.
chown 옵션 파일명	파일 소유자를 변경합니다.
chgrp 옵션 파일명	파일 그룹을 변경합니다.
chmod 옵션 파일명	파일 접근 권한을 변경합니다.
sudo 명령어	지정한 명령어를 관리자 권한으로 실행합니다.
apt-get update	소프트웨어 패키지의 갱신 정보를 취득합니다.
apt-get upgrade	소프트웨어 패키지의 갱신 정보를 바탕으로 업데이트를 실행합니다.
apt-get install 패키지명	지정한 패키지를 설치합니다.
apt-get remove 패키지명	지정한 패키지를 제거합니다.
apt-get autoclean	이미 제거한 패키지의 캐시를 삭제합니다.
ifconfig	네트워크 인터페이스의 참조 및 설정을 합니다.
man 명령어	명령어 사용법을 표시합니다.

* 윈도나 맥의 폴더에 해당하는 개념입니다. 리눅스에서는 디렉터리라고 부르는 경우가 많습니다.

** 현재 작업 중인 디렉터리

7.3 라즈비안 디렉터리 구성

라즈비안은 디렉터리의 최상위 단계를 root(루트)라고 부르는데 root에는 운영체제를 구성하는 각종 디렉터리가 들어 있습니다.

그중에서 home 디렉터리에는 라즈비안에 등록된 모든 로그인 사용자의 디렉터리가 들어 있고, 해당 디렉터리에는 기본값으로 pi 사용자만 등록되어 있습니다. pi 사용자로 로그인하면 home 디렉터리에 있는 pi 디렉터리가 자유롭게 사용할 수 있는 공간이 됩니다.

해당 디렉터리보다 상위에 있는 디렉터리에 파일 관련 작업(새로 작성, 복사, 삭제, 이름 변경 등)을 하려면 관리자 권한이 필요하므로 명령어 앞에 sudo를 붙입니다. 관리자 권한으로 명령어를 실행할 때는 시스템에 필요한 파일을 삭제하지 않도록 조심해야 합니다.

그림 2-84 pi 사용자가 자유롭게 사용할 수 있는 디렉터리

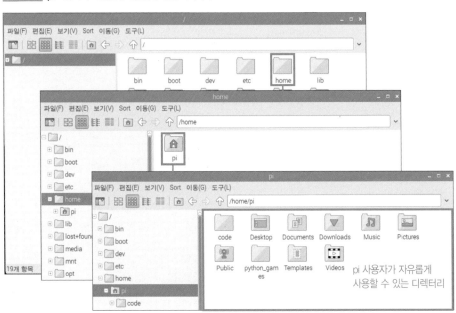

이것으로 라즈비안의 기본 사용 방법을 모두 설명했습니다. 드디어 파이썬으로 프로그래밍하는 방법을 배워 보겠습니다.

USB 메모리 사용법

라즈베리 파이와 PC 사이에서 파일을 주고받을 때 편리한 것이 USB 메모리입니다. 사용법은 무척 간단해서 라즈베리 파이의 USB 커넥터에 접속하기만 하면 됩니다.

라즈베리 파이가 USB 메모리를 인식하면 파일 관리자에서 열 것인지 묻는 창이 나타납니다. 확인을 클릭하면 다른 폴더와 마찬가지로 파일을 쓰고 읽을 수 있습니다.

그림 2-85 USB 메모리를 파일 관리자로 열기

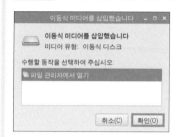

꺼낼 때는 데스크톱 오른쪽 위에 있는 eject 아이콘을 클릭하고 현재 인식되어 있는 저장 장치가 표시되면 해당하는 저장 장치를 선택합니다. 이때 잘못해서 라즈비안이 설치된 SD 카드를 지정하지 않도록 주의하기 바랍니다(잘못 지정하더라도 주의를 주는 메시지가 표시될 뿐이므로 갑자기 시스템이 멈추거나 하지는 않습니다).

그림 2-86 USB 메모리 안전하게 꺼내기

지정한 저장 장치를 제거했다는 메시지가 표시되면 USB 메모리를 뽑습니다.

그림 2-87 USB 메모리가 제거됨

3장

파이썬 기본 지식

3장에서는 파이썬 기본 지식을 설명합니다. 라즈베리 파이는 다양한 프로그래밍 언어를 지원하지만, 그중에서도 배우기 쉽고 편리한 언어인 파이썬을 추천합니다. 파이썬 프로그램을 만들어 보면서 프로그래밍 기본 지식을 익혀 봅시다.

1 파이썬이란?

파이썬(Python)은 1991년에 공개된 프로그래밍 언어로 네덜란드 출신인 귀도 반 로섬(Guido van Rossum)이 만들었습니다. 프로그래밍 언어 중에서도 무척 오래된 포트란(Fortran)이 1954년, 지금도 폭넓게 사용되는 C 언어가 1972년에 공개됐다는 것과 봐도 파이썬은 비교적 최신 언어입니다.

1.1 파이썬의 특징

파이썬은 간단히 배울 수 있고 상업 시스템을 포함해 다양한 분야에서 활용할 수 있다는 이점 때문에 인기가 날로 높아지고 있습니다. 지금부터 파이썬의 특징을 살펴보겠습니다.

- **가상 머신으로 실행**

  C 언어로 작성한 프로그램은 컴퓨터가 실행할 수 있는 기계 언어로 컴파일해서 변환한 후 변환한 기계 언어 파일을 실행해야 합니다. 하지만 파이썬으로 작성한 프로그램은 컴파일하지 않고 바로 실행할 수 있습니다.

파이썬은 보통 프로그램을 '파일명.py' 형태로 저장합니다. 이 형태로 저장한 파일은 실행할 때 **바이트 코드** 파일로 변환되고, 이를 파이썬의 **가상 머신**[*] PVM(Python Virtual Machine)에 넘겨 실행합니다. 이런 처리는 파이썬 내부에서 자동으로 이루어지므로 외부에서는 보이지 않습니다.

운영체제나 환경에 따른 각 가상 머신 덕분에 특정 플랫폼(라즈베리 파이, 윈도, 맥 등)에서 작성한 프로그램이 다른 플랫폼에서도 똑같이 동작합니다.

파이썬 바이트 코드는 '파이썬 프로그램'과 컴퓨터가 직접 실행할 수 있는 '기계 언어'의 중간 정도 되는 코드입니다. 기계 언어처럼 컴퓨터를 동작시킬 수 있으면서도 비교적 빠르게 실행됩니다. 따라서 번거롭게 컴파일하지 않아도 되고 빠르게 실행할 수 있다는 장점이 있습니다.

• 풍부한 라이브러리

프로그래밍 언어 상당수는 자주 쓰는 처리를 어떤 단위의 프로그램으로 미리 준비해 두고, 자신이 만들 프로그램에서 자유롭게 쓸 수 있게 합니다. 이런 범용 프로그램을 **라이브러리**(Library)라고 합니다.

파이썬에도 풍부한 라이브러리가 있고, 이 라이브러리들은 서로 다른 플랫폼에서도 똑같이 동작합니다(하지만 일부 라이브러리는 특정 플랫폼에서만 동작합니다. 4장에서 소개할 GPIO나 카메라 제어용 라이브러리는 라즈베리 파이에 있는 접속 포트를 이용하므로 라즈베리 파이에서만 동작합니다). 프로그래밍을 잘 하려면 이런 라이브러리들을 얼마나 잘 쓰는지가 중요합니다.

다음 그림은 파이썬 라이브러리 모음입니다. 라이브러리 개수가 무척 많아서 이 책에서 소개하는 건 극히 일부입니다. 프로그래밍을 하다가 '이런 처리를 하고 싶은데 어떻게 만들어야 하나?'라는 생각이 들면 우선 파이썬 사이트(https://www.python.org)에서 라이브러리 소개 페이지를 확인해 보기 바랍니다.

---

[*] 가상 머신이란 어떤 컴퓨터에서 또 다른 컴퓨터인 것처럼 동작하는 소프트웨어를 말합니다. 프로그래밍에서 말하는 가상 머신은 플랫폼에 따른 차이를 처리해 어떤 플랫폼에서 작성한 프로그램을 다른 플랫폼에서도 실행할 수 있게 만들어 줍니다.

그림 3-1 파이썬 라이브러리

파이썬 표준 라이브러리

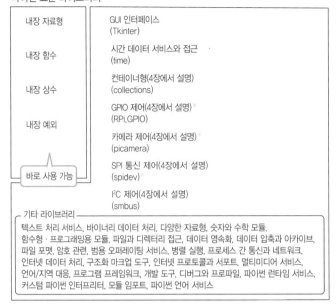

내장 자료형	GUI 인터페이스 (Tkinter)
내장 함수	시간 데이터 서비스와 접근 (time)
내장 상수	컨테이너형(4장에서 설명) (collections)
내장 예외	GPIO 제어(4장에서 설명)* (RPi.GPIO)

카메라 제어(4장에서 설명)*
(picamera)

SPI 통신 제어(4장에서 설명)*
(spidev)

바로 사용 가능

I²C 제어(4장에서 설명)*
(smbus)

기타 라이브러리

텍스트 처리 서비스, 바이너리 데이터 처리, 다양한 자료형, 숫자와 수학 모듈,
함수형·프로그래밍용 모듈, 파일과 디렉터리 접근, 데이터 영속화, 데이터 압축과 아카이브,
파일 포맷, 암호 관련, 범용 오퍼레이팅 서비스, 병렬 실행, 프로세스 간 통신과 네트워크,
인터넷 데이터 처리, 구조화 마크업 도구, 인터넷 프로토콜과 서포트, 멀티미디어 서비스,
언어/지역 대응, 프로그램 프레임워크, 개발 도구, 디버그와 프로파일, 파이썬 런타임 서비스,
커스텀 파이썬 인터프리터, 모듈 임포트, 파이썬 언어 서비스

* 라즈비안에 설치된 라즈베리 파이의 고유 라이브러리

그림 3-2 파이썬 사이트(https://www.python.org)

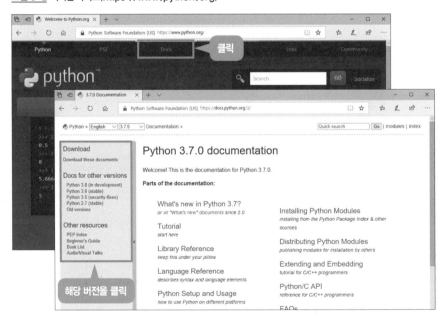

- 객체 지향 언어지만 절차형으로도 사용 가능

객체 지향이란 프로그램을 만드는 방법 중 하나로 어떤 기능을 하는 프로그램과 데이터를 객체(object) 단위로 묶고, 메시지를 통해 여러 객체를 서로 연계시켜 전체 기능을 만들어 내는 것을 말합니다. 객체 지향 언어는 이런 방법으로 프로그래밍할 수 있게 만들어진 프로그램 언어로 보통은 그 언어의 라이브러리도 객체 지향에 따라 작성되어 있습니다.

파이썬은 객체 지향 언어이므로 당연히 객체 지향으로 프로그래밍할 수 있지만, 객체 지향이 만능은 아닙니다. 객체 단위로 프로그램을 작성하는 것을 '객체 지향'이라 하고, 처리하는 절차대로 프로그램을 작성하는 것을 **절차형**이라고 합니다. 이 책에서 소개하는 프로그램은 대부분 작은 예제 프로그램이므로 절차형으로 작성합니다. 이렇듯 프로그램의 규모나 목적에 맞게 스타일을 유연하게 바꿀 수 있다는 점도 파이썬의 장점입니다.

- 들여쓰기로 블록 구조를 표현함

파이썬은 함수 정의나 if 문 같은 구문 범위를 들여쓰기로 표현합니다. 다른 프로그래밍 언어는 중괄호({ })를 주로 쓰기 때문에 들여쓰기는 다른 프로그래밍 언어와 비교되는 파이썬만의 특징입니다. 들여쓰기를 잘못 쓰면 오류가 발생하지만 잘 쓰면 누가 사용해도 어디까지가 하나의 블록인지 바로 확인할 수 있어 편리합니다.

그림 3-3 **파이썬 들여쓰기**

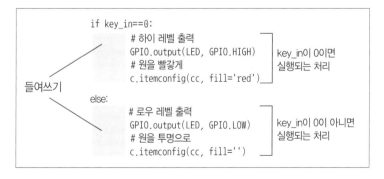

1.2 이 책에서 다루는 파이썬 버전

현재 파이썬 버전은 크게 2.x 버전과 3.x 버전으로 나눠집니다. 새로운 버전인 3.x에서는 2.x에서 작성한 코드 중 일부가 실행되지 않습니다. 앞으로 2.x 버전에는 신기능이 추가되지 않고 3.x 버전에만 업데이트됩니다. 이 책에서는 3.x 버전을 사용합니다.

2 Hello World 프로그램 작성하기

라즈비안에 미리 설치된 파이썬용 IDE 사용법을 소개하겠습니다. 우선 간단한 프로그램을 만들면서 IDE 사용법을 익혀 봅시다.

2.1 IDE 사용 방법

대부분의 프로그래밍 언어에는 프로그램 작성과 실행을 돕는 다양한 기능을 가진 편리한 애플리케이션이 있습니다. 이런 애플리케이션을 **IDE**(Integrated Development Environment, 통합 개발 환경)라고 부릅니다. 텍스트 에디터로도 프로그램을 작성할 수 있지만 IDE를 사용하면 프로그램 개발 작업 전반인 '프로그램 작성 → 실행 → 디버그*'를 원활하게 진행할 수 있습니다.

파이썬으로 프로그램을 작성하는 데 사용할 수 있는 IDE는 라즈비안에도 설치되어 있습니다. 우선 IDE를 실행하는 방법부터 살펴봅시다.

데스크톱 왼쪽 위에 있는 **Menu** 아이콘을 클릭하고 **프로그래밍** > Thonny Python IDE를 선택합니다. Thonny Python IDE 아이콘이 데스크톱에 있으면 그 아이콘을 클릭해도 됩니다.

---

* 오류나 버그 때문에 프로그램이 예상치 못한 방법으로 동작할 때 조사해서 고치는 작업을 말합니다.

그림 3-4 Thonny Python IDE 실행하기

2.2 대화형 세션으로 프로그램 실행하기

Thonny Python IDE를 실행하면 Python Shell(입력한 파이썬 명령어를 실행하고 결과를 표시하는 사용자 인터페이스 프로그램) 창이 열립니다. 이 창에 표시되는 프롬프트(>>>) 뒤에 파이썬 프로그램을 작성하고 Enter 키를 누르면 프로그램이 실행됩니다. 파이썬에서는 이를 **대화형 세션**이라고 합니다.

그럼 print('Hello World!')를 입력해 봅시다. print는 화면에 문자를 출력하는 명령어입니다. **print** 뒤에는 괄호를 입력하고, 괄호 안에는 표시할 문자열을 작은따옴표(') 또는 큰따옴표(")로 감싸서 입력합니다. 문자열 한 개는 서로 다른 따옴표로 감쌀 수 없으므로 주의합니다(예를 들어 "Hello'처럼 문자열 앞에는 큰따옴표를 붙이고 문자열 뒤에는 작은따옴표를 붙일 수 없습니다).

그림 3-5 print 문

입력한 다음 Enter 키를 누르면 셀 창에 실행 결과가 표시됩니다.

그림 3-6 **대화형 세션으로 print 문을 실행**

2.3 프로그램을 파일로 저장하기

앞에서는 대화형 세션으로 프로그램을 실행했는데 이 방법은 실행할 때마다 프로그램을 작성해야 하므로 여러 번 실행하는 프로그램이나 복잡한 프로그램에는 어울리지 않습니다. IDE 에디터로 작성한 프로그램을 저장해 두면 프로그램을 몇 번이고 반복해서 실행하거나 나중에 변경하거나 추가할 때 편합니다. IDE로 새 파일을 만들어 프로그램을 작성하려면 툴바에 있는 **+**를 클릭합니다. 여기서 작성한 프로그램을 파일로 저장할 수 있습니다.

그림 3-7 **IDE로 새 파일을 만들어 프로그램 작성하기**

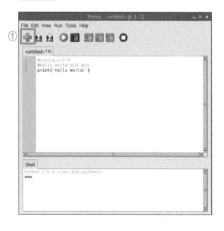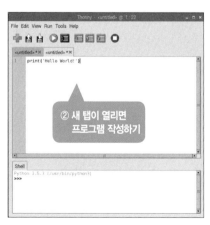

그런데 현재 라즈비안의 IDE는 파일을 저장할 때 새 폴더를 작성할 수 없습니다. 따라서 파일 매니저로 /home/pi 아래에 미리 python_program 폴더를 만들어 두고 여기에 프로그램 파일을 저장하겠습니다. 파일 매니저를 실행하려면 작업 표시줄의 파일 매니저 아이콘을 클릭하면 됩니다.

그림 3-8 폴더 작성

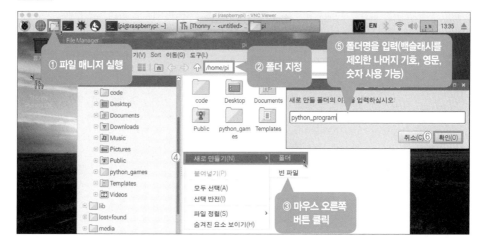

IDE에서 파일을 저장하려면 File > Save를 선택하고 저장할 폴더를 선택한 후 파일명을 입력하면 됩니다. 이때 확장자는 .py가 자동으로 붙습니다.

그림 3-9 IDE에서 파일 저장

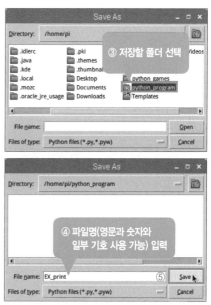

폴더명과 파일명에는 영문, 숫자, 백슬래시(\)를 제외한 나머지 기호만 사용할 수 있습니다. 프로그램을 실행하려면 프로그램을 읽어들인 상태에서 F5 키를 누르거나 IDE에서 Run 〉 Run Module을 선택합니다. 또는 **Run current script**를 클릭해도 됩니다. 실행 결과는 셸 창에 표시됩니다. 프로그램 내용을 변경해서 다른 프로그램으로 저장하고 싶다면 File 메뉴에서 Save As를 클릭합니다.

그럼 앞에서 작성한 Hello World 프로그램을 파일로 저장해서 실행해 봅시다.

그림 3-10 **IDE에서 프로그램 실행하기**

2.4 파이썬 프로그램 작성 규칙

다음은 파일로 저장하는 프로그램을 작성할 때 필요한 규칙이지만, 2와 5는 대화형 세션에도 적용됩니다.

1 | 파일명은 영문, 숫자, 기호만 사용

프로그래밍 언어의 공통 규칙인데 프로그램에는 기본적으로 영문, 숫자, 기호만 사용합니다. 특수문자를 입력하면 오류가 발생하므로 주의해야 합니다.

사용할 수 있는 문자는 IDE가 제한하기도 하지만 보통은 운영체제의 제한에 따릅니다. 라즈비안은 다국어 파일명도 사용할 수 있지만 작성한 프로그램을 다른 환경에서 실행할 때 문제가 생길 수 있습니다. 따라서 파일명은 영문, 숫자, 기호만 쓰는 것이 좋습니다.

공백

문장 시작 부분에 Spacebar 키로 공백을 입력하면 안 됩니다(문법에서 들여쓰기가 필요한 부분은 별개입니다). 한편 명령어나 변수 등의 요소 사이에 들어가는 공백은 몇 칸이 이어지더라도 문제없습니다.

3 | 프로그램의 빈 줄

프로그램 안에 빈 줄(줄 바꿈만 있는 줄)을 넣을 수 있습니다. 프로그램을 읽기 쉽게 작성하기 위해 적절한 곳에 빈 줄을 넣어 두면 좋습니다.

4 | 주석

프로그램을 작성하다 보면 숫자의 의미나 처리 내용 등을 설명하고 싶을 때가 있습니다. 파이썬은 #부터 다음 줄의 앞까지를 주석으로 처리해서 프로그램으로 해석하지 않으므로 그 안에 자유롭게 주석을 작성할 수 있습니다.

파이썬 3.x는 표준 문자 코드가 UTF-8이므로 주석에 한글을 사용해도 괜찮지만, 파이썬 2.x는 표준 문자 코드가 아스키(ASCII)이므로 그대로는 사용할 수 없습니다. 파이썬 2.x에서도 문제없이 동작하게 하려면 프로그램 첫 부분에 **# coding:utf-8**을 입력하여 UTF-8이라고 지정하면 됩니다.

<u>그림 3-11</u> **한글 주석 넣기**

```
# coding:utf-8                    ◀─────── 파이썬 2.x 대응을 위해 UTF-8 지정
# Hello World!라고 표시하기          ◀─────── #부터 다음 줄의 앞까지가 주석이 됨

print('Hello World!')
```

파이썬 프로그램 내부에서 한국어 데이터를 다룰 때는 158쪽 '4.11 한글 문자 처리법'을 참조하기 바랍니다.

5 | 긴 줄 하나를 여러 줄로 작성

프로그램을 작성하다가 줄이 너무 길어지면 백슬래시(\)를 입력하고 줄 바꿈을 하면 됩니다.

지금까지 배운 파이썬 프로그램 작성 규칙을 정리하면 다음 그림과 같습니다.

그림 3-12 **프로그램 작성 규칙**

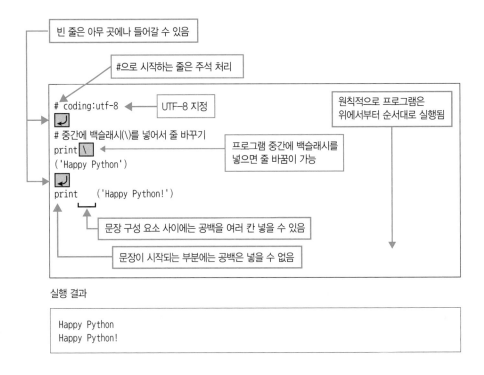

실행 결과

```
Happy Python
Happy Python!
```

2.5 파이썬 문법 오류

파이썬은 문법에 문제(오류)가 있으면 프로그램을 실행할 때 오류 메시지를 표시합니다. 오류 메시지에는 문제가 생긴 줄의 번호와 오류 내용이 적혀 있습니다. 오류가 발생하면 프로그램을 다시 확인해야 합니다.

여기서는 몇 가지 문법 오류와 오류 메시지를 소개합니다.

대화형 세션의 오류 메시지

함수의 괄호가 빠졌을 때

예제 print 문의 괄호가 없음

```
>>> print 'Python'
  File "<pyshell>", line 1    ← 오류가 발생한 줄
    print 'Python'            ← 틀린 부분
                ^
SyntaxError: Missing parentheses in call to 'print'
```

줄이 시작되는 부분에 공백이 있을 때

예제 print 문 앞에 공백이 있음

```
>>>  print 'Python'

    File "<pyshell>", line 1
      print('Python')
      ^
SyntaxError: unexpected indent
```

대화형 세션 프롬프트(>>>) 뒤에 공백을 입력하지 않아도 프롬프트와 문자 사이가 조금 떨어져 보이지만, 이건 표시만 그럴 뿐 실제로는 공백이 없는 것이므로 문제가 생기지 않습니다.

특수문자가 있을 때

예제 print 문 뒤에 특수문자가 있음

```
>>> print■ ('Python')
  File "<pyshell>", line 1
    print■ ('Python')
         ^
SyntaxError: invalid character in identifier
```

■ 파일로 저장한 프로그램을 실행할 때 생기는 오류

대화형 세션과 마찬가지로 셸에 오류 메시지가 표시되는데, 파일로 저장한 프로그램이라면 줄 번호 앞에 파일명이 표시됩니다.

- **print 문에 괄호가 없음**

```
>>> %Run EX_print.py
  File "/home/pi/python_program/EX_print.py", line 1
      print 'Python'
                 ^
  SyntaxError: Missing parentheses in call to 'print'
```

- **줄이 시작되는 부분에 공백이 있음**

```
>>> %Run EX_print.py
  File "/home/pi/python_program/EX_print.py", line 1
      print('Python')
      ^
  SyntaxError: unexpected indent
```

- **특수문자가 있을 때**

```
>>> %Run EX_print.py
  File "/home/pi/python_program/EX_print.py", line 1
      print ('Python')
                   ^
  SyntaxError: invalid character in identifier
```

첫 파이썬 프로그램은 어떠셨나요? 이렇게 print 문으로 이런저런 문자열을 출력해 봅시다.

IDE 설정

파이썬 IDE Thonny를 사용하기 전에 몇 가지 설정을 해 둡시다.

우선 View 〉 Variables를 선택하여 변수를 표시합니다. 변수를 사용하는 프로그램이라면 변수 내용을 볼 수 있습니다.

그림 3-13 변수 표시

Tools 〉 Options를 선택하여 Thonny options 창을 엽니다. Show line numbers를 체크하고 OK를 클릭하면 프로그램 줄 번호가 표시됩니다. 오류 메시지에 나온 줄 번호를 쉽게 찾을 수 있습니다.

그림 3-14 줄번호 표시

명령어를 단계적으로 실행하고 싶다면 스텝 실행이 편리합니다. 스텝 실행 아이콘은 실행 아이콘 오른쪽에 있는 아이콘 세 개입니다. 첫 번째 아이콘은 함수 실행 등도 한 줄의 명령으로 보고 실행하는 Step over로 누를 때마다 코드의 다음 줄로 이동합니다. 두 번째 아이콘은 반복문이나 함수의 내부에 들어가서 실제로 실행하는 순서대로 이동하는 Step into입니다. 세 번째 아이콘은 Step into로 들어간 반복문이나 함수 내부에서 빠져 나와 호출한 곳으로 돌아가는 Step out입니다.

그림 3-15 **스텝 실행**

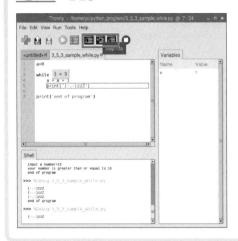

TIP

이모티콘 입력 방법

아스키 아트(ASCII art)에 비해 표현력은 떨어지지만 이모티콘으로도 표정을 만들 수 있습니다. 여기서는 3장에서 만들 프로그램에서 사용할 이모티콘 일부를 소개합니다(얼굴 윤곽은 괄호를 사용하여 표현합니다).

표 3-1 **이모티콘의 구성 요소**

이모티콘	구성 요소
(^_^)	눈은 햇(또는 캐럿, ^), 입은 밑줄(_)
(〉^_^)〉	위에서 만든 얼굴에 부등호 기호(〈〉)로 팔을 추가
(+o+)	눈은 연산자 +, 입은 소문자 o
〈〉_〈〉	눈은 부등호 기호(〈, 〉), 입은 밑줄(_)
(*^−^)	뺨은 별표(*), 눈은 햇(^), 입은 연산자 −
(ToT)	눈은 대문자 T, 입은 소문자 o
(;_;)	눈은 세미콜론(;), 입은 밑줄(_)
(*_*)	눈은 별표(*), 입은 밑줄(_)
(−_−)	눈은 연산자 −, 입은 밑줄(_)
(b〉_^)b	손가락은 소문자 b, 눈은 부등호()와 햇(^), 입은 밑줄(_)
(*~*)	눈은 별표(*), 입은 물결표(~)

3 프로그래밍 기본 지식

지금부터 프로그래밍에 필요한 기본 지식을 알아보겠습니다. 데이터 단위, 문자열 다루기, 논리 연산 등은 파이썬뿐만 아니라 어떤 프로그래밍 언어를 배우더라도 중요한 내용입니다. 이어서 파이썬의 함수, 메서드, 모듈도 알아보겠습니다.

3.1 컴퓨터에서 다루는 데이터 단위와 자료형

■ 데이터 단위와 프로그램에서 사용하는 자료형

컴퓨터에서 다루는 정보의 최소 단위는 '비트(bit)'인데 1비트는 '1 또는 0' 이렇게 두 가지 상태를 나타냅니다(이것은 컴퓨터 신호선 하나가 가진 정보량에 해당합니다). 따라서 n비트 데이터는 2^n가지 정보를 표현할 수 있습니다. 비트가 8개 모이면 바이트(byte)라고 부릅니다. 바이트는 메모리 용량을 나타낼 때 사용하는 단위입니다.

프로그래밍 언어에는 '자료형'이란 단위가 있습니다. 자료형이란 자료를 단순히 크기로 분류한 것이 아니라 정수, 문자, 소수점 등 그 자료가 무엇을 표현하는지로 분류한 단위입니다. 예를 들어 int 형(integer, 정수)이라는 자료형은 정수를 나타냅니다. 그런데 파이썬의 int 형은 크기가 모든 컴퓨터에서 같게 나오지 않습니다. 16비트, 32비트, 64비트 등 프로그램을 실행하는 컴퓨터의 정해진 비트 너비(범위)에 따라 int 형의 크기가 결정됩니다. 라즈베리 파이에서 파이썬을 실행하면 int 형의 크기는 32비트가 됩니다. 다만 파이썬은 프로그램 실행 중에 값이 커져서 원래 크기를 초과하면 자동으로 비트 범위를 확장하므로 자료형의 크기를 신경 써야 할 일이 거의 없습니다.

그림 3-16 **컴퓨터에서 다루는 단위**

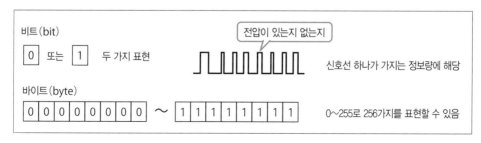

■ 2진수, 10진수, 16진수

컴퓨터 내부에서 '전압이 일정 값 이상(하이 레벨)'인지 '일정 값 이하(로우 레벨)'인지 나눈 것에 불과한 비트 나열을 사람이 다룰 수 있는 정보로 보려면 숫자 1과 0으로만 표현하는 2진수가 가장 적합합니다. 하지만 2진수 표기는 자릿수가 많아 다루기 힘듭니다. 그래서 프로그램을 작성할 때는 보통 10진수나 16진수로 표시합니다. 10진수가 더 익숙한데 16진수를 사용하는 이유는 뭘까요? 2진수와 16진수의 자릿수가 4비트마다 똑같이 올라가서 2진수와 16진수 변환을 직관적으로 이해할 수 있기 때문입니다.

그림 3-17 2진수, 16진수, 10진수 대응표

2진수	16진수	10진수
0	0	0
1	1	1
10	2	2
11	3	3
100	4	4
101	5	5
110	6	6
111	7	7
1000	8	8
1001	9	9
1010	A	10
1011	B	11
1100	C	12
1101	D	13
1110	E	14
1111	F	15
10000	10	16

2진수와 16진수의 자릿수가 똑같이 올라감

중략

1111 1011	FB	251
1111 1100	FC	252
1111 1101	FD	253
1111 1110	FE	254
1111 1111	FF	255
1 0000 0000	100	256

2진수와 16진수의 자릿수가 똑같이 올라감

프로그램을 작성할 때는 일반적인 숫자를 10진수로 표기하고, 하드웨어 상태나 각종 비트를 의미하는 데이터를 16진수로 표기하는 등 그 숫자가 의미하는 대상에 따라 구분해서 사용합니다. 4장에서는 라즈베리 파이와 센서 IC 사이의 통신을 위해 센서 IC를 만든 곳에서 미리 정해 둔 주소나 명령어를 프로그램에서 사용하는데, 각종 부품 데이터 시트(부품 사양 등이 적혀 있는 서류)에는 주소나 명령어 등이 보통 16진수로 작성되어 있습니다. 그래서 프로그램에도 그대로 16진수로 쓰는 것이 알아보기 쉽고 편합니다.

3.2 논리 연산

논리 연산이란 컴퓨터 세상에서 자주 쓰는 연산으로 '참'과 '거짓' 조건을 논리곱(AND), 논리합(OR), 부정(NOT)으로 연산하는 것입니다.

프로그래밍 언어에서는 참을 True, 거짓을 False로 표현합니다(다른 프로그래밍 언어에서는 true와 false를 주로 씁니다). 그리고 True 또는 False 값을 갖는 자료형을 불(Boolean)이라고 합니다.

논리 연산에서 참과 거짓 조건을 조합해 각 출력 결과를 표로 나타낸 것이 진릿값 표입니다. 다음은 논리곱, 논리합, 부정의 진릿값 표입니다(이 그림에서는 조건 A와 B에 대해 참을 True, 거짓을 False로 표시했습니다).

그림 3-18 **진릿값 표**

논리곱(AND)			논리합(OR)			부정(NOT)	
조건 A	조건 B	출력	조건 A	조건 B	출력	조건 A	출력
True	True	True	True	True	True	True	False
True	False	False	True	False	True	False	True
False	True	False	False	True	True		
False	False	False	False	False	False		

파이썬에서 논리곱은 and, 논리합은 or, 부정은 not입니다. 대화형 세션으로 논리 연산의 동작을 확인해 봅시다.

- a가 True고 b가 False일 때 논리곱 and를 쓰면 False가 됨

```
>>> a = True
>>> b = False
>>> a and b
False
```

- a가 True고 b가 False일 때 b에 부정 not을 붙이고 논리곱 and를 사용하면 True가 됨

```
>>> a = True
>>> b = False
>>> a and not b
True
```

- a가 True고 b가 False일 때 논리합 or를 사용하면 True가 됨

```
>>> a = True
>>> b = False
>>> a or b
True
```

설명하기 위해 조건을 a와 b 두 개만 사용했지만 조건의 개수는 제한이 없습니다. 다음은 조건을 세 개 사용한 예제입니다.

- a가 True고 b가 False고 c가 True일 때 논리곱 and와 논리합 or

```
>>> a = True
>>> b = False
>>> c = True
>>> a and b and c
False
>>> a or b or c
True
```

프로그램에서는 주로 여러 조건을 판정할 때나 데이터를 비트 단위로 연산하는 '비트 연산'을 할 때 논리 연산을 사용합니다.

■ 프로그램에서 다루는 논리 연산 – 조건에 따라 처리 변경

프로그램에서는 if 문(조건이 성립하면 처리를 하는 구문으로 162쪽에서 자세히 설명합니다.) 등과 조합해서 주어진 조건에 따라 어떻게 처리할지 판정할 때 논리 연산을 합니다.

두 조건이 있다고 해 봅시다. 논리곱(AND)은 두 조건을 모두 만족해야(두 조건이 모두 True일 때) 처리하고(결과가 True), 논리합(OR)은 조건을 하나라도 만족하면 처리합니다. 조건 결과를 반전시키고 싶다면(True를 False, False를 True로 반전) 조건식 앞에 부정(NOT)을 붙입니다.

논리 연산을 벤다이어그램으로 그릴 수 있습니다. 다음 그림은 '놀러가는 조건'인 '휴일'과 '맑음'에 논리곱과 논리합을 연산하는 벤다이어그램입니다. 휴일 조건은 휴일이면 True가 되고 평일이면 False가 됩니다. 맑음 조건은 맑으면 True가 되고 맑지 않으면 False가 됩니다.

그림 3-19 벤다이어그램

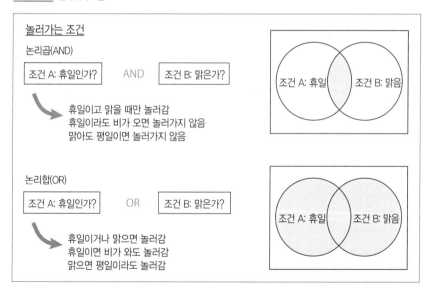

■ 프로그램에서 다루는 논리 연산 – 비트 연산

비트 연산은 숫자를 비트 나열로 보고 비트마다 논리 연산을 합니다. 이렇게 비트 단위로 데이터를 가공하는 처리는 숫자나 문자열만 다루는 프로그램에서는 거의 사용하지 않지만, 비트마다 의미를 가진 데이터를 다루는 프로그램에서는 자주 사용합니다.

비트 연산으로 특정 비트를 조사할 수 있습니다. 예를 들어 컴퓨터에서 숫자 연산은 정해진 비트 너비(프로그래밍에서 정수형(int 형), 라즈베리 파이에서는 32비트)를 사용하므로 어떤 숫자의 비트가 1인지 조사하려면 int 형으로 표현된 숫자 범위에서 비트가 1인 모든 숫자와 비교해야 합니다. 이때 비트 연산을 사용하면 조사하고 싶은 비트만 간단히 추출해서 비교할 수 있습니다.

다음 그림은 어떤 비트 값이 1인지 알고 싶을 때 비트 연산을 하는 예입니다. 이 예에서는 알고 싶은 비트만 1이고 나머지 비트는 모두 0인 비트 추출용 숫자와 알고 싶은 숫자를 논리곱(AND)으로 연산합니다(비트 연산은 127쪽 '비트 연산자'에서 자세히 설명합니다). 이렇게 하면 알고 싶은 비트를 뺀 나머지 비트가 모두 0이 됩니다. 이 값을 사용해서 비교하면 비트 상태를 쉽게 판별할 수 있습니다.

그림 3-20 **비트 연산의 예**

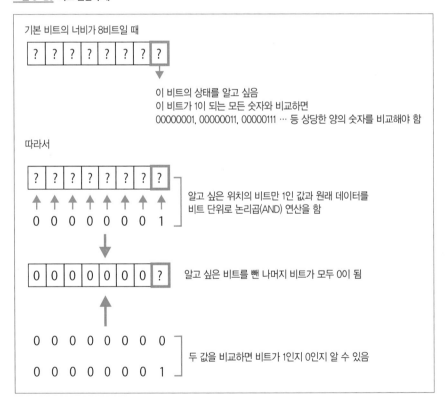

불 대수

불 대수는 영국의 조지 불(George Boole)이 논리학을 기반으로 확립한 대수학입니다. 논리학이란 오류나 억측을 배제하고 바른 사고로 이끌기 위한 학문입니다. 조지 불은 이제껏 논리학에서 문장으로 표현한 논리 전개의 전제 조건을 기호로 바꾼 후 각 기호를 '참' 또는 '거짓' 상태를 가진 형태로 나타냈습니다. 불 대수는 현재 디지털 회로를 구성하는 기반이 되었습니다. 디지털 회로는 불 대수의 참과 거짓을 전기 신호로 바꿔 응용합니다.

3.3 문자 정보 처리

컴퓨터에서 다루는 문자는 문자마다 대응하는 숫자가 할당되어 있습니다. 예를 들어 파이썬에서 문자는 작은따옴표나 큰따옴표로 감싼다는 규칙이 있는데, '1'을 변수에 할당하면 실제로는 문자 1에 할당되어 있는 49라는 수가 할당됩니다.

영미권에서 표준으로 사용하는 문자 코드는 미국에서 정한 아스키(ASCII, American Standard Code for Information Interchange)입니다. 아스키는 영미권에서 고안한 것으로 숫자, 기호, 줄 바꿈 같은 제어 문자와 알파벳, 이렇게 128개의 코드로 이루어져 있습니다. 아스키는 모두 1바이트만 사용하므로 '1바이트 문자'라고도 부릅니다.

한국에서는 한글을 다루기 위해 문자 코드로 2바이트 조합형, 2바이트 완성형, EUC-KR, CP949 등을 사용했습니다. 한글은 알파벳보다 다뤄야 하는 글자 수가 많아서 1바이트로는 부족합니다. 그래서 길이가 2바이트 이상인 수를 사용합니다. 이런 문자를 1바이트 문자와 비교해서 '멀티바이트 문자'라고도 부릅니다.

문자 코드는 기관이나 언어에 따라 여러 가지가 있는데, 다른 문자 코드는 때때로 호환성 문제를 일으킵니다. 같은 한글이라도 다른 문자 코드를 사용하면 표준인 운영체제에서 실행했을 때 제대로 표시되지 않는 문제가 발생하기도 합니다. 따라서 모든 언어에서 사용하는 문자를 같은 문자 코드 체계로 표시하기 위해 **유니코드**(Unicode)라는 문자 코드가 고안되었습니다. 그중에서도 **UTF-8**은 유니코드 한 문자를 8비트 단위로 끊어서 표현하는 방식(인코딩 방식)입니다.

이 책에서 다루는 파이썬 3은 표준 문자 코드가 아스키입니다. 따라서 프로그램에서 한글을 사용하려면 101쪽에서 설명한 것처럼 프로그램에서 사용하는 문자 코드를 지정해야 합니다. 2장에서 설명한 라즈비안은 표준 문자 코드가 UTF-8이므로 이 책에서는 앞으로 한글을 사용할 때 UTF-8을 사용한다고 전제합니다.

3.4 함수, 메서드, 모듈 사용 방법

함수, 메서드, 모듈은 각각 프로그램 단위를 나타내는 말입니다. 파이썬 표준 라이브러리는 함수, 메서드, 모듈의 형태로 제공됩니다.

■ 함수

함수는 어떤 단위로 묶어서 나눌 수 있는 처리를 하나의 블록으로 만든 것입니다. 함수에는 '인수'와 '반환 값'이 있는데 이는 수학의 함수 구조와 비슷합니다. 함수는 다른 프로그래밍 언어에서도 사용하는 프로그램의 기본 단위입니다.

그림 3-21 **함수 구조**

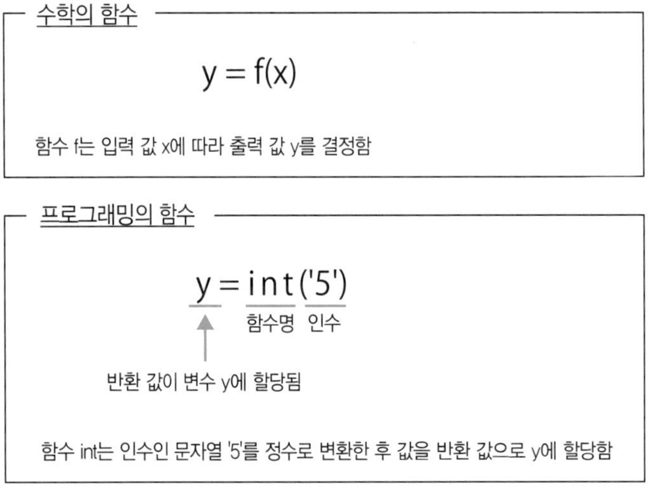

수학의 함수

$$y = f(x)$$

함수 f는 입력 값 x에 따라 출력 값 y를 결정함

프로그래밍의 함수

$$y = int('5')$$

함수명 인수

반환 값이 변수 y에 할당됨

함수 int는 인수인 문자열 '5'를 정수로 변환한 후 값을 반환 값으로 y에 할당함

파이썬에서는 라이브러리 등을 따로 불러오지 않고도 바로 함수 형태로 이용할 수 있는 것을 **내장 함수**라고 합니다. 함수에 따라서 인수와 반환 값이 있기도 하고 없기도 합니다.

다음은 자주 사용하는 내장 함수 int()를 실행한 예제입니다. int()는 인수로 넘어온 문자열을 정수로 변환해서 반환 값으로 돌려줍니다. 인수 없이 실행하면 0을 돌려줍니다.

예제 **내장 함수 int()를 사용함**

```
>>> int('7')
7
>>> int()
0
```

▪ 메서드

메서드란 객체 지향 프로그래밍에서 객체에 실행하는 어떤 '조작'입니다. 95쪽에서 소개했듯이 객체 지향 프로그래밍은 프로그램이나 데이터를 단계(절차)별로 관리하는 것이 아니라 프로그램에서 다루는 대상별로 관리하는 방법입니다. 예를 들어 게임에서는 플레이어나 규칙, 급여 관리 시스템에서는 종업원이나 급여, 라즈베리 파이에서는 컴퓨터에 연결한 스위치나 LED 등 프로그램에서 다루는 이런저런 것이 객체가 됩니다.

객체는 객체에 관련된 정보(데이터 또는 프로퍼티라고도 함)와 객체를 조작하는 메서드로 구성됩니다.

그림 3-22 **객체 구조**

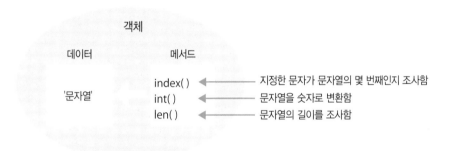

파이썬에서는 프로그램에서 다루는 모든 것을 '객체'로 보며, 자주 사용하는 객체와 메서드를 각각 내장 객체와 내장 메서드로 미리 준비해 둡니다.

예를 들어 프로그램에서 문자열(문자 1개 또는 1개 이상으로 구성된 데이터)을 다룰 때 파이썬은 그 문자열을 하나의 객체로 봅니다. 이 문자열 객체에 어떤 조작을 하려면 미리 준비된 문자열 객체의 내장 메서드를 사용하면 됩니다.

프로그램에서 내장 메서드를 사용하려면 메서드를 사용할 객체와 메서드명 사이에 마침표 (.)를 쓰면 됩니다.

```
객체.메서드( )
```

다음은 문자열의 내장 메서드인 index( )를 알아보겠습니다. index( )는 지정한 문자가 몇 번째에 있는지 확인하는 메서드입니다.

첫 번째 줄에서 문자열 'Python'을 변수 letters에 할당합니다. 변수란 데이터를 저장하는 메모리 영역을 말합니다(119쪽 '4.2 변수'에서 자세히 설명합니다). 이렇게 할당하면 문자열 'Python'을 가진 객체 letters가 탄생합니다.

두 번째 줄에서 메서드 index()의 문자 'y'를 인수로 지정합니다. 파이썬의 인덱스는 0, 1, 2, …처럼 0부터 시작하므로 여기서 첫 글자 'p'의 위치는 0입니다. 그러므로 'y'의 위치로 1이 반환됩니다. 지정한 문자가 객체 문자열에 없을 때는 오류(ValueError)를 돌려줍니다.

예제 문자열에서 지정한 문자의 위치를 찾는 index() 메서드 사용하기

```
>>> letters = 'Python'
>>> letters.index('y')
1
```

■ 모듈

모듈은 프로그래밍이나 공학에서 널리 사용하는 단어로 시스템을 구성하는 독립성 높은 요소 1개를 가리킵니다. 프로그래밍 언어에서 모듈이란 함수나 메서드보다도 더욱 큰 단위를 의미할 때가 많습니다. 파이썬 표준 라이브러리에는 내장 함수 같이 미리 준비된 기능 외에도 더욱 복잡한 처리나 전문적인 내용에 특화된 다양한 객체, 함수, 상수(미리 정해진 숫자)를 정의해 둔 파일이 있는데, 이런 파일을 '모듈'이라 합니다. 예를 들어 math 모듈에는 수학에서 사용하는 함수나 상수가 포함되어 있습니다.

파이썬에서 모듈 기능을 사용하려면 프로그램 시작 부분에서 사용하려는 모듈을 임포트 (import)해야 합니다. 또한 자신이 만든 프로그램을 모듈로 만들어서 다른 프로그램에서 사용할 수도 있습니다. 이때도 프로그램 시작 부분에서 자신이 만든 모듈을 임포트해야 합니다.

모듈을 임포트하는 방법은 다음과 같습니다.

```
import 모듈명
```

임포트한 모듈에 포함된 함수를 사용하려면 모듈명을 지정해야 합니다. 메서드를 사용하는 것과 마찬가지로 모듈명과 함수명 사이에 마침표(.)를 써서 함수를 불러옵니다.

```
모듈.함수( )
```

math 모듈 중에서 제곱근을 구하는 함수인 sqrt( )를 사용해 봅시다.

우선 첫 번째 줄에서 math 모듈을 임포트합니다. 그러면 앞으로 math 모듈의 함수를 사용할 수 있게 됩니다. 두 번째 줄에서는 sqrt( ) 함수를 실행합니다. 함수명 앞에 math.을 써서 모듈명을 지정해야 합니다. 이 예제에서는 4를 인수로 지정했으므로 4의 제곱근인 2.0이 반환됩니다.

예제 **math 모듈의 sqrt() 함수 사용 방법**

```
>>> import math
>>> math.sqrt(4)
2.0
```

비교적 자주 사용하는 모듈과 이 책에 등장하는 모듈을 표 3-2에 정리했습니다. 모듈은 220쪽 '8 모듈'에서 더 자세히 설명하겠습니다.

표 3-2 **중요한 모듈**

모듈명	기능	소개하는 자료형, 메서드, 함수와 작성법
math	수학 관련 모듈 〈import 문〉 import math	math.sqrt(a): a의 제곱근을 돌려줌 math.sin(a): a의 사인 값을 돌려줌 math.radians(a): a의 라디안을 돌려줌 math.pi: 원주율 3.141592…(상수)
sys	운영체제, 시스템 관련 모듈 〈import 문〉 import sys	sys.maxint(): 파이썬의 정수형이 지원하는 정수 최댓값(상수)
random	난수 관련 모듈. 난수란 예측할 수 없는 임의의 값으로 게임이나 뽑기, 암호 생성 등에 사용함 〈import 문〉 import random	random.randint(a, b): a와 b 사이에 있는 임의의 값을 돌려줌

모듈명	기능	소개하는 자료형, 메서드, 함수와 작성법
time	시각 관련 모듈 〈import 문〉 import time	time.asctime(): 인수를 지정하지 않으면 현재 시각을 돌려줌 time.sleep(): 인수로 지정한 초만큼 처리를 정지함 time.time(): 에포크(epoch, 신기원) 시간에서 경과한 시간을 초로 돌려줌. 인수는 필요없지만 괄호(())는 생략할 수 없음. 에포크 시간은 time.gmtime(0)으로 얻을 수 있음
Tkinter	GUI(Graphical User Interface)를 제어하는 모듈 〈import 문〉 import Tkinter	자세한 내용은 227쪽 '9.1 Tkinter 라이브러리'를 참조
RPi.GPIO	라즈베리 파이의 GPIO 포트를 제어하는 모듈. 라즈베리 파이에서만 사용할 수 있는 모듈. 이 책에서는 임포트할 때 별칭으로 GPIO를 지정해 사용함 〈import 문〉 import RPi.GPIO as GPIO	자세한 내용은 4장을 참조
collections (deque 형)	내장 자료형을 대신하는 특수 자료형의 모음. 필요한 자료형을 임포트해서 사용함 〈import 문〉 from collections import deque	deque 형(double-ended queue, 디큐)은 메서드 rotate(n)를 사용할 수 있음. 자세한 건 4장을 참조

4 기본 자료형 - 다양한 데이터 다루기

자료형이란 0과 1의 비트 나열을 프로그래밍에서 '숫자' 또는 '문자'로 다루기 위해 정한 데이터의 종류를 말합니다. 프로그램에서 어떤 데이터를 다루려면 우선 어떤 자료형으로 다룰 것인지 정해야 합니다. 이 절에서는 파이썬의 내장 자료형을 하나씩 살펴보면서 특징과 조작 방법을 설명하겠습니다.

4.1 파이썬의 내장 자료형

파이썬에 미리 준비된 자료형을 **내장 자료형**이라 합니다. 파이썬은 내장 자료형 데이터도 객체 지향에서 말하는 객체로 다룹니다. 내장 자료형 데이터는 자료형마다 준비된 메서드나 내장 함수 등을 써서 다양하게 조작할 수 있습니다.

표 3-3에 파이썬의 주요 내장 자료형을 정리했습니다(여기서는 4장에서 사용할 자료형을 중심으로 설명합니다). 표에서 가장 오른쪽에 있는 '불변/가변'은 변수에 할당된 다음 내용의 일부를 변경할 수 있는지를 나타냅니다. 예를 들어 문자열은 '불변'이므로 한 번 변수에 할당된 문자열의 일부 문자를 교체하는 것과 같은 변경은 할 수 없습니다. 다만 변수 전체를 다른 문자열로 다시 할당할 수는 있습니다. 변수의 불변/가변에 대해서는 160쪽 TIP '변수의 가변과 불변'에서 더 자세히 살펴보겠습니다.

표 3-3 **파이썬의 주요 내장 자료형와 작성법**

내장 자료형	설명	작성법	불변/가변
정수	소수가 없는 숫자	a = 10, a = -10	불변
부동소수	소수가 있는 숫자	a = 10.5	불변
불	True 또는 False 값을 가진 자료형	a = True	불변
문자열	문자 데이터를 순서대로 나열한 데이터. 문자가 1개뿐이어도 문자열이라고 부름	a = 'Python' 문자열의 0번째(첫 글자) 문자는 a[0]으로 지정	불변
리스트	숫자나 문자열 등의 요소를 순서대로 나열한 구조체	a = ['p', 'y', 't', 'h', 'o', 'n'] 리스트 a의 0번째(첫 글자) 요소는 a[0]으로 지정	가변
튜플	리스트와 비슷하지만 불변성 때문에 바꿔 쓸 수 없음	a = ('p', 'y', 't', 'h', 'o', 'n') 리스트 a의 0번째(첫 글자) 요소는 a[0]으로 지정	불변
딕셔너리	각 데이터에 이름(키)이 있는 데이터 구조	a = {'happy':'(^-^)', 'sad':'(ToT)'} 딕셔너리 a의 키 happy에 대응하는 값은 a{'happy'}로 지정	가변

4.2 변수

일반적으로 **변수**는 데이터를 저장하는 영역 또는 데이터 그 자체를 가리킵니다. 데이터를 변수에 할당하면 변수명이 데이터 고유의 이름이 됩니다. 파이썬에서는 모든 객체를 변수에 할당할 수 있습니다.

■ 변수에 할당하기

C나 자바 같은 프로그래밍 언어에서 변수를 사용하려면 변수명과 그 변수가 어떤 자료형을 저장하는지 미리 선언해야 합니다. 컴파일(프로그램을 기계어로 번역하는 처리)할 때 이런 정보가 필요하기 때문입니다.

파이썬은 이런 선언이 필요 없습니다. 변수에 데이터를 할당할 때 할당한 데이터에 따라 변수명과 자료형이 정해지기 때문입니다.

변수에 데이터를 할당하려면 등호(=) 기호를 쓰고 등호 기호 왼쪽에 변수명을 쓰고 오른쪽에 데이터를 작성합니다. 오른쪽에 있는 데이터에는 숫자나 문자뿐만 아니라 다양한 객체를 지정할 수도 있습니다.

<u>그림 3-23</u> **할당**

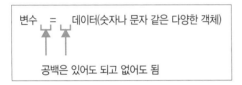

변수에 데이터를 할당하면 그 변수는 데이터 자체를 다루게 됩니다. 대화형 세션으로 변수 할당과 계산 예제를 실행해 보겠습니다. 이 예제에서 알 수 있듯이 숫자를 할당한 변수 a와 b는 숫자처럼 계산할 수 있습니다.

<u>예제</u> **변수 할당과 계산**

```
>>> a = 2
>>> b = 3
>>> a + b
5
```

파이썬에서 변수의 자료형은 할당할 때 정해집니다. 그런데 이미 데이터를 할당해서 사용한 변수에 다른 자료형 데이터를 할당하면 변수의 자료형이 나중에 할당한 데이터의 자료형으로 변합니다. 예를 들어 변수에 한 번 숫자를 할당했어도 나중에 다시 문자열을 할당할 수 있습니다. 이처럼 할당한 데이터에 맞게 자료형이 유연하게 변하는 변수를 **동적 자료형 변수**라고 합니다.

예제 변수에 다른 자료형을 다시 할당하기

```
>>> a = 5        → 변수 a가 정수형이 됨
>>> a
5
```

```
>>> a = 'abc'    → 변수 a가 문자열형이 됨
>>> a
'abc'
```

■ 변수 이름 규칙

파이썬의 변수명은 다음과 같은 규칙을 따라야 합니다.

- 변수명에는 영문, 숫자, 밑줄(_)만 사용할 수 있음

  변수명에는 한글이나 한자 같은 문자는 물론 공백도 사용할 수 없습니다. 밑줄(_)을 제외한 나머지 기호도 사용할 수 없습니다.

- 대문자와 소문자를 구별함

  ABC와 abc는 서로 다른 변수명입니다.

- 변수명은 숫자로 시작할 수 없음

  01_data 같은 변수명은 사용할 수 없습니다.

- 파이썬 예약어는 사용할 수 없음

  예약어는 프로그램에서 특별한 의미가 있는 단어이므로 변수명으로 사용할 수 없습니다. 파이썬 3 IDE는 예약어를 주황색으로 표시합니다.

  파이썬의 예약어

and	as	assert	break	class	continue	def	del
elif	else	except	exec	finally	for	from	global
if	import	in	is	lambda	not	or	pass
print	raise	return	while	with	yield		

- 파이썬 내장 메서드나 내장 함수와 같은 이름은 피하는 것을 추천

  변수명으로 내장 메서드나 내장 함수와 같은 이름을 사용할 수는 있지만, 생각하지 못한 문제를 일으킬 수 있으므로 피하는 것이 좋습니다. 파이썬 3 IDE는 내장 메서드와 내장 함수를 보라색으로 표시합니다.

이러한 규칙만 지키면 변수명을 자유롭게 사용할 수 있습니다. 하지만 어느 정도 규모가 있는 프로그램을 작성할 때는 나중에 알아보기 쉽게 어떤 데이터가 들어 있는지 추측할 수 있는 변수명을 붙이는 것이 좋습니다.

4.3 정수형, 부동소수형, 불형

파이썬에서 변수의 자료형은 정수형, 부동소수형, 복소수형이 있는데 이 책에서는 정수형과 부동소수형만 설명하겠습니다. 여기에 더해 연산이나 처리 결과를 나타낼 때 사용하는 불형도 설명하겠습니다.

■ 정수형

정수란 소수점 이하를 포함하지 않는 숫자입니다. − 기호를 붙이면 음수가 되고 아무것도 붙이지 않으면 양수가 됩니다. 파이썬의 정수형은 숫자의 크기 제한이 없습니다. 할당된 메모리가 허용하는 한 자릿수가 큰 숫자도 얼마든지 다룰 수 있습니다.

정수형 데이터는 10진수 외에도 2진수, 8진수, 16진수로 표기하기도 합니다.

표 3-4 숫자 표기

표기법	접두어	사용할 수 있는 문자
10진수(Decimal)	0 외의 숫자	0~9
2진수(Binary)	0b 또는 0B	0, 1
8진수(Octal)	0o 또는 0O*	0~7
16진수(Hexadecimal)	0x 또는 0X	0~9, a~f(또는 A~F)

* 0(숫자)과 알파벳 소문자 o 또는 대문자 O

다음은 변수에 16진수 값을 할당한 예입니다. 대화형 세션에서 정수는 10진수로 표시됩니다. 그래서 여기서는 정수를 16진수 문자열로 변환하는 내장 함수 hex( )로 10진수 값을 다시 16진수로 변환해 표시하겠습니다.

예제 **16진수 값 할당과 내장 함수 hex()**

```
>>> a = 0x55
>>> a
85        → 16진수 55는 10진수 85
>>> hex(a)
'0x55'
```

■ 부동소수형

부동소수형은 소수점 이하를 포함하는 숫자로 가수부와 지수부를 조합하여 표시합니다. 예를 들어 123.456을 부동소수형으로 표시하면 가수부가 1.23456이고 지수부가 10^2입니다.[*] 같은 메모리 크기라도 소수점의 자릿수를 그대로 메모리에 저장하는 고정소수점보다 더 큰 자릿수를 다룰 수 있으므로 컴퓨터에서는 자주 사용하는 방식입니다.

그림 3-24 **부동소수형**

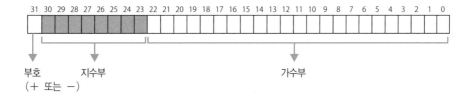

부호
(＋ 또는 －)　　지수부　　　　　　　　　　가수부

내장 함수 round( )를 사용하면 부동소수의 소수점 이하를 반올림할 수 있습니다. 반올림할 숫자와 자릿수를 인수로 작성합니다.

```
round(반올림할 숫자, 자릿수)
```

자릿수를 생략하면 가장 가까운 정수가 반환 값이 되어 표시됩니다.

---

[*]　지수부에 따라 소수점의 위치가 변하므로 '부동(고정되어 있지 않고 움직임)' 소수점이라 합니다.

```
>>> a = 1.23456
>>> round(a)
1
>>> round(a, 1)
1.2
>>> round(a, 3)
1.235
```

■ 불형

불형은 불 대수*로 다루는 True(참)와 False(거짓) 상태를 가진 자료형입니다. 연산의 처리 결과를 나타내는 자료형으로 자주 사용됩니다.

파이썬에서 True는 1과 같고 False는 0과 같습니다. 그래서 True 대신 1을 사용하거나 False 대신 0을 사용할 수 있지만, True/False 중 하나의 값만 가진 불형을 사용하면 프로그램을 더 쉽게 해석할 수 있습니다.

파이썬의 각 객체는 불형으로 다룰 때 True/False가 미리 정해져 있는데 다음 객체는 False가 됩니다.

- 숫자 0
- 빈 문자열, 리스트, 튜플, 딕셔너리

그 외의 객체는 모두 True가 됩니다.

4.4 숫자 값 계산

■ 산술 연산자

일반 숫자 계산과 마찬가지로 파이썬에서도 덧셈은 +로 표시하고 뺄셈은 -로 표시합니다. 이런 기호를 **산술 연산자**라 합니다.

---

* 불 대수는 113쪽 TIP '불 대수'를 참조하기 바랍니다.

파이썬에서 사용하는 산술 연산자는 표 3-5와 같습니다.

표 3-5 파이썬의 산술 연산자(우선순위가 낮은 것부터)

연산자	의미
x + y	x와 y를 더함(덧셈)
x − y	x에서 y를 뺌(뺄셈)
x * y	x와 y를 곱함(곱셈)
x / y	x를 y로 나눔(나눗셈. 정수끼리 계산하면 소수점 이하는 버림)
x % y	나눗셈의 나머지를 구함
x ** y	제곱을 구함. x^y(x의 y승)을 의미함

나눗셈은 나누는 양쪽이 모두 정수면 소수점 이하를 버립니다. 한쪽이라도 소수면 소수점 이하까지 계산합니다.

예제 덧셈(3+2=5)

```
>>> 3 + 2
5
```

예제 뺄셈(2-3=-1)

```
>>> 2 - 3
-1
```

예제 곱셈(2×3=6)

```
>>> 2 * 3
6
```

예제 나눗셈과 나머지(3÷2=1.5)

```
>>> 3 / 2
1          → 정수끼리 계산하면 연산 결과도 정수
>>> 3.0 / 2
```

```
1.5          → 한쪽이 소수면 연산 결과도 소수
>>> 3 % 2
1            → 나머지를 구함
```

<u>예제</u> **제곱(2의 3승)**

```
>>> 2 ** 3
8
```

연산 우선순위를 변경하려면 미리 실행하고 싶은 계산을 괄호(( ))로 둘러싸야 합니다.

<u>예제</u> **괄호에 따라 우선순위 변경**

```
>>> a = (1 + 1) * 2
>>> a
4
>>> a = 1 + 1 * 2
>>> a
3
```

■ 복합 할당 연산자

복합 할당 연산자란 연산과 할당을 하나로 합친 것입니다.

<u>표 3-6</u> **파이썬의 복합 할당 연산자**

연산식	의미
x += y	x + y의 결과를 x에 할당
x -= y	x - y의 결과를 x에 할당
x *= y	x * y의 결과를 x에 할당
x /= y	x ÷ y의 결과를 x에 할당
x %= y	x ÷ y의 나머지를 x에 할당
x >>= y	x를 y비트만큼 오른쪽으로 시프트 해서 x에 할당
x <<= y	x를 y비트만큼 왼쪽으로 시프트해서 x에 할당

　•　시프트 연산은 130쪽에서 자세히 설명합니다.

변수에 복합 할당 연산자를 사용할 때는 그 변수에 값이 미리 할당되어 있어야 오류가 발생하지 않습니다.

예제 값이 할당되어 있지 않은 변수에는 복합 할당 연산자를 사용할 수 없음

```
>>> z += 1

Traceback (most recent call last):
  File "<pyshell>", line 1, in <module>
    z += 1
NameError: name 'z' is not defined      → 변수 z에는 아무것도 할당되어 있지 않아서
                                           복합 할당 연산자로 연산할 수 없음
```

■ 비트 연산자

비트 연산자는 정수형 값을 일반적인 숫자가 아닌 2진수 숫자로 보고 연산을 합니다.

비트 연산자에는 논리합, 논리곱, 부정, 배타적 논리합, 반전, 모든 비트 위치를 하나씩 옆으로 옮기는 **시프트 연산자**가 있습니다(논리 연산과 비트 연산은 109쪽 '3.2 논리 연산'을 참조하기 바랍니다).

표 3-7 파이썬의 비트 연산자

연산식	의미
x | y	x와 y의 비트 단위 논리합(OR)
x & y	x와 y의 비트 단위 논리곱(AND)
x ^ y	x와 y의 비트 단위 배타적 논리합(EOR)
~ x	x의 비트 단위 반전(NOT)
x 》 y	x를 y비트만큼 오른쪽으로 시프트, 빈 비트에는 0을 넣음
x 《 y	x를 y비트만큼 왼쪽으로 시프트, 빈 비트에는 0을 넣음

＊ 배타적 논리합(EOR, Exclusive OR)이란 둘 중 어느 한쪽만 참일 때 참이 되는 논리 연산입니다.

이제 비트 연산 예제를 살펴보겠습니다. 파이썬의 대화형 세션에서는 기본적으로 정수를 10진수로 표시하므로 내장 함수 bin( )을 사용해 2진수 문자열로 변경합니다.

```
>>> a = 0b100
>>> a = a | 0b110       → 비트의 한쪽이라도 1이면 1이 됨
>>> bin(a)
'0b110'
```

예제 **비트 단위 논리곱**

```
>>> a = 0b110
>>> a = a & 0b101       → 비트의 한쪽이라도 0이면 0이 됨
>>> bin(a)
'0b100'
```

예제 **비트 단위 배타적 논리합**

```
>>> a = 0b110
>>> a = a ^ 0b011       → 비트가 서로 같으면 0, 서로 다르면 1이 됨
>>> bin(a)
'0b101'
```

이제 비트를 반전시키는 예제를 살펴봅시다. 2진수 비트 패턴을 음수 정수값으로 해석하는 규칙도 설명하겠습니다.

예제 **비트 반전 1**

```
>>> a = 1
>>> a = ~a       → 모든 비트를 무조건 반전(0이면 1이 되고, 1이면 0이 됨)
>>> bin(a)
'-0b10'
```

이 예제는 변수 a를 비트 반전한 후 bin( ) 함수를 이용해 2진수로 표시합니다. 변수 a에는 1이 들어 있으므로 반전시킨 결과는 0b0, 즉 10진수로 0이 되지만 실제로는 '-0b10', 즉 10진수로 −2가 되었습니다. 이건 컴퓨터 정수의 기본 크기와 음수 정수 표현 방법 때문입니다.

우선 다음 그림과 같이 프로그램에서 변수에 1을 대입하면 실제로는 정수 기본 크기에 맞춰 (라즈베리 파이라면 32비트) 위에서부터 0이 31개 들어갑니다. 1을 대입한 변수에 모든 비트를 반전시키면 최하위 비트는 0이 되고 나머지는 모두 1이 됩니다.

그림 3-25 비트 반전과 bin() 함수의 연산 1

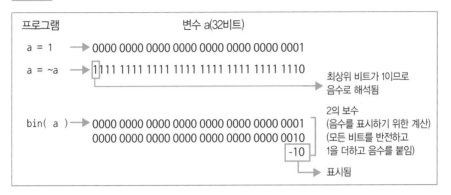

왜 1111 1111 1111 1111 1111 111 1111 1110이 −2로 해석되는지 설명해 보겠습니다.

컴퓨터 내부에서 데이터는 모두 0 또는 1인 비트 나열에 지나지 않지만, 많은 프로그래밍 언어에서는 이를 부호가 있는 10진수 정수로 다룰 때 우선 첫 비트로 부호를 판별해서 첫 비트가 1이면 2의 보수로 보고 −가 붙어 있는 값이라고 여깁니다.

다음 그림은 2진수 값과 부호가 있는 10진수 값의 대응과 2의 보수 표현입니다.

그림 3-26 2진수의 음수/양수 표현과 2의 보수

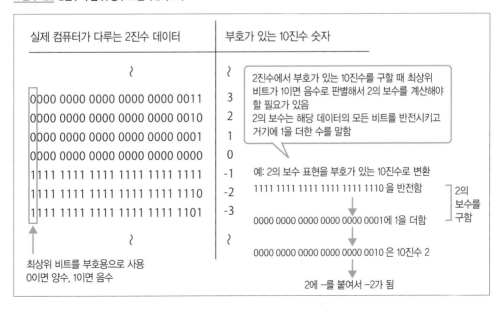

이 방법은 2의 보수를 쓰지 않으면 실제의 10진수 값을 알 수 없게 표현되므로 어려워 보일 수 있지만 컴퓨터가 계산하기에는 편리한 표현 방법입니다. 즉, 라즈베리 파이에서도 그림 3-26처럼 1111 1111 1111 1111 1111 111 1111 1110은 10진수 -2로 해석되므로 bin( ) 함수는 10진수 -2를 그대로 2진수로 치환해서 '-b010'이라고 표현한 것입니다.

여기서 다음처럼 bin( ) 함수 인수에 a & 0xFF(변수 a와 16진수 FF를 논리곱(AND))를 지정해서 최상위 비트가 0이 되도록(+로 해석되도록) 해 봅시다. 결과는 '0b11111110'이 되어서 양수로 해석되는 걸 알 수 있습니다.

예제 **비트 반전 2**

```
>>> a = 1
>>> a = ~a
>>> bin(a & 0xFF)    → 모든 비트를 무조건 반전시킴(0이면 1, 1이면 0)
'0b11111110'
```

그림 3-27 **비트 반전과 bin() 함수의 연산 2**

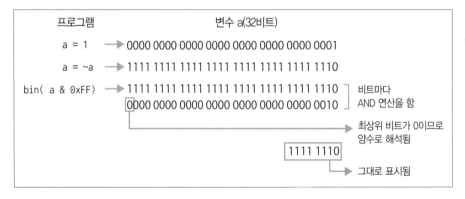

다음으로 시프트 연산 예제를 살펴보겠습니다.

예제 **1비트만큼 오른쪽으로 시프트**

```
>>> a = 0b100
>>> a = a >> 1
>>> bin(a)
'0b10'      → 이동한 결과로 세 번째 비트에 0이 들어와서 0b010이 되지만,
              앞에 있는 0은 숫자로는 의미가 없으므로 표시되지 않음
```

```
>>> a = 0b001
>>> a = a << 1
>>> bin(a)
'0b10'        → 이동한 결과로 첫 번째 비트에 0이 들어감
```

4장에서는 GPIO에서 읽은 데이터를 가공할 때 비트 연산을 사용합니다. 라즈베리 파이뿐만 아니라 하드웨어를 다루는 프로그램에서는 이런 비트 연산을 자주 사용합니다. 미리 이런저런 연산을 해 보면서 어떤 결과가 나오는지 테스트해 보기 바랍니다.

예제 8비트 데이터와 2비트 데이터를 더해서 10비트 데이터를 작성

```
>>> a = 0b11111111
>>> b = 0b11
>>> b = b << 8        → 변수 b를 8비트 시프트
>>> c = a | b
>>> bin(c)
'0b1111111111'        → 최상위 2비트는 변수 b에서 온 데이터고, 하위 8비트가 변수 a에서 온 데이터
```

그림 3-28 비트 연산에 의한 데이터 가공 예제

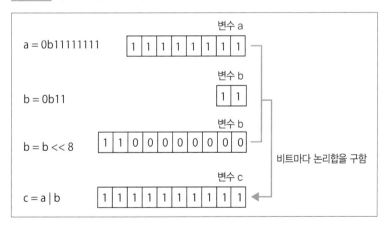

정수의 기본 크기는 실행 환경에 따라 다르지만(라즈베리 파이라면 32비트), sys 모듈을 임포트해서 파이썬의 시스템 매개변수 maxsize를 참조하면 현재 실행 환경에서 부호가 있는 정수의 최댓값을 알 수 있고, 이를 통해 정수의 기본 크기를 알 수 있습니다. 라즈베리 파이에서 maxsize 값을 얻어서 2진수로 표시하면 다음 예제처럼 1이 31개 나열됩니다. maxsize는 양수이므로 표시되지는 않지만 최상위 비트가 0입니다. 표시되지 않은 최상위 비트를 포함해서 생각하면 정수의 기본 크기가 32비트라는 걸 알 수 있습니다. 파이썬 프로그램에서는 이보다 더 큰 수를 다루게 되면 자동으로 크기가 확장됩니다.

예제 **정수의 최댓값을 10진수와 2진수로 표시하기**

```
>>> import sys
>>> print(sys.maxsize)      → 역주 파이썬 2라면 print(sys.maxint)를 사용합니다.
2147483647
>>> print(bin(sys.maxsize))
0b1111111111111111111111111111111
```

4.5 문자열

문자열이란 하나 이상의 문자가 나열된 데이터입니다. 여기서는 문자열을 다루는 방법을 알아보겠습니다.

■ 변수에 문자열 할당하기

프로그램에서 문자열을 작성하려면 문자열을 작은따옴표(')나 큰따옴표(")로 감싸야 합니다. 파이썬에서는 어느 쪽을 사용해도 상관없습니다. 이 책에서는 작은따옴표로 통일합니다.

예제 **변수 a에 문자열 Python 할당하기**

```
>>> a = 'Python'
>>> print(a)
Python
```

작은따옴표로 감싼 문자열 안에 작은따옴표가 섞여 있으면 거기서 문자열이 끝나는 것으로 인식해서 오류가 발생합니다. 다른 따옴표라면 오류가 발생하지 않습니다. 즉, 작은따옴표로 감싼 문자열 안에 큰따옴표가 포함되어 있다면 오류가 발생하지 않습니다.

```
>>> a = 'Happy "Python"'
>>> print(a)
Happy "Python"
```

문자열을 감싸는 데 사용한 따옴표와 같은 따옴표를 문자열 안에서 사용하고 싶다면 135쪽
에서 설명할 이스케이프 시퀀스 등을 사용해야 합니다.

■ 문자열을 인덱스로 지정하기

문자열처럼 요소들이 일정한 순서대로 나열된 데이터형을 파이썬에서는 **시퀀스형**이라 합니
다. 시퀀스형은 각 요소에 나열 순서가 할당되어 있는데, 이 할당된 번호를 인덱스라고 합
니다. 파이썬의 시퀀스형에는 문자열 외에도 리스트, 튜플 등이 있습니다(리스트와 튜플은
139쪽 '4.6 리스트'와 145쪽 '4.7 튜플'에서 설명합니다).

그림 3-29 **시퀀스형의 인덱스**

인덱스는 앞에서 세면 첫 번째 요소부터 0, 1, 2, …이 되고, 뒤에서 세면 마지막 요소부터
−1, −2, −3, …이 됩니다. 인덱스로 데이터를 지정하려면 인덱스 번호를 대괄호([ ])로 감
싸고 변수명 뒤에 붙이면 됩니다.

예제 **변수 a에 문자열 Python을 할당하고 0번째와 마지막 문자 지정하기**

```
>>> a = 'Python'
>>> a[0]
'P'
>>> a[-1]
'n'
```

한편 정수형 숫자는 자릿수가 여러 개더라도 인덱스로 값을 추출할 수 없습니다.

예제 **정수형에 인덱스를 지정하면 오류가 발생함**

```
>>> a = 1234
>>> a[1]

Traceback (most recent call last):
  File "<pyshell#54>", line 1, in <module>
    a[1]
TypeError: 'int' object has no attribute '__getitem__'
```

■ 여러 문자를 인덱스로 지정하기

파이썬 시퀀스형은 인덱스를 지정할 때 정수 x와 y를 콜론(:)으로 이어서 [x:y]처럼 작성하면 인덱스 x부터 y-1까지 범위에 있는 요소들을 한 번에 지정할 수 있습니다(이때 인덱스 y가 가리키는 요소는 포함되지 않으므로 주의합니다). 이런 인덱스 지정 방법을 **슬라이스**라고 합니다.

문자열에서 슬라이스로 요소를 지정하는 예제를 살펴보겠습니다.

예제 **문자열 요소 0번째부터 1번째까지 지정하기**

```
>>> a = '1234'
>>> a[0:2]
'12'
```

예제 **시작 위치를 생략하면 0번째부터 지정한 것이 됨**

```
>>> a[:2]
'12'
```

예제 **종료 위치를 생략하면 마지막까지 지정한 것이 됨**

```
>>> a[2:]
'34'
```

■ 따옴표와 백슬래시를 문자열로 만들기

앞서 설명했듯이 문자열 내부에 문자열을 감싸는 따옴표와 같은 따옴표가 포함되면 파이썬은 거기서 문자열이 끝났다고 해석합니다. 이를 피하려면 이스케이프 시퀀스를 사용하거나 3중 따옴표로 감싸야 합니다.

• 이스케이프 시퀀스를 사용하기

따옴표 앞에 백슬래시(\)를 넣으면 문자열로 감싼 따옴표와 같은 따옴표를 문자열 안에 작성할 수 있습니다. 이렇게 백슬래시를 사용해 작성하는 방법을 **이스케이프 시퀀스**라고 합니다. 표 3-8에 정리한 것처럼 백슬래시 자체와 줄 바꿈 코드 등도 이스케이프 시퀀스로 작성할 수 있습니다.

<u>표 3-8</u> **주요 이스케이프 시퀀스**

이스케이프 시퀀스	의미
\\	백슬래시를 표시함
\'	작은따옴표를 표시함
\"	큰따옴표를 표시함
\n	줄 바꿈

이스케이프 시퀀스를 사용하는 예제를 살펴봅시다.

<u>예제</u> **작은따옴표로 감싼 문자열에 작은따옴표가 포함되면 오류가 발생**

```
>>> a = 'Happy 'Python'
SyntaxError: invalid syntax        → 오류가 발생
```

<u>예제</u> **이스케이프 시퀀스로 문자열 안에 작은따옴표 작성하기**

```
>>> a = 'Happy \'Python\''
>>> print(a)
Happy 'Python'
```

예제 문자열에 이스케이프 시퀀스로 줄 바꿈 코드를 넣기

```
>>> a = 'Happy \n Python'
>>> print(a)
Happy
 Python
```

- ## 3중 따옴표로 감싸기

문자열을 3중 작은따옴표로 감싸면 도중에 줄 바꿈이나 따옴표가 포함되더라도 모두 그대로 문자열로 다룰 수 있습니다.

예제 따옴표와 줄 바꿈이 포함된 문자열을 3중 따옴표로 감싸기

```
>>> a = ''' Happy
'Python' '''
>>> print(a)
 Happy
'Python'
```

■ 문자열 일부를 교체하기

문자열 자료형의 내장 메서드인 replace()를 사용하면 문자열 일부를 지정한 문자열로 교체할 수 있습니다. replace() 메서드는 다음처럼 사용합니다. 이 메서드는 반환 값으로 변경된 문자열 전체를 돌려줍니다.

```
replace('교체하기 전의 문자열', '새롭게 넣을 문자열')
```

문자열은 변하지 않는 값(불변)이므로 replace() 메서드를 실행해도 원래 문자열 자체는 변경되지 않습니다. 반환 값으로 교체한 문자열을 돌려주므로 원래 문자열은 필요 없고 교체된 후의 문자열만 필요하다면 결과를 원래 변수에 다시 할당하면 됩니다.

예제 변수 a에 문자열 'Python'을 할당하고 P를 p로 교체한 다음 다시 할당하기

```
>>> a = 'Python'
>>> a = a.replace('P', 'p')
>>> a
'python'
```

■ 연산자로 문자열 연결/반복하기

+ 연산자와 * 연산자로 문자열을 연결하거나 반복할 수 있습니다.

예제 문자열 연결하기

```
>>> a = 'Python'
>>> b = ' in Raspberry Pi'
>>> a + b
'Python in Raspberry Pi'
```

예제 문자열 반복하기

```
>>> a = 'Python'
>>> a * 3
'PythonPythonPython'
```

■ 글자 수 세기

문자열에 포함된 글자 수를 알아내려면 내장 함수 len( )을 사용합니다. 문자열이나 문자열이 들어 있는 변수를 인수로 지정하면 반환 값으로 문자열의 글자 수를 돌려줍니다.

```
len(문자열)
```

len( ) 함수 사용법을 살펴봅시다.

```
>>> a = 'Python'
>>> len(a)
6
```

■ 특정 문자열이 포함되어 있는지 조사하기

어떤 문자열에 특정 문자나 문자열이 포함되어 있는지 조사하려면 in 연산자를 사용하거나 find( ) 메서드를 사용합니다.

• in 연산자 사용하기

in 연산자를 다음과 같이 사용하면 문자열에서 찾고 싶은 문자열이 있는지 확인할 수 있습니다.

```
찾고 싶은 문자열 in 문자열 전체
```

in 연산자를 사용하면 문자열이 포함되어 있을 때 True를 돌려주고, 포함되지 않았을 때는 False를 돌려줍니다.

예제 문자열 'Python'에 'Py' 또는 'pi'가 포함되어 있는지 확인하기

```
>>> a = 'Python'
>>> 'Py' in a
True
>>> 'pi' in a
False
```

• find() 메서드 사용하기

문자열의 내장 메서드인 find( )를 사용하면 문자열에서 찾고 싶은 문자열이 포함되어 있는지 확인할 수 있습니다.

```
문자열 전체.find(찾고 싶은 문자열[, 시작 인덱스][, 종료 인덱스]
```

시작 인덱스와 종료 인덱스는 생략할 수 있습니다. 문자열을 찾으면 찾은 문자열의 인덱스를 돌려주고, 문자열을 찾지 못하면 숫자 −1을 돌려줍니다. 찾고 싶은 문자열이 문자열 안에 여러 번 포함되어 있으면 최초로 찾은 위치의 인덱스를 돌려줍니다.

예제 **문자열 안에 'Py'가 있는지 확인하기**

```
>>> a = 'Python in Raspberry Pi'
>>> a.find('Py', 0, 3)      → 0번째와 3번째 사이에 'Py'가 있는지 확인
0
>>> a.find('Py', 2)         → 2번째와 마지막 사이에 'Py'가 있는지 확인
-1
```

4.6 리스트

리스트는 여러 숫자나 문자열 등의 요소를 일정한 순서로 나열한 구조의 자료형입니다. 리스트도 문자열과 마찬가지로 시퀀스형이므로 각 요소를 인덱스로 지정할 수 있습니다. 또한 리스트의 요소로 각종 객체를 저장할 수도 있습니다.

■ 변수에 리스트를 할당해서 인덱스로 지정하기

리스트를 작성하려면 각 요소를 쉼표(,)로 나열하고 전체를 대괄호([ ])로 감쌉니다.

```
[요소1, 요소2, 요소3, 요소4, 요소5, ⋯]
```

다음은 변수에 리스트를 할당하고 인덱스를 지정하는 예제입니다.

예제 **변수 a에 리스트 1, 2, 3, 4를 할당하고 0번째와 마지막 문자를 지정하기**

```
>>> a = [1, 2, 3, 4]
>>> a[0]
1
>>> a[-1]
4
```

하나의 리스트에 서로 다른 자료형이 섞여 있어도 됩니다. 다음 예제는 문자열, 정수, 부동소수 이렇게 서로 다른 자료형의 데이터를 하나의 리스트에 저장합니다.

예제 **문자열, 정수, 부동소수가 담긴 리스트**

```
>>> a = ['Python', 1234, 1.234]
>>> a[0]
'Python'
>>> a[1]
1234
>>> a[2]
1.234
```

리스트에는 또 다른 리스트를 저장할 수도 있습니다. 리스트에 들어 있는 또 다른 리스트의 요소를 인덱스로 지정하려면 다음과 같이 작성합니다.

```
리스트[부모 리스트의 인덱스][자식 리스트의 인덱스]
```

예제 **리스트의 3번째 요소인 자식 리스트의 첫(0번째) 요소를 지정하기**

```
>>> a = [1, 2, 3, [4, 5, 6]]
>>> a[3][0]
4
```

리스트는 가변 데이터이므로 각 요소의 값은 자유롭게 변경할 수 있습니다.

예제 **인덱스로 지정한 리스트의 요소 교체하기**

```
>>> a = [1, 2, 3, 4]
>>> a[0] = 0
>>> a
[0, 2, 3, 4]
```

■ 여러 요소를 인덱스로 지정하기

문자열과 마찬가지로 리스트도 슬라이스를 통해 여러 요소를 한 번에 지정할 수 있습니다. 인덱스를 [x:y]로 지정하면 x부터 y−1까지 범위에 있는 요소를 리스트로 추출할 수 있습니다(문자열과 마찬가지로 지정한 범위에 인덱스 y가 가리키는 요소는 포함되지 않습니다).

예제 리스트의 요소 0번째부터 1번째까지 지정하기

```
>>> a = [1, 2, 3, 4]
>>> a[0:2]
[1, 2]
```

예제 시작 위치를 생략하면 0번째부터 지정한 것이 됨

```
>>> a[:2]
[1, 2]
```

예제 종료 위치를 생략하면 마지막까지 지정한 것이 됨

```
>>> a[2:]
[3, 4]
```

슬라이스를 사용하면 리스트의 여러 요소를 한 번에 교체할 수 있습니다. 이때 할당할 요소도 리스트 형식으로 작성합니다.

예제 0번째부터 1번째까지 요소를 다른 요소로 교체하기

```
>>> a = [1, 2, 3, 4]
>>> a[0:2] = [0, 0]
>>> a
[0, 0, 3, 4]
```

슬라이스로 지정한 요소 개수보다 할당한 리스트의 요소 개수가 많으면 그만큼 원래 리스트에 들어 있는 요소 개수가 늘어납니다.

```
>>> a = [1, 2, 3, 4]
>>> a[0:2] = [0, 0, 0]
>>> a
[0, 0, 0, 3, 4]
```

■ 연산자로 리스트 연결/반복하기

문자열과 마찬가지로 + 연산자와 * 연산자로 리스트를 연결하거나 반복할 수 있습니다.

예제 리스트 연결하기

```
>>> a = ['(^o^)', '(^-^)']
>>> b = ['(;o;)', '(T^T)']
>>> a + b
['(^o^)', '(^-^)', '(;o;)', '(T^T)']
```

예제 리스트를 3번 반복하기

```
>>> a = ['(^o^)', '(^-^)']
>>> a * 3
['(^o^)', '(^-^)', '(^o^)', '(^-^)', '(^o^)', '(^-^)']
```

■ 리스트에 요소 추가하기

• append() 메서드로 리스트 끝에 요소 추가하기

append( ) 메서드를 사용해서 인수로 지정한 문자열이나 숫자를 리스트 끝에 추가할 수 있습니다. 이 메서드를 실행하면 리스트 내용 자체가 변합니다. 반환 값은 없습니다.

예제 리스트 끝에 요소 추가하기

```
>>> a = [1, 2, 3, 4]
>>> a.append(5)
>>> a
[1, 2, 3, 4, 5]
```

- **extend() 메서드로 리스트 끝에 여러 요소 추가하기**

extend() 메서드를 사용해서 인수로 지정한 문자열이나 숫자를 리스트 끝에 추가할 수 있습니다. append() 메서드와 다른 점은 요소를 여러 개 추가할 수 있다는 점입니다. 이때 추가할 요소는 리스트로 작성해야 합니다. 이 메서드를 실행하면 append()와 마찬가지로 리스트 내용 자체가 변합니다. 반환 값은 없습니다.

예제 **리스트 끝에 요소 3개 추가하기**

```
>>> a = [1, 2, 3, 4]
>>> a.extend([5, 6, 7])
>>> a
[1, 2, 3, 4, 5, 6, 7]
```

■ 리스트의 요소 제거하기

- **del 문으로 지정한 요소 제거하기**

리스트 안에 있는 요소를 제거하려면 del 문을 사용합니다.

```
del 제거할 요소
```

다음은 del 문으로 리스트에 있는 요소를 제거하는 예제입니다.

예제 **del 문으로 리스트에 있는 요소 제거하기**

```
>>> a = [1, 2, 3, 4]
>>> del a[0]
>>> a
[2, 3, 4]
```

- **pop() 메서드로 리스트의 마지막 요소 제거하기**

pop() 메서드로 리스트의 마지막 요소를 제거할 수 있습니다. 인수는 필요 없지만 괄호는 생략할 수 없습니다. 반환 값은 제거한 요소입니다.

```
>>> a = [1, 2, 3, 4]
>>> a.pop()
4
>>> a
[1, 2, 3]
```

■ 리스트의 요소를 역순으로 재배치하기

reverse() 메서드를 사용해서 리스트의 요소를 역순으로 재배치할 수 있습니다. 인수는 필요 없지만 괄호는 생략할 수 없습니다. 이 메서드를 실행하면 리스트 내용 자체가 변합니다. 반환 값은 없습니다.

예제 **리스트 a의 요소를 역순으로 나열하기**

```
>>> a = ['(>_<)', '(+o+)', '(*_*)']
>>> a.reverse()
>>> a
['(*_*)', '(+o+)', '(>_<)']
```

■ 리스트의 요소를 지정한 순서로 재배치하기

리스트를 특정 순서로 재배치하려면 sort() 메서드를 사용합니다. 인수로 아무것도 지정하지 않았을 때 요소가 숫자면 작은 숫자부터 나열되고, 문자열이면 숫자, 대문자, 소문자 순으로 나열됩니다. 대문자와 소문자가 여러 개면 각각 알파벳순(아스키 나열순)으로 나열됩니다.

예제 **리스트 요소 재배치하기(오름차순)**

```
>>> a = ['3', '2', 'B', '1', 'a']
>>> a.sort()
>>> a
['1', '2', '3', 'B', 'a']
```

반대로 재배치하려면 reverse = True를 인수로 지정합니다.

리스트 요소 재배치하기(내림차순)

```
>>> a.sort(reverse = True)
>>> a
['a', 'B', '3', '2', '1']
```

4.7 튜플

튜플은 리스트와 비슷한 자료형이지만 불변이므로 일부 요소만 변경하거나 제거할 수 없습니다. 튜플에도 다양한 객체를 요소로 저장할 수 있습니다.

■ 변수에 튜플을 할당하고 인덱스 지정하기

튜플을 정의하려면 각 요소를 쉼표(,)로 이어서 작성하고 전체를 소괄호(( ))로 둘러쌉니다. 소괄호는 생략할 수 있지만 생략하면 나중에 프로그램을 읽기 힘들어지므로 생략하지 않는 것이 좋습니다. 시퀀스형이므로 문자열이나 리스트처럼 각 요소를 인덱스로 지정할 수 있습니다.

```
(요소1,  요소2,  요소3,  요소4,  요소5,  · · ·)
```

튜플을 작성하고 요소를 인덱스로 지정하는 예제를 살펴보겠습니다.

예제 변수 a에 튜플을 할당하고 0번째와 마지막 요소 지정하기

```
>>> a = ('P', 'y', 't', 'h', 'o', 'n')
>>> a[0]
'P'
>>> a[-1]
'n'
```

하나의 튜플에 서로 다른 자료형이 섞여 있어도 됩니다. 다음 예제에서는 문자열, 정수, 부동소수 이렇게 서로 다른 자료형의 데이터를 하나의 튜플에 저장합니다.

```
>>> a = ('Python', 1234, 1.234)
>>> a[0]
'Python'
>>> a[1]
1234
>>> a[2]
1.234
```

튜플에는 또 다른 튜플을 저장할 수도 있습니다. 이때 요소를 지정하는 방법은 리스트와 같습니다.

예제 튜플에 튜플을 저장하기

```
>>> a = (1, 2, 3, (4, 5, 6))
>>> a[3][0]
4
```

그리고 다음과 같이 여러 개의 변수에 튜플을 할당하면 각 변수에 튜플의 요소가 할당됩니다.

예제 요소가 3개인 튜플을 세 변수에 할당하기

```
>>> a = (1, 2, 3)
>>> x, y, z = a
>>> x
1
>>> y
2
>>> z
3
```

■ 여러 요소를 인덱스로 지정하기

튜플도 슬라이스로 여러 요소를 지정할 수 있습니다. 지정하는 방법은 문자열이나 리스트와 같습니다.

```
>>> a = (1, 2, 3, 4)
>>> a[0:2]
(1, 2)
```

예제 시작 위치를 생략하면 0번째부터 지정한 것이 됨

```
>>> a[:2]
(1, 2)
```

예제 종료 위치를 생략하면 마지막까지 지정한 것이 됨

```
>>> a[2:]
(3, 4)
```

■ 연산자로 튜플 연결/반복하기

문자열이나 리스트처럼 + 연산자와 * 연산자로 튜플을 연결하거나 반복할 수 있습니다.

예제 튜플 연결하기

```
>>> a = ('(^o^)', '(^-^)')
>>> b = ('(;o;)', '(T^T)')
>>> a + b
('(^o^)', '(^-^)', '(;o;)', '(T^T)')
```

예제 튜플을 3번 반복하기

```
>>> a = ('(^o^)', '(^-^)')
>>> a * 3
('(^o^)', '(^-^)', '(^o^)', '(^-^)', '(^o^)', '(^-^)')
```

4.8 딕셔너리

딕셔너리는 문자열, 리스트, 튜플처럼 요소를 순서대로 나열한 시퀀스형이 아니라 키와 값 쌍으로 이루어진 자료형입니다. 값을 지정할 때는 짝으로 지정한 키를 사용합니다. 딕셔너리의 값으로는 각종 객체를 지정할 수 있지만 키로는 문자열이나 숫자처럼 변하지 않는 자료형만 지정할 수 있습니다.

그림 3-30 **딕셔너리형 인덱스**

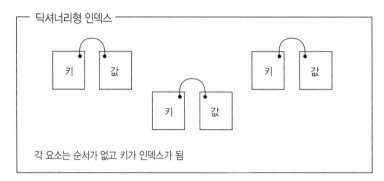

■ **변수에 딕셔너리를 할당해서 인덱스 지정하기**

딕셔너리를 정의할 때는 키와 값을 콜론(:)으로 묶고 키와 값 쌍을 쉼표(,)로 구분해서 전체를 중괄호({})로 감쌉니다.

```
{키1:값1, 키2:값2, 키3:값3, …}
```

키가 이모티콘을 설명하는 문자열이고 값이 이모티콘인 딕셔너리를 정의하고, 키로 값을 지정하는 예제를 살펴보겠습니다.

예제 **변수 a에 딕셔너리를 할당하고 키로 값을 지정하기**

```
>>> a = {'happy':'(^-^)', 'sad':'(ToT)'}
>>> a['happy']
'(^-^)'
>>> a['sad']
'(ToT)'
```

키와 값은 자료형이 서로 달라도 됩니다.

예제 **키가 숫자고 값이 문자열인 딕셔너리**

```
>>> a = {1:'(^-^)', 2:'(ToT)'}
>>> a[1]
'(^-^)'
```

딕셔너리에는 또 다른 딕셔너리를 저장할 수도 있습니다. 이때 딕셔너리 안에 있는 딕셔너리의 값은 다음과 같이 지정합니다.

```
딕셔너리명[부모 딕셔너리의 키][딕셔너리의 키]
```

다음은 자식이 된 딕셔너리를 지정하는 예제입니다.

예제 **자식 딕셔너리의 값 지정하기**

```
>>> a = {'happy':{1:'(^-^)', 2:'(^o^)'}, 'sad':{1:'(ToT)', 2:'(T-T)'}}
>>> a['sad'][1]
'(ToT)'
```

딕셔너리는 가변 데이터이므로 정의한 다음에도 각 값을 바꿀 수 있습니다.

예제 **인덱스로 지정한 값 바꾸기**

```
>>> a = {'happy':'(^-^)', 'sad':'(ToT)'}
>>> a['happy'] = '(^o^)'
>>> a['happy']
'(^o^)'
```

■ 딕셔너리에 요소 추가하기

딕셔너리에 키와 값을 추가하려면 새로운 키를 지정해서 값을 할당하면 됩니다. 딕셔너리는 시퀀스형이 아니므로 요소는 무작위로 나열되고, 새로 추가된 요소가 딕셔너리의 끝에 들어가는 것도 아닙니다.*

예제 **딕셔너리에 요소 추가하기**

```
>>> a = {'happy':'(^-^)', 'sad':'(ToT)'}
>>> a['sleepy'] = '(-_-)'
>>> a
{'happy': '(^-^)', 'sad': '(ToT)', 'sleepy': '(-_-)'}
```

■ 딕셔너리의 요소 제거하기

• del 문으로 지정한 키와 값 제거하기

딕셔너리의 요소를 제거하려면 del 문을 사용합니다.

예제 **del 문으로 키와 값 제거하기**

```
>>> a = {'happy':'(^-^)', 'sad':'(ToT)'}
>>> del a['sad']
>>> a
{'happy':'(^-^)'}
```

• pop() 메서드로 키와 값 제거하기

pop() 메서드를 딕셔너리에 사용할 때는 제거할 값의 키를 인수로 지정합니다. 이 메서드는 지정한 키와 값을 딕셔너리에서 제거하고 제거한 값을 반환 값으로 돌려줍니다.

---

* 역주 2018년 6월 27일 발표된 파이썬 3.7부터는 삽입 순서에 따라 나열되도록 언어 규격이 일부 변경되었습니다.

예제 pop() 메서드로 키와 값 제거하기

```
>>> a = {'happy':'(^-^)', 'sad':'(ToT)'}
>>> a.pop('happy')
'(^-^)'
>>> a
{'sad':'(ToT)'}
```

4.9 다른 자료형으로 변환하기

문자열에 숫자를 넣어서 새로운 문자열을 만들어야 할 때, 문자열인 숫자를 계산하고 싶을
때, 어떤 함수의 인수로 특정 자료형의 데이터를 넘겨야 할 때는 변수의 자료형을 변환해야
합니다.

표 3-9는 각종 자료형으로 변환하는 함수입니다. 변환하고 싶은 데이터나 변수를 함수의
인수로 지정합니다.

표 3-9 자료형을 변환하는 함수

내장 함수	내용	인수로 지정 가능한 자료형
float()	부동소수형으로 변환	정수, 문자열
int()	정수형으로 변환	부동소수, 문자열
str()	문자열로 변환	숫자, 리스트, 튜플 등의 객체
list()	리스트로 변환	문자열, 튜플 등
tuple()	튜플로 변환	문자열, 리스트 등

예를 들어 정수형을 부동소수형으로 변환해 보겠습니다.

예제 float()으로 정수형을 부동소수형으로 변환하기

```
>>> a = 1
>>> b = float(a)
>>> b
1.0
```

int()로 부동소수형을 정수형으로 변환하면 소수점 이하는 버려집니다.

int()로 부동소수형을 정수형으로 변환하기

```
>>> a = 1.0
>>> b = int(a)
>>> b
1
```

다음은 정수형을 문자형으로 변환하는 예제입니다.

str()로 정수형을 문자열로 변환하기

```
>>> a = 1.234
>>> str(a)
'1.234'
```

다음은 문자열을 정수형으로 변환하는 예제입니다.

int()로 문자열을 정수형으로 변환하기

```
>>> a = '1234'
>>> int(a)
1234
```

문자열로 된 숫자를 연산하려면 연산하기 전에 문자열을 숫자 값으로 변환해야 합니다.

문자열을 숫자 값으로 변환해서 계산하고, 숫자 값을 다시 문자열로 되돌려서 변수 c에 할당하기

```
>>> a = '3'
>>> b = 5
>>> c = str(int(a) + b)
>>> c
'8'
```

다음으로 list( )와 tuple( )을 사용해서 튜플을 리스트로 변환하고, 리스트를 튜플로 변환하는 예제를 살펴보겠습니다.

예제 **튜플을 리스트로 변환해 요소를 변경하고, 리스트를 다시 튜플로 되돌리기**

```
>>> a = (1,2,3)
>>> b = list(a)
>>> b[0] = 0
>>> a = tuple(b)
>>> a
(0, 2, 3)
```

내장 함수인 isinstance( )를 사용하면 변수나 데이터가 특정 자료형인지 확인할 수 있습니다. 이 함수에 확인하고 싶은 객체(데이터나 변수)를 첫 번째 인수로 지정하고, 확인할 자료형의 명칭을 두 번째 인수로 지정합니다. 첫 번째 인수의 자료형이 두 번째 인수의 자료형과 일치하면 True를 돌려주고, 일치하지 않으면 False를 돌려줍니다.

```
isinstance(객체, 자료형의 명칭)
```

표 3-10은 isinstance( )의 두 번째 인수로 지정할 수 있는 자료형입니다.

표 3-10 isinstance()의 두 번째 인수로 지정할 수 있는 자료형

자료형	명칭
정수형	int
부동소수형	float
문자열	str
리스트	list
튜플	tuple
딕셔너리	dict

다음은 isinstance( )를 사용한 예제입니다.

```
>>> a = 1.0
>>> isinstance(a, float)
True
>>> isinstance(a, int)
False
```

4.10 문자열 서식 지정

문자열 서식 지정이란 데이터를 지정한 형식에 따라 문자열로 변경하는 것을 말합니다. 문자열 서식 지정을 하면 문자열을 원하는 순서대로 다른 문자열에 집어넣거나 숫자 값을 변환해서 지정한 서식으로 문자열을 만들 수 있습니다.

문자열 서식 지정을 하려면 % 연산자를 사용하거나 format( ) 메서드를 사용합니다.

■ % 연산자 사용하기

% 연산자를 사용하려면 다음 그림처럼 기본이 되는 서식 지정 문자열 뒤에 %를 붙이고, 이어서 서식 지정 대상이 되는 숫자나 문자열(대상이 여러 개면 튜플이나 딕셔너리를 지정)을 둡니다.

그림 3-31 **% 연산자**

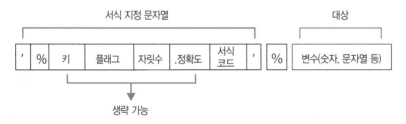

그림 3-31의 각 요소는 다음과 같습니다.

- **키**

  서식 지정 대상이 딕셔너리일 때 (키)처럼 작성하면 해당 값을 지정할 수 있습니다.

- **플래그**

  표 3-11에 정리한 플래그를 지정하면 출력 위치 등의 옵션을 지정할 수 있습니다.

  표 3-11 **% 연산자에서 사용할 수 있는 플래그**

플래그	내용
0	대상이 숫자면 빈 자리를 0으로 채움
–	왼쪽 정렬
(공백)	양수 앞에 공백 넣기
+	양수 앞에 + 넣기
#	서식 코드 옵션(표 3-12 참조)

- **자릿수**

  전체 자릿수를 지정합니다. 지정한 자릿수가 6인데 표시할 문자열이나 숫자의 자릿수
  가 4라면 왼쪽에서부터 두 자리를 공백으로 채웁니다.

- **정확도**

  .정수로 소수점 이하의 자릿수를 지정할 수 있습니다.

- **서식 코드**

  표 3-12에 정리한 서식 코드로 데이터를 어떻게 표시할지 지정합니다.

  표 3-12 **주요 서식 코드**

기호	의미
s	대상 객체를 문자열로 처리
c	숫자를 대응하는 문자열로 변환
d	숫자를 부호가 있는 10진수로 표시
o	숫자를 부호가 있는 8진수로 표시 플래그에 #을 지정하면 앞부분에 0이 붙음
x	숫자를 부호가 있는 16진수로 표시 플래그에 #을 지정하면 앞부분에 0이 붙음
f	숫자를 고정소수로 표시 플래그에 #을 지정하면 정확도가 0이더라도 소수가 표시됨

할당할 데이터가 여러 개일 때는 소괄호(( ))로 감싸서 튜플로 표시하면 값이 앞에서부터 순서대로 들어갑니다.

다음 예제는 변수 a에 할당된 숫자 7을 변수 msg에 문자열로 할당합니다. 변수 a의 자료형 자체는 변하지 않습니다.

예제 **변수 a, b를 변수 msg에 문자열로 할당하기**

```
>>> a = 7
>>> b = 'Python'
>>> msg = '%s wonders of the %s' % (a, b)     → 여러 변수를 할당하려면 괄호로 감싸기
>>> msg
'7 wonders of the Python'
>>> a
7        → 변수 a의 값은 변하지 않음
```

다음 예제에서는 변수 a 값의 소수점 세 번째 자리 이하를 버리고 문자열로 변환합니다. 이때 변수 a의 값은 변하지 않습니다.

예제 **소수점 이하 자릿수를 두 자리로 지정해서 표시하기**

```
>>> a = 10.1234
>>> print('%.2f' % a)
10.12        → 소수점 세 번째 자리 이하는 버림
>>> a
10.1234      → 변수 a의 값은 변하지 않음
```

■ format( ) 메서드 사용하기

파이썬에서 문자열의 서식을 지정하려면 format( ) 메서드를 사용하기도 합니다. format( ) 메서드는 다음 그림처럼 '서식 지정 문자열' 뒤에 마침표(.)를 붙여서 작성합니다. 할당할 데이터는 format( ) 메서드의 인수로 지정합니다. 서식 지정 문자열은 중괄호({ }) 안에 작성합니다.

format( ) 메서드는 % 연산자보다 더 상세하게 서식을 지정할 수 있지만, 이 책에서는 일부만 설명합니다.

그림 3-32 format() 메서드

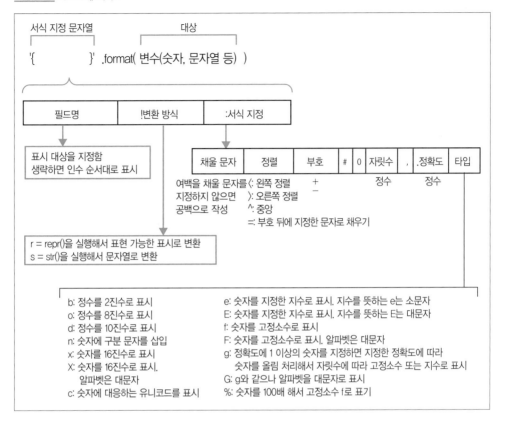

여러 변수를 다룰 때 자주 사용하는 방법은 중괄호({ }) 안에 필드명으로 인덱스를 지정하는 방법입니다. 인덱스는 인수 앞에서부터 0, 1, 2, … 순으로 지정됩니다.

예제 **format() 메서드로 여러 변수 넣기**

```
>>> a = "Raspberry Pi"
>>> b = "Python"
>>> c = "in"
>>> '{1} {2} {0}'.format(a, b, c)
'Python in Raspberry Pi'
```

문자열에 서식을 지정하려면 필드명과 구별하기 위해 콜론(:)을 사용합니다.

다음 예제에서는 필드명을 생략하고 콜론(:) 뒤에 소수점 이하의 자릿수를 .2와 .3으로 지정하고, 숫자를 부동소수형으로 표시하기 위해 f로 지정합니다. 필드명을 생략하면 데이터는 format( ) 메서드의 인수와 같은 순서로 들어갑니다.

<u>예제</u> **소수점 이하의 자릿수를 지정해서 표시하기**

```
>>> a = 1.2345
>>> b = 4.4444
>>> 'a = {:.2f}, b = {:.3f}'.format(a, b)
'a = 1.23, b = 4.444'     → 지정한 자릿수 아래를 버린 값이 표시되지만 변수 a, b 값은 변하지 않음
```

4.11 한글 문자 처리법

이 책에서 다루는 파이썬 3은 표준 문자 코드가 UTF-8입니다. 따라서 파이썬 2에서 필요했던 인코딩 지정이 필요 없습니다. 영어나 숫자처럼 작성하면 됩니다.

코드 3-1 **korean.py**

```
# 문자열
a = '라즈베리'
print(a)

# 리스트
b = ['딸기', '복숭아', '사과']

print(b[0])
print(b[1])
print(b[2])

# 딕셔너리
c = {'기쁨':'(*)_<*)', '슬픔':'(T_T)'}
print(c['기쁨'])
print(c['슬픔'])
```

이 프로그램을 실행하면 다음과 같은 결과가 나옵니다.

```
라즈베리
딸기
복숭아
사과
(＊)_(＊)
(T_T)
```

이처럼 파이썬 3은 표준 문자 코드가 아스키가 아닌 유니코드이므로 따로 인코딩 지정을 할 필요가 없습니다.

4.12 키보드에서 입력받는 방법

내장 함수 input()을 사용하면 키보드로 입력한 것을 문자열로 받을 수 있습니다. 이를 통해 파일에 저장한 프로그램을 대화형으로 동작시킬 수 있습니다. 이 함수를 실행하면 [Enter] 키를 누르기 전까지 키보드에서 입력한 내용을 문자열로 받습니다.

다음은 입력받은 문자열을 다른 문자열로 저장한 후 화면에 출력하는 프로그램입니다. 이 프로그램은 우선 input() 함수의 인수로 지정한 문자열 'input your name >'를 표시하고, 키보드로 입력받은 문자를 변수 name에 할당합니다. 그러면 화면에 Hello! 입력한 이름 (＊^-^)를 표시합니다. 화면에 표시할 문자열은 + 연산자로 연결합니다.

코드 3-2 sample_input.py

```python
name = input('input your name >')
print('Hello! ' + name + ' (*^-^)')
```

이 프로그램을 실행하고 이름에 eunmi를 입력하면 셸에 다음과 같이 출력됩니다.

```
>>>
input your name >eunmi
Hello! eunmi (*^-^)
```

변수의 가변과 불변

변수는 변하는 수(데이터)라는 의미지만 가변/불변인지에 따라 파이썬의 내장 자료형은 변할 수도 있고 변하지 않을 수도 있습니다. 가변은 한 번 데이터가 할당된 변수에 다른 데이터를 재할당할 수 있는 것이고 불변은 재할당할 수 없는 것입니다. 예를 들어 불변 자료형인 튜플은 일부 값을 재할당할 수 없습니다(예제 1). 하지만 튜플 전체 값을 바꾸는 재할당은 문제 없이 실행할 수 있습니다(예제 2).

<u>예제 1</u> **튜플의 일부를 바꾸려고 하면 오류가 발생**

```
>>> a = ('apple', 'lemon', 'peach')
>>> a[0] = 'raspberry'
Traceback (most recent call last):
  File "<pyshell#241>", line 1, in <module>
    a[0] = 'raspberry'
TypeError: 'tutple' object does not support item assignment
```

<u>예제 2</u> **튜플 전체를 바꾸는 것은 가능함**

```
>>> a = ('apple', 'lemon', 'peach')
>>> a = ('raspberry', 'lemon', 'peach')
>>> a
('raspberry', 'lemon', 'peach')
```

파이썬에서는 변수와 변수에 담기는 데이터 실체가 각기 다른 장소에 있어서 변수를 데이터를 참조하는 방식(데이터의 위치를 가리키는 방식)으로 사용합니다. 이 방식 덕분에 프로그램은 저장한 데이터의 크기를 신경 쓰지 않고도 변수를 다룰 수 있습니다.

<u>그림 3-33</u> **변수와 데이터의 관계**

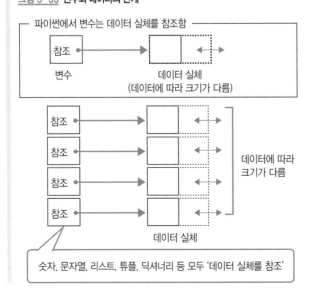

예제 1처럼 참조할 데이터 실체 자체를 바꾸려고 하면 튜플이 불변이라 오류가 발생합니다. 이와 달리 예제 2처럼 튜플을 할당한 변수 a에 다른 튜플을 재할당하는 것은 데이터 자체는 그대로고 변수가 가리키는 참조를 변경하는 것이므로 오류가 발생하지 않습니다.

파이썬에서 예제 2의 ('apple', 'lemon', 'peach')처럼 어디에서도 참조되지 않는 자료 영역은 가비지 컬렉션이라는 메모리 관리 프로그램에 의해 사라집니다.

그림 3-34 **참조 변경과 데이터 해제(이미지)**

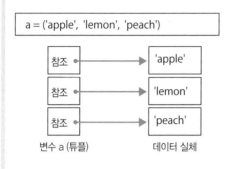

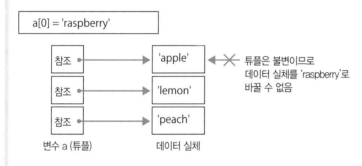

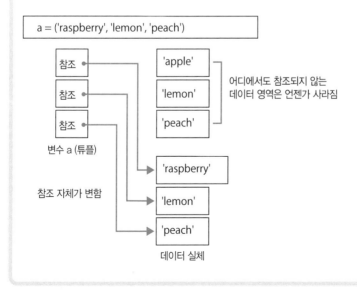

5 상황에 따른 처리

파이썬에는 상황에 따라 처리를 분기하는 if 문, for 문, while 문이 있습니다. if 문은 어떤 조건이 성립하는지에 따라 처리가 달라지고, while 문은 조건문이 성립하는 동안 처리를 반복하며, for 문은 주어진 요소를 순서대로 처리합니다. 이번 절에서는 예제를 통해 이와 같은 분기문의 사용 방법을 자세히 알아보겠습니다. 더불어 try~except 문으로 예외를 처리하는 방법도 설명합니다.

5.1 조건에 따라 처리 나눠 보기(if 문)

프로그램에서 어떤 조건이 성립하는지에 따라 처리를 변경하고 싶을 때는 if 문을 사용합니다. if 문을 작성하는 방법은 다음 그림과 같습니다. 주어진 조건식이 True일 때만 처리를 실행합니다. if 조건식 뒤에 콜론(:)을 붙이고 처리문 앞에는 반드시 들여쓰기를 해야 합니다.

그림 3-35 if문 사용법

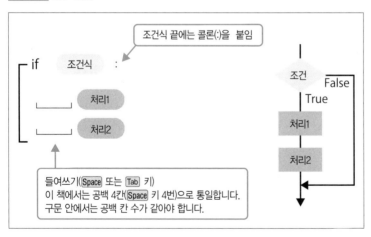

if 문에서 조건식을 만족하지 않을 때는 else에 속한 처리를 실행합니다. else 사용 방법은 다음 그림과 같습니다.

그림 3-36 else 사용법

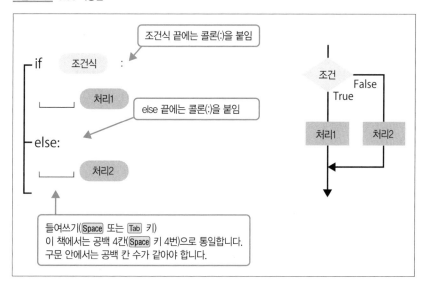

▪ 조건식이란?

if 문은 조건식이 참(True)이면 처리를 실행하고 거짓(False)이면 실행하지 않습니다. True 나 False를 돌려주는 것은 모두 if 문의 조건식으로 사용할 수 있습니다. 앞서 소개했듯이 파이썬에서는 모든 객체가 불형으로 다뤄질 때 True가 될지 False가 될지 정해져 있어서[*] 어떤 객체라도 조건식에 사용할 수 있습니다.

그럼 if 문을 대화형 세션으로 실행해 보겠습니다.

예제 변수 a가 True면 문자열 True를 돌려주고 False면 문자열 False를 돌려줌

```
>>> a = 0
>>> if a:              → 줄 바꿈 ①
        print('True')  → 줄 바꿈 ②
else:                  → 들여쓰기를 지우고 else:를 입력한 후 줄 바꿈 ③
        print('False') → 줄 바꿈 ④
                       → 줄 바꿈 ⑤
False                  → 실행 결과가 표시됨 ⑥
```

---

[*] 파이썬에서 정수 0, 빈 리스트, 튜플, 딕셔너리는 False가 되고 그 외의 객체는 True가 됩니다.

파이썬의 대화형 세션에서 if 조건식:을 입력하고 줄 바꿈을 하면(①) 자동으로 들여쓰기가 되므로 그 상태 그대로 조건을 만족했을 때 처리할 구문을 입력하고 줄 바꿈을 합니다(②). 다음 줄에서도 자동으로 들여쓰기가 되지만 이 줄에서는 들여쓰기가 필요 없으므로 Backspace 키로 들여쓰기를 지우고 else:을 입력하고 줄 바꿈을 합니다(③). 다음 줄로 넘어가면 또 자동으로 들여쓰기가 되므로 앞서 한 것처럼 그 상태 그대로 조건을 만족하지 않을 때 처리할 구문을 입력하고 줄 바꿈을 합니다(④). 마지막으로 줄 바꿈을 1번 더 하면(⑤) 다음 줄에 실행 결과가 표시됩니다(⑥).

방금 작성한 if 문은 변수 a가 True면 문자열 True를 표시하고, False면 문자열 False를 표시합니다.

조건식 앞에 논리 연산자 not*을 붙이면 조건식이 돌려주는 True와 False가 반전됩니다. 예제에서는 변수 a에 0이 할당되어 있으니 그대로라면 False가 되지만 not을 붙였기 때문에 True가 되어 결과로 문자열 True를 표시합니다.

예제 **not 연산자를 붙이면 조건이 반전됨**

```
>>> a = 0
>>> if not a:
        print('True')
else:
        print('False')

True
```

True 또는 False를 돌려주는 함수도 조건식에 쓸 수 있습니다. 다음 예제는 내장 함수인 isinstance()로 변수 a가 정수형(int 형)인지 확인합니다. 이때 a는 정수이므로 조건식은 True가 됩니다.

---

* 논리 연산은 109쪽을 참조하기 바랍니다.

```
>>> a = 0
>>> if isinstance(a, int):
        print('True')
else:
        print('False')

True
```

조건식에 자주 사용하는 것이 비교식입니다. 예를 들어 변수 a가 1인지 판단하려면 a == 1 처럼 = 기호를 두 번 연결해서 사용합니다.

예제 변수 a 값이 5면 문자열 True 출력

```
>>> a = 5
>>> if a == 5:
        print('True')
else:
        print('False')

True
```

이렇게 값을 비교하는 연산자를 **비교 연산자**라고 합니다.

표 3-13 파이썬의 비교 연산자

비교 연산자	설명
x == y	x와 y가 같으면 True, 그렇지 않으면 False
x != y	x와 y가 같지 않으면 True, 같으면 False
x < y	x가 y보다 작으면 True, 크거나 같으면 False
x > y	x가 y보다 크면 True, 작거나 같으면 False
x <= y	x가 y보다 작거나 같으면 True, 크면 False
x >= y	x가 y보다 크거나 같으면 True, 작으면 False
x in y	x가 y의 요소(문자열, 리스트, 튜플 등)면 True, 요소가 아니면 False
x not in y	x in y의 반대. x가 y에 포함되어 있으면 False, 포함되어 있지 않으면 True

비교 연산자를 사용하는 예제를 몇 가지 소개하겠습니다.

<u>예제 != 사용(~가 아니면)</u>

```
>>> a = 5
>>> if a != 4:        → 변수 a가 4가 아니면 True
        print('True')
else:
        print('False')

True
```

<u>예제 < 사용(~보다 작으면)</u>

```
>>> a = 5
>>> if a < 6:        → 변수 a가 6보다 작으면 True
        print('True')
else:
        print('False')

True
```

<u>예제 <= 사용(~ 이하면)</u>

```
>>> a = 5
>>> if a <= 5:        → 변수 a가 5보다 작거나 같으면 True
        print('True')
else:
        print('False')

True
```

```
>>> a = ['(^-^)', '(^o^)', '(^_^)']
>>> if '(^-^)' in a:        → 지정한 문자열이 포함되어 있으면 True
        print('True')
else:
        print('False')

True
>>> if '(;_;)' in a:        → 지정한 문자열이 포함되어 있지 않으면 False
        print('True')
else:
        print('False')

False
```

■ if 문의 처리 범위

if 문의 처리문은 들여쓰기에 따라 어디까지가 if 문의 처리문인지 정해집니다. 처리문 앞에 들여쓰기가 없으면 if 문 밖에 있다고 처리되어 if 문과 상관없이 늘 실행됩니다.

코드 3-3을 실행하면 input a number>가 표시되고 키보드 입력을 받습니다. 이때 5를 입력하면 your number is 5가 출력되고 그 외의 값은 출력되지 않습니다. 입력 값과 관계없이 프로그램 마지막에는 늘 end of program이 출력됩니다.

내장 함수 input()은 값을 키보드로 입력받습니다. 이 함수의 반환 값은 키보드로 입력한 문자열입니다. 이 반환 값을 변수 a에 할당해서 사용합니다.

코드 3-3 sample_if.py

```
a = input('input a number>')
if a == '5':
    print('your number is 5')
print('end of program')
```

그림 3-37 sample_if.py 설명과 실행 결과

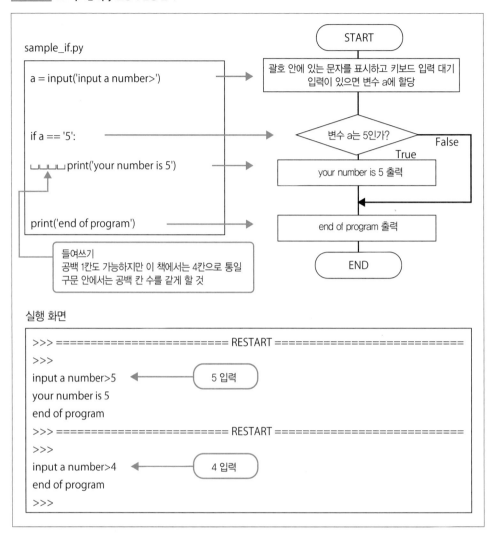

들여쓰기

앞에서 설명했듯이 파이썬은 들여쓰기에 따라 if 문의 블록 범위가 정해집니다. 들여쓰기의 공백에는 Space나 Tab 키를 사용하는데, Tab 키는 에디터에 따라 폭이 달라지므로 어떤 에디터를 사용하더라도 똑같이 보이도록 Space 키로 통일하는 것을 추천합니다. 들여쓰기에서 사용하는 공백 칸 수는 정해져 있지는 않지만, 같은 구문 안에서는 공백 칸 수를 통일해야 합니다. 이 책에서는 들여쓰기 1번을 공백 4칸(Space 키 4번)으로 통일했습니다.

■ 여러 조건식 판단하기

비교 연산자와 논리 연산자를 조합해서 사용하면 좀 더 복잡한 조건식을 만들 수 있습니다.

앞에서 소개했듯이 논리 연산은 불 대수에 따른 처리이므로 파이썬에서는 다음 세 가지 논리 연산자를 사용할 수 있습니다.

표 3-14 논리 연산자

식	의미
x and y	x와 y의 논리곱 x와 y 둘 다 True면 True
x or y	x와 y의 논리합 x와 y 중 하나라도 True면 True
not x	x의 부정 x가 True면 False, False면 True

논리 연산자를 이용해 if 문의 조건식에 조건을 여러 개 넘겨보겠습니다.

예제 논리곱

```
>>> a = 5
>>> if a > 3 and a < 5:        → 변수 a가 3보다 크고 5보다 작으면 True 출력
        print('True')
else:
        print('False')         → 두 조건 중 하나라도 만족하지 않으면 False 출력

False                          → 5보다 작지 않으므로 False
```

예제 논리합

```
>>> a = 5
>>> if a > 3 or a < 5:         → 변수 a가 3보다 크거나 5보다 작으면 True 출력
        print('True')
else:
        print('False')         → 두 조건 중 하나라도 만족하면 True 출력, 둘 다 만족하지 않으면 False 출력

True                           → 5보다 작진 않지만 3보다는 크므로 True
```

■ 조건식 우선순위

논리 연산자를 사용하면 여러 조건식을 자유롭게 연결할 수 있지만, 연산자에 따라 우선순위가 정해져 있으니 사용할 때 주의해야 합니다. 이를테면 and와 or 중에서는 and가 우선순위가 높은데, 이를 생각하지 않고 두 연산자를 함께 사용하면 의도한 것과 다른 결과가 나올 수 있습니다.

다음 예제를 살펴봅시다.

예제 and와 or의 우선순위 1

```
>>> a = 2
>>> if a > 1 or a == 0 and a == 1:
        print('True')
else:
        print('False')

True
```

이 예제에서 if 문의 조건은 a > 1 or a == 0 and a == 1입니다. 이 식이 앞에서부터 순서대로 처리된다고 가정하면 가장 먼저 a > 1 or a == 0부터 판단합니다. 변수 a에 정수 2가 할당되어 있으니 a > 1은 True가 되고 a == 0은 False가 되어 이 부분은 True가 됩니다. 이어서 판단할 True and a == 1은 a == 1이 False이므로 최종적으로 False가 됩니다.

하지만 실제로는 and가 우선순위가 높아서 뒤에 있는 a == 0 and a == 1을 먼저 판단합니다. 이 조건식의 결과는 False고, 이어서 남은 a > 1 or False를 판단하면 최종적으로 True가 됩니다.

앞에서부터 순서대로 처리하고 싶다면 우선순위가 낮은 or 연산자 부분을 소괄호(())로 감싸야 합니다.

예제 **and와 or의 우선순위 2**

```
>>> a = 2
>>> if (a > 1 or a == 0) and a == 1:
        print('True')
else:
        print('False')

False
```

그림 3-38 **논리 연산자의 우선순위**

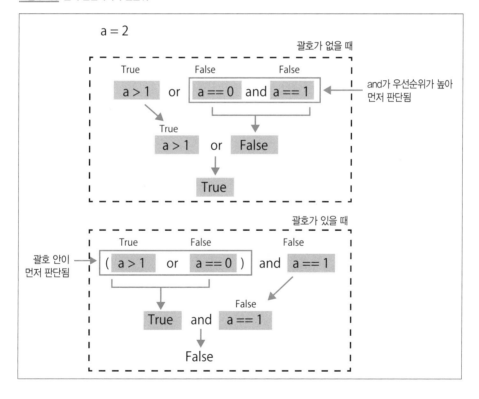

■ elif로 조건식을 여러 개 작성하기

else와 if를 결합한 elif를 사용하면 if 문의 조건식에 해당하지 않을 때 새 조건식을 추가해서 처리할 수 있습니다.

그림 3-39 elif 사용법

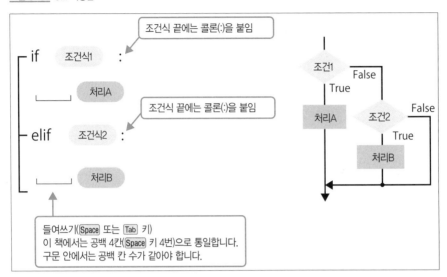

하나의 if 문에 elif를 여러 개 작성할 수도 있고 else와 조합해서 사용할 수도 있습니다.

if, else, elif를 사용한 예제를 살펴보겠습니다. 이 예제는 가장 먼저 키보드로 입력받은 수가 5보다 작은지(if) 판단합니다. 5보다 작지 않다면 10보다 작은지(elif) 판단하고, 10보다도 작지 않다면 10이거나 10보다 크다고 판단합니다. 어느 조건에 만족하는지 판단한 결과에 따라 각각 다른 메시지를 표시합니다.

코드 3-4 sample_if_elif_else.py

```python
a = input('input a number>')
a = int(a)
if a < 5:
    print('your number is smaller than 5')
elif a < 10:
    print('your number is smaller than 10')
```

```
else:
    print('your number is greater than or equal to 10')

print('end of program')
```

마지막 print 문은 if 문 바깥에 있으므로 조건과 관계없이 항상 실행됩니다. 다시 말해 판단 결과와 상관없이 end of program은 항상 표시됩니다.

그림 3-40 sample_if_elif_else.py 설명과 실행 결과

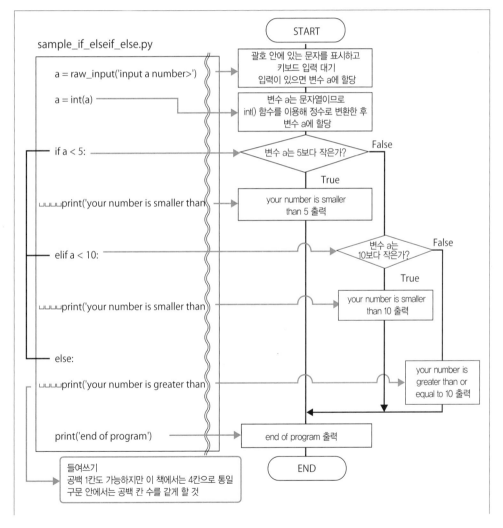

실행 화면

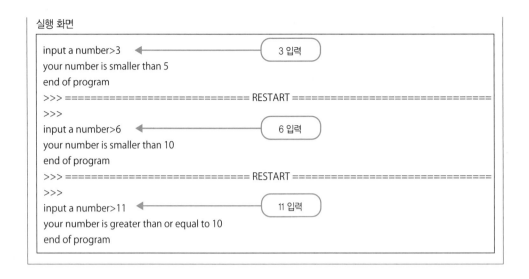

input a number>3 ← 3 입력
your number is smaller than 5
end of program
>>> ================================= RESTART ===============================
>>>
input a number>6 ← 6 입력
your number is smaller than 10
end of program
>>> ================================= RESTART ===============================
>>>
input a number>11 ← 11 입력
your number is greater than or equal to 10
end of program

5.2 처리 반복하기(while 문)

while 문은 조건식이 성립하는 동안(조건식이 True인 동안) 처리를 반복하는 구문입니다.
이렇게 처리를 반복하는 것을 **반복 처리**라고 합니다.

조건식에 True를 작성하면 조건이 늘 성립하므로 처리를 영원히 반복하는 무한 반복이 됩니다. True 대신 숫자 1을 써도 마찬가지입니다. 무한 반복문은 키를 입력받거나 I/O 제어에서 포트 상태를 감시할 때 자주 사용합니다.

그림 3-41 **while 문 사용법**

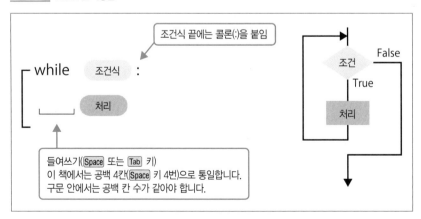

```
a = 0
while a < 3:
    a = a + 1
    print('(-.-)zzZ')

print('end of program')
```

그림 3-42 sample_while.py 설명과 실행 결과

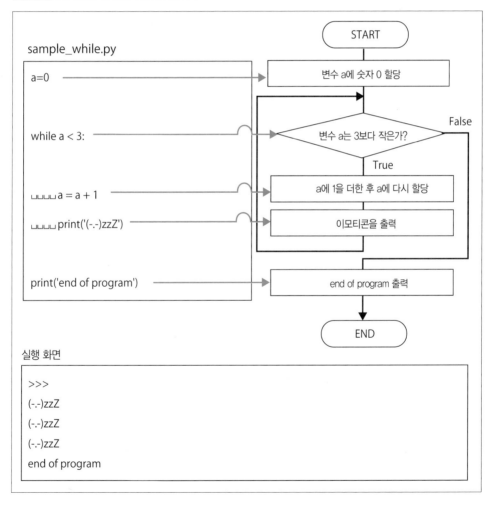

5.3 시퀀스 자료형의 처리 반복하기(for~in 문)

for~in 문은 문자열, 리스트, 튜플 등 일정한 순서대로 나열된 시퀀스형 객체를 요소의 처음부터 끝까지 하나씩 꺼내서 순서대로 처리할 때 사용합니다. 우선 for~in 문의 기본 사용 방법은 다음 그림과 같습니다.

그림 3-43 **for~in 문 사용법**

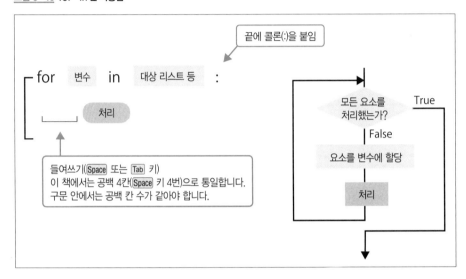

리스트의 각 요소를 하나씩 표시하고 마지막으로 end of program을 출력하는 예제를 살펴보겠습니다.

코드 3-6 **sample_for_01.py**

```
for i in ['(^o^)', '(^-^)', '(-.-)zzZ']:
    print(i)

print('end of program')
```

이 프로그램은 언뜻 보면 그저 변수 i에 print(i)를 반복하는 것 같지만, 실제로는 반복할 때마다 리스트 ['(^o^)', '(^-^)', '(-.-)zzZ']의 요소를 앞에서부터 하나씩 꺼내서 변수 i에 할당하므로 리스트의 각 요소가 순서대로 표시됩니다. 이런 구조를 **이터레이터**라고 합니다.

그림 3-44 sample_for_01.py 설명과 실행 결과

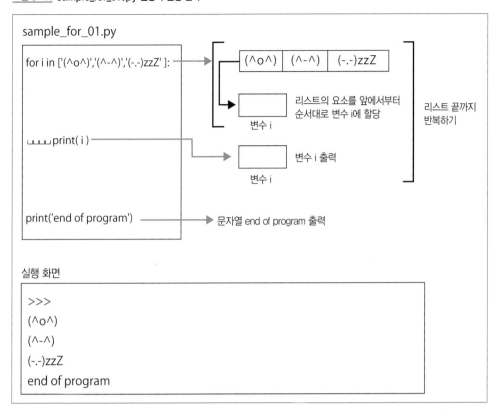

range()는 for 문과 조합해서 자주 사용하는 내장 함수입니다. range() 함수는 등차수열 리스트를 생성하는 함수로 for 문과 조합해서 사용하면 다음과 같이 동작합니다(인수로 지정한 숫자에 따라 동작이 달라지므로 주의해야 합니다).

range(x)	→ 0부터 x까지 리스트를 작성해서 그것으로 처리를 반복합니다.
range(x, y)	→ x부터 y−1까지 리스트를 작성해서 그것으로 처리를 반복합니다.
range(x, y, z)	→ x부터 y−1 범위에서 z 단위로 리스트를 작성해서 그것으로 처리를 반복합니다.

range() 함수를 사용하는 예제를 살펴봅시다. 이 예제에서는 range(3)으로 for 문 처리를 3번 반복합니다.

```
for i in range(3):
    print('(-.-)zzZ')

print('end of program')
```

실행 결과는 다음과 같습니다. 그림에서 리스트 [0, 1, 2]는 설명을 위한 이미지로 실제로는 생성되지 않습니다.

그림 3-45 sample_for_02.py 설명과 실행 결과

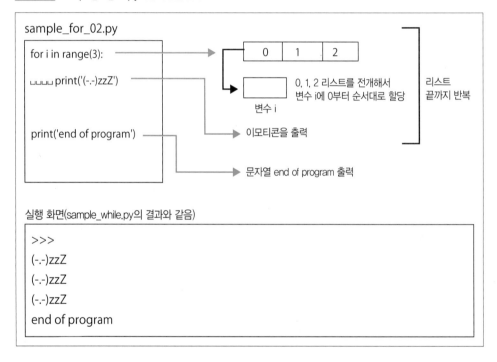

range( ) 함수에서는 숫자 범위(x ~ y)와 간격(z)을 지정할 수 있습니다.

다음 프로그램에서는 튜플 a 요소를 표시하기 위해 시작 위치(0), 끝 위치(len(a)-1), 간격 (2)을 지정합니다. 끝 위치는 y-1이 됩니다. 여기서 직접 숫자를 넣기보다는 요소 갯수를 돌려주는 len( ) 함수를 사용하면 편리합니다. len( ) 함수가 돌려주는 튜플 a 요소 개수가 6이 므로 6-1=5가 되어서 끝을 가리키게 됩니다.

프로그램을 실행하면 [0, 2, 4] 순서대로 튜플 a 요소를 지정해서 표시합니다.

코드 3-8 sample_for_03.py

```python
a = ('P','y','t','h','o','n')

for i in range(0, len(a), 2):
    print(a[i])
print('end of program')
```

실행화면

```
>>>
P
t
o
end of program
```

5.4 반복 처리 종류

while 문과 for 문의 처리를 더 세세하게 제어하는 방법을 설명하겠습니다.

■ if~continue 문과 if~break 문으로 반복 흐름 바꾸기

while 문이나 for 문 같은 반복 처리 안에 if 문의 조건식과 continue 또는 break를 작성 해서 반복 처리 흐름을 바꿀 수 있습니다.

다음 그림처럼 continue는 반복 처리 도중에 그 이후의 처리를 멈추고 다음 반복 처리로 넘어가게 합니다.

그림 3-46 if~continue 문의 반복 처리 흐름

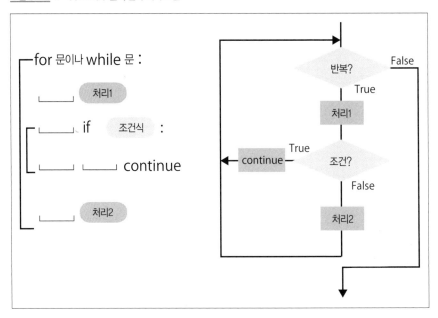

break를 사용하면 for 문이나 while 문의 반복 처리에서 즉시 빠져나옵니다.

그림 3-47 if~break 문의 반복 처리 흐름

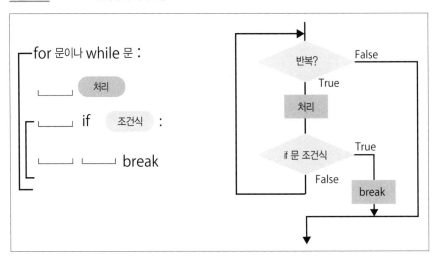

다음은 continue와 break를 사용한 예제입니다.

<u>코드 3-9</u> sample_continue_break.py

```
while True:
    a = input('input a number>')
    a = int(a)

    if a <= 7:
        continue
    if a > 7:
        break

print('end of program')
```

이 예제는 while 문에서 input() 함수로 값을 키보드로 입력받는데, while 문의 조건식이 True이므로 무한 반복합니다. 따라서 if 문으로 처리 흐름을 제어합니다.

구체적으로는 입력된 문자열이 7 이하면 continue가 실행되어 키보드 입력으로 돌아갑니다. 입력된 문자열이 7보다 크면 break가 실행되므로 while 문을 즉시 빠져나와 프로그램이 종료됩니다.

그림 3-48 sample_continue_break.py 설명과 실행 결과

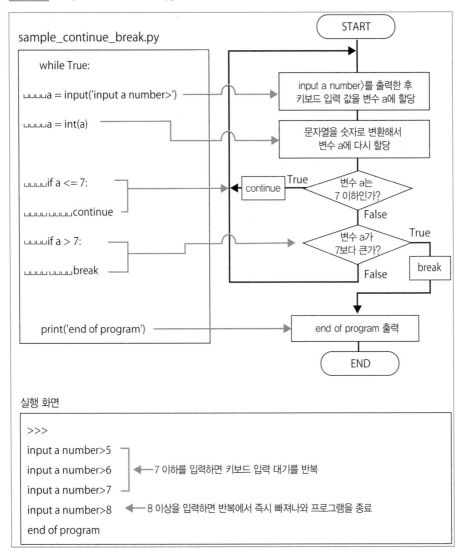

for 문이나 while 문 안에서 break 다음에 else 문을 두면 break를 실행하지 않을 때 else 문의 처리를 실행합니다.

그림 3-49 if~else 문의 반복 처리 흐름

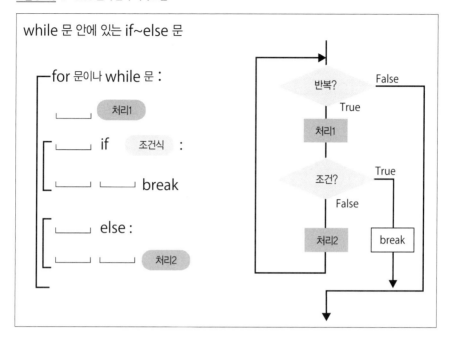

다음 예제는 키보드에서 입력받은 정수가 7보다 작으면 else 문의 처리가 실행되어 문자열 the number is under 7을 출력합니다. 7보다 크거나 같으면 반복에서 빠져나와 end of program을 출력합니다.

코드 3-10 sample_break_else.py

```python
while True:
    a = input('input a number>')
    a = int(a)

    if a >= 7:
        break

    else:
        print('the number is under 7')

print('end of program')
```

이 프로그램의 실행 결과는 다음과 같습니다.

그림 3-50 sample_break_else.py 설명과 실행 결과

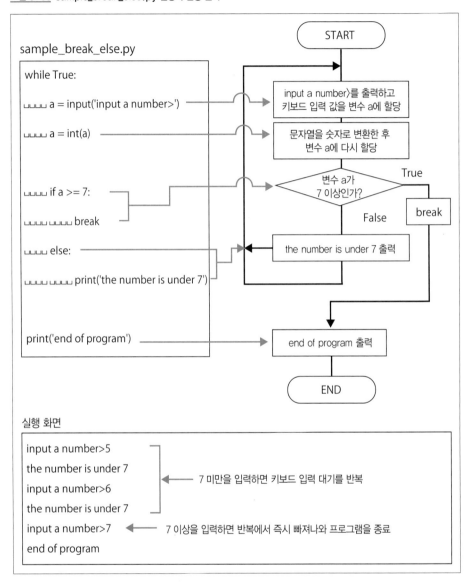

■ 예제 프로그램: 숫자 맞추기 퀴즈

지금부터 while, if, elif, else, break를 사용해서 간단한 숫자 맞추기 퀴즈 프로그램을 만들어 보겠습니다. 1~10 범위에 있는 숫자 중에서 컴퓨터가 임의로 결정한 숫자를 사용자가 맞추는 프로그램입니다.

이 프로그램에서는 의사 난수*를 생성하는 randint( ) 함수를 사용합니다(난수란 임의의 수를 말합니다). randint( ) 함수는 내장 함수가 아니므로 random 모듈을 임포트(import)해야 합니다(114쪽 '3.4 함수, 메서드, 모듈 사용 방법' 참조).

randint( ) 함수는 두 인수로 지정한 범위에 있는 정수를 난수로 돌려주는 함수입니다. 다음과 같이 작성하면 a~b 범위에 있는 정수를 난수로 돌려줍니다.

```
random.randint(a, b)
```

코드 3-11 sample_number_quiz.py

```python
import random

answer = random.randint(1, 10)
message = 'guess a number (1 ~ 10)'

while True:
    number = int(input(message + '>'))

    if number < answer:
        message = 'guess a bigger number b(-_- )'
    elif number > answer:
        message = 'guess a smaller number q(-_- )'
    else:
        print('Bingo! (b>_^)b')
        break

print('(>^_^)>end of program<(^_^<)')
```

---

* 난수란 주사위를 굴렸을 때 나오는 수처럼 예측할 수 없는 수를 말합니다. 그런데 컴퓨터 프로그램에서 생성한 난수 대부분은 계산에 따른 결정론적인 난수이므로 계산 경위를 따라가면 '예측 가능한 수'가 되므로 '의사 난수'라고 합니다.

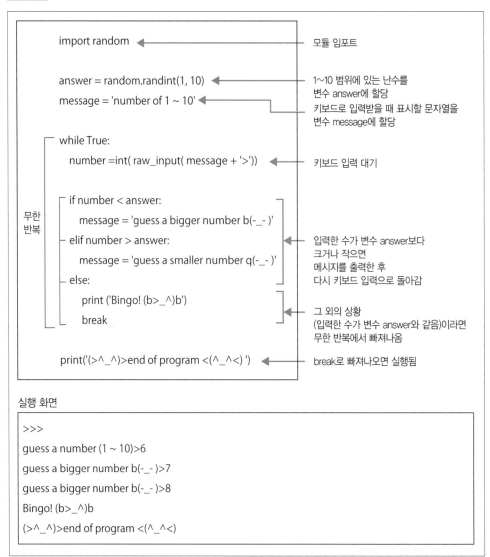

그림 3-51 sample_number_quiz.py 설명과 실행 결과

```
import random                                    ← 모듈 임포트

answer = random.randint(1, 10)                   ← 1~10 범위에 있는 난수를
                                                    변수 answer에 할당
message = 'number of 1 ~ 10'                      ← 키보드로 입력받을 때 표시할 문자열을
                                                    변수 message에 할당

while True:
    number =int( raw_input( message + '>'))      ← 키보드 입력 대기

    if number < answer:
        message = 'guess a bigger number b(-_- )'
    elif number > answer:                        ← 입력한 수가 변수 answer보다
        message = 'guess a smaller number q(-_- )'   크거나 작으면
                                                     메시지를 출력한 후
    else:                                          다시 키보드 입력으로 돌아감
        print ('Bingo! (b>_^)b')
        break                                    ← 그 외의 상황
                                                    (입력한 수가 변수 answer와 같음)이라면
                                                    무한 반복에서 빠져나옴

print('(>^_^)>end of program <(^_^<) ')          ← break로 빠져나오면 실행됨
```

무한 반복

실행 화면

```
>>>
guess a number (1 ~ 10)>6
guess a bigger number b(-_- )>7
guess a bigger number b(-_- )>8
Bingo! (b>_^)b
(>^_^)>end of program <(^_^<)
```

■ else로 반복문이 끝났을 때 실행할 처리 추가하기

while 문이나 for 문에서 else를 사용하면 반복 처리가 끝난 다음에 실행할 처리를 작성할 수 있습니다. 도중에 break로 중단하지 않고 반복문이 끝났을 때만 실행하고 싶은 처리를 else에 작성하면 됩니다.

그림 3-52 **반복 처리 중 else 흐름**

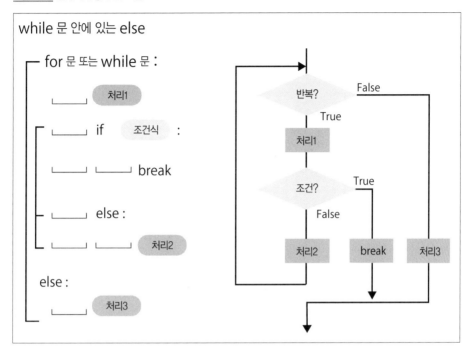

코드 3-12는 for 문에서 else를 사용하는 예제입니다. 이 예제는 제한 시간(기본값은 25초) 내에 덧셈을 하는 게임 프로그램입니다.

프로그램을 실행하면 1부터 100까지의 숫자로 덧셈 문제를 내는데, 문제를 보고 사용자가 정답을 입력하면 됩니다. 문제는 총 5문제입니다. 정답이 아니면 Sorry, wrong answer. (*x*)가 출력되고 반복에서 빠져나옵니다. 정답을 맞혀도 제한 시간을 넘기면 Time out! (╳)이 출력되고 반복에서 빠져나옵니다. 제한 시간 안에 모든 문제의 정답을 맞혔을 때만 else 문이 실행되어 Complete!가 출력됩니다. 그리고 어떤 경로를 통하더라도 마지막에는 반드시 end of program이 출력됩니다.

의사 난수를 사용하기 위해 random 모듈을 임포트하고, 시간을 측정하기 위해 time 모듈을 임포트합니다. 25초를 세기 위해 프로그램 첫 부분에서 변수 start_time에 게임 시작 시각을 넣어 두고, 사용자가 정답을 모두 맞혔을 때 time.time() - start_time으로 현재 시각에서 게임 시작 시각을 뺍니다. 이 결과가 25보다 크면 문제를 다 풀기까지 25초 이상이 지났다는 것입니다.

```python
import time
import random

num_of_times = 5
game_time = 25
num_of_range = 100

start_time = time.time()

for i in range(num_of_times):
    a = random.randint(1, num_of_range)
    b = random.randint(1, num_of_range)
    c = a + b
    ans = int(input(str(a) + '+' + str(b) + '=> '))

    if ans != c:
        print('Sorry, wrong answer. (*x*)')
        print('The answer is ' + str(c))
        break

    elif time.time() - start_time > game_time:
        print('TIme out! (X<)')
        break

    else:
        print('Bingo!! (^^)b')
else:
    print('Complete!')

print('end of program')
```

---

* 이런 덧셈 게임 같은 프로그램에서 상황에 따라 변경될 수 있는 숫자(여기서는 계산 횟수나 제한 시간 등)는 바로 쓰는 것이 아니라 첫 부분에 모아서 변수에 대입해 두면 나중에 변경할 때 편리합니다. 게임의 난이도를 바꿔 가며 실행해 보기 바랍니다.

그림 3-53 **덧셈 게임**

sample_calculate_game.py

```
import time                                                    모듈을 임포트
import random

num_of_times = 5                                               계산 횟수
game_time = 25                                                 제한 시간(초)
num_of_range = 100                                             계산할 숫자의 최댓값

start_time = time.time()                                       게임 시작 시각을 얻음

for i in range(num_of_times):
    a = random.randint(1,num_of_range)                         계산할 수를 난수로 얻고
    b = random.randint(1,num_of_range)                         계산한 답은 변수 c에 할당
    c = a + b
    ans = input( str(a) + '+' + str(b) + '=> ')                계산식을 출력하고
                                                               키보드로 입력받은 값을
                                                               변수 ans에 할당

    if ans != c:
        print('Sorry, wrong answer. (*x*)')                    변수 ans에 할당된 값이
        print('The answer is ' + str(c))                       정답과 다르면 반복문에서 빠져나옴

        break

    elif time.time() - start_time > game_time:                 현재 시각과 게임 시작 시각의
        print('TIme out! (><)')                                차이를 구해서
        break                                                  변수 game_time보다 크면
                                                               제한 시간을 넘겼다고 보고
                                                               반복문에서 빠져나옴

    else:                                                      제한 시간 안에 정답을 맞히면
        print('Bingo!! (^^)b')                                 Bingo!를 출력하고 다음 반복으로

else:
    print('Complete!')                                         반복이 모두 실행되고 나서 출력됨

print('end of program')                                        프로그램이 끝날 때 출력됨
```

변수 num_of_times에 지정한 횟수만큼 반복

실행 화면(제한 시간을 넘겼을 때)

```
>>>
1+85=> 86
Bingo!! (^^)b
79+43=> 122
Bingo!! (^^)b
11+71=> 82
Bingo!! (^^)b
17+90=> 107
Bingo!! (^^)b
49+31=> 80
Time out! (><)          ◄────────── 정답은 맞혔지만 제한 시간을 넘겼을 때
end of program
```

실행 화면(정답을 모두 맞혔을 때)

```
>>>
11+7=> 18
Bingo!! (^^)b
45+99=> 144
Bingo!! (^^)b
56+20=> 76
Bingo!! (^^)b
32+37=> 69
Bingo!! (^^)b
94+40=> 134
Bingo!! (^^)b
Complete!  ◄────────────── 제한 시간 안에 정답을 모두 맞혔을 때
end of program
```

5.5 기본형 예외에 따른 예외 처리

마지막으로 '상황에 따른 처리' 중에서도 특수한 예인 **예외 처리**에 대해 알아보겠습니다. 예외 처리란 프로그램 실행 중에 생긴 오류처럼 생각지 못한 사태(**예외**)가 일어났을 때 그에 대응하기 위한 처리를 말합니다.

오류뿐만 아니라 키보드의 특정 키 입력처럼 컴퓨터 외부에서 발생한 이벤트도 예외로 처리할 수 있습니다.

파이썬에는 발생할 법한 예외가 이미 정의되어 있는데 이를 **내장 예외**라고 합니다. 표 3–15에 이 책에서 소개할 내장 예외를 정리했습니다.

표 3-15 **파이썬에서 다루는 예외 일부**

예외명	기능
IndexError	리스트 같은 시퀀스형 요소를 정수가 아닌 수로 참조하거나 시퀀스의 인덱스 범위(요소 개수−1)를 넘은 수로 참조하려고 할 때 발생
IOError	없는 파일을 열려고 할 때 발생. 자세한 내용은 196쪽 '6 파일 조작'을 참조
KeyboardInterrupt	Ctrl + C 키를 눌렀을 때 발생

예외 처리 구문의 흐름은 다음 그림과 같습니다. try 문 뒤에 예외가 발생할 수 있는 처리를 작성하고, except 문 뒤에는 예외 내용과 그에 따른 처리를 작성합니다. 오류 발생 여부와 관계없이 실행해야 할 처리는 finally 문에 작성합니다. 그리고 예외가 일어나지 않을 때만 실행할 처리는 else 문으로 작성합니다.

그림 3-54 **try 문 사용법**

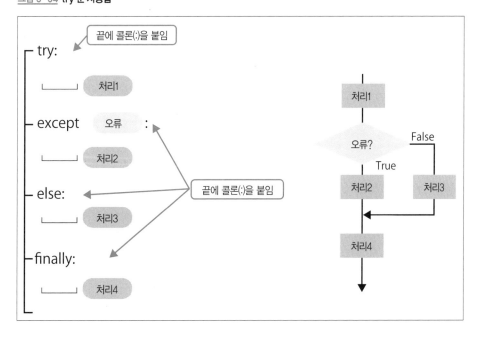

■ IndexError

그럼 지금부터 예외 처리 예제를 살펴보겠습니다.

코드 3-13은 IndexError를 발생시키고 발생시킨 오류를 처리하는 예제입니다. 키보드로 숫자를 입력받고, 입력받은 숫자를 리스트 a[]의 인덱스로 사용해 값을 출력합니다.

이 리스트의 요소 개수는 3개이므로 a[n]으로 지정할 수 있는 인덱스 n의 범위는 0부터 2 까지입니다. 3 이상의 값이 들어가면 IndexError가 발생합니다. try~except 문으로 예 외 처리를 하지 않으면 이 시점에 프로그램의 실행이 멈추게 됩니다. except 문으로 미리 IndexError의 처리를 작성해 두면 작성한 처리(여기서는 문자열 Error! 출력)를 실행하고 프로그램은 정상적으로 종료됩니다.

코드 3-13 sample_IndexError.py

```python
a = ['a', 'b', 'c']

number = int(input('input a number >'))

try:
    b = a[number]
except IndexError:
    print('Error!')
else:
    print(b)
finally:
    print('end of program')
```

이 프로그램을 실행해 숫자 0~2를 입력하면 IndexError는 발생하지 않으며, 리스트 a에 입력한 값을 인덱스로 얻어와 표시합니다(입력한 값이 0이면 문자열 a, 1이면 b, 2면 c를 출 력). 그리고 finally 문의 처리가 실행되어 문자열 end of program이 출력됩니다.

```
input a number >0
a
end of program
```

2보다 큰 숫자를 입력하면 IndexError가 발생해서 문자열 Error!가 출력되는데 이때도 finally 문의 처리는 실행되므로 문자열 end of program이 출력됩니다.

```
input a number >5
Error!
end of program
```

■ KeyboardInterrupt

KeyboardInterrupt는 IndexError와 달리 외부에서 키 입력을 받았을 때 예외가 발생합니다. 이처럼 '기존 프로그램의 흐름을 다른 흐름으로 바꾸는 이벤트나 구조'를 **인터럽트** (interrupt, 끼어들기)라고 합니다.

KeyboardInterrupt는 반복 처리를 중단할 때 주로 사용합니다. 무한 반복을 중단하는 것만이 목적이고 다른 실행할 처리가 없다면 except 문에 pass를 작성하면 됩니다.

4장에서 소개할 무한 반복으로 작성한 LED 점멸 프로그램은 예외 처리 구조를 통해 [Ctrl] + [C] 키를 입력하면 무한 반복에서 빠져나오는데, 이와 같은 상황에 pass를 사용합니다.

그림 3-55 KeyboardInterrupt 예제

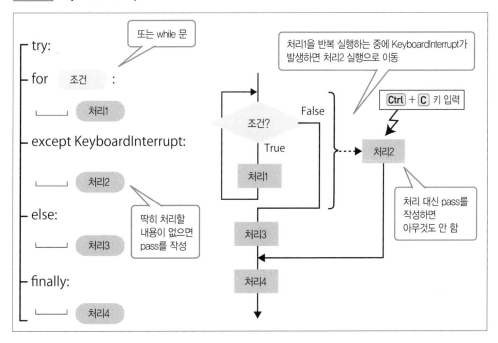

그럼 KeyboardInterrupt 예외 처리 예제를 살펴보겠습니다.

이 프로그램은 새가 걸어가는 모습을 0.1초 단위로 출력하기 위해 sleep() 함수를 사용하는데, 이 함수는 파이썬 내장 함수가 아닙니다. 그러므로 프로그램 앞부분에 import time 을 작성해 sleep() 함수가 포함된 time 모듈을 임포트해야 합니다. 또한 프로그램에서는 time.sleep(0.1)과 같이 모듈명 time을 함수명 앞에 지정해서 사용해야 합니다.

sleep() 함수는 지정한 시간 동안 프로그램의 처리를 멈추고 대기하는 함수입니다. 대기할 시간은 다음과 같이 인수로 지정하는데 0.1초를 기다리고 싶으면 sleep(0.1)이라고 지정하면 됩니다.

```
sleep(초)
```

코드 3-14 sample_try_except_finally.py

```python
import time

times = 3

try:
    for i in range(times):
        for j in [' __(.)= __(.)> __(.)< ~P',\
                  '\___)   \___)   \___)   ',\
                  '    ))        ))        ))    ']:
            print(j)
            time.sleep(0.1)

except KeyboardInterrupt:
    print('Keyboard Interrupt!!')

else:
    print('complete ' + str(times) + ' times!')    → 변수 times는 정수형이므로 str()을
                                                      사용해 문자열로 변환
finally:
    print('end of program')
```

이 프로그램을 실행하면 for 문을 통해 문자열 리스트가 변수 times에 설정한 횟수만큼(3회) 반복 출력됩니다. 그리고 for 문 안에 또 for 문이 작성되어 있어 리스트의 모든 요소가 순서대로 출력됩니다.

프로그램 실행 중에 Ctrl + C 키를 누르면 처리를 중단하고 Keyboard Interrupt!!를 출력합니다. 처리를 중단하지 않으면 else 문에 작성한 처리가 실행되어 complete 3 times!가 출력됩니다. 이 문자열에 있는 3은 변수 times 값인데 정수형이므로 print 문으로 출력하려면 문자열로 변환해야 합니다. 여기서는 내장 함수 str()을 사용해 문자열로 변환한 후 사용했습니다.

인터럽트가 발생했는지와 상관없이 마지막에는 finally에 작성한 처리가 실행되어 end of program이 출력됩니다.

그림 3-56 **sample_try_except_finally.py 설명과 실행 결과**

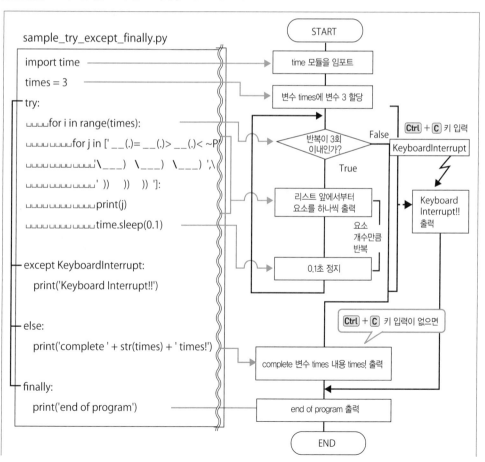

실행 화면(Ctrl + C 키를 입력해 처리를 중단했을 때)

```
>>>
 __(.)= __(.)> __(.)< ~P
\___) \___) \___)
 ))   ))   ))
Keyboard Interrupt!!          ◄────────  Ctrl + C 키 입력
end of program
```

실행 화면(Ctrl + C 키를 입력하지 않고 처리를 계속 진행했을 때)

```
>>>
__(.)= __(.)> __(.)< ~P
\___) \___) \___)
 ))   ))   ))
__(.)= __(.)> __(.)< ~P
\___) \___) \___)
 ))   ))   ))
__(.)= __(.)> __(.)< ~P
\___) \___) \___)
 ))   ))   ))
complete 3 times!
end of program
```

6 파일 조작

'파일'은 컴퓨터에서 다루는 데이터 단위로 여러분에게 무척 친숙할 것입니다. 파이썬 프로그램으로도 파일을 만들거나 바꿔 쓰는 등 파일 조작을 할 수 있습니다. 파이썬에서 파일은 정수형이나 문자형과 마찬가지로 내장 자료형이지만 다른 내장 자료형과 달리 프로그램을 종료해도 남아 있습니다.

6.1 기본 파일 조작

일반적으로 파일은 컴퓨터 전원이 끊겨도 사라지지 않는 메모리에 저장합니다. PC라면 주로 하드디스크에 해당하고, 라즈베리 파이라면 라즈비안이 설치된 마이크로 SD 카드(플래

시 메모리)나 USB 커넥터로 연결된 데이터 저장 장치(USB 메모리나 외장 하드디스크) 등에 해당합니다.

프로그램에서 파일을 읽거나 쓸 때 운영체제는 일단 파일 내용을 버퍼라는 메모리 영역에 복사해 버퍼의 데이터를 파일처럼 사용합니다. 그리고 파일 조작이 끝나면 버퍼에 있는 데이터를 앞에서 말한 기록 장치에 파일로 저장합니다. 이렇게 하는 이유는 버퍼 메모리는 전원을 끊으면 데이터가 사라지지만 다른 저장 장치보다 읽고 쓰는 속도가 빠르기 때문입니다.

파이썬에서는 파일을 다룰 때 내장 함수 open( )을 사용합니다. open( ) 함수로는 이미 저장된 파일을 읽거나 쓸 수 있고 새 파일을 작성할 수도 있습니다. 이미 있던 파일에 open( )을 실행하면 그 파일 내용을 운영체제를 통해 버퍼에 복사하고, 해당 참조를 가진 파일 객체를 반환 값으로 돌려줍니다. 이후의 파일 조작은 이 파일 객체(복사된 버퍼에 있는 데이터)에서 일어납니다.

파일 조작이 끝나면 버퍼에 있는 데이터를 파일로 저장해야 합니다. 이때 원래라면 파일형의 내장 메서드인 close( ) 함수를 실행해서 버퍼에 복사한 내용을 실제 파일에 써넣으라는 지시를 운영체제에 보내야 하지만, 뒤에서 설명할 with 문을 사용하면 내부에서 자동으로 처리하므로 이 함수를 직접 호출하지 않아도 됩니다.

그림 3-57 파일 접근

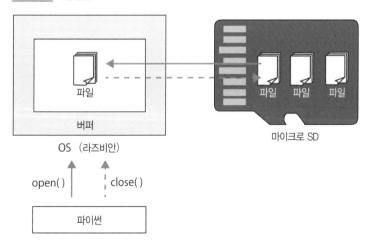

파이썬에는 파일을 다루는 라이브러리가 다양하게 준비되어 있습니다. 이 책에서는 표 3-16에 있는 내장 함수와 내장 메서드를 사용합니다. open( )만 내장 함수고 나머지는 내장 메서드입니다.

표 3-16 **파일 관련 주요 내장 함수와 내장 메서드**

함수명/메서드명	설명	인수	인수 설명
open(filename [[,mode], bufsize])	filename을 열거나 작성하는 내장 함수. filename에 지정한 파일이 없으면 오류가 발생하거나 새로 작성함(파일 모드에 따라 동작이 다름). 반환 값은 파일 객체고 이후의 파일 조작은 이 객체를 사용함	filename: 파일명	대상 파일을 지정
		mode: 파일 모드 (생략 가능)	파일 이용 모드. 자세한 건 표 3-17 참조
		bufsize: 버퍼 크기(생략 가능)	필요한 버퍼 크기를 지정
write(str)	파일에 지정한 문자열을 쓰기	str: 문자열	파일에 써넣을 문자열을 지정
writelines(seq)	파일에 seq로 지정한 문자열 리스트 등을 쓰기	seq: 문자열 리스트 등	내부에 문자열이 저장된 리스트 등의 시퀀스형
read([size])	size로 지정한 크기만큼 파일에서 데이터를 읽어와서 문자열로 돌려줌	size: 읽어들일 크기 (생략 가능)	단위는 바이트, 생략하면 파일 끝(EOF)까지 읽음
readline([size])	한 줄을 읽어서 문자열로 돌려줌	size: 읽어들일 크기 (생략 가능)	생략하면 한 줄씩 읽음
readlines([size])	파일을 읽어서 각 줄의 내용이 요소로 들어 있는 리스트를 돌려줌	size: 읽어들일 크기 (생략 가능)	생략하면 파일 전체를 읽음
close()	파일을 닫음	없음	–

표 3-17 **open() 함수에 지정한 파일 모드**

파일 모드	의미
r	read(읽기) 모드. 파일이 없으면 오류 발생
w	write(쓰기) 모드. 파일이 없으면 새 파일을 작성. 이미 있는 파일을 지정하면 덮어쓰기를 하므로 주의. 파일을 새로 만들 때 씀
a	append(추가) 모드. 데이터를 파일 끝에 추가함. 파일이 없으면 새로 만듦
r+	읽기와 쓰기가 다 되는 모드. 파일이 없으면 오류 발생
w+	읽기와 쓰기가 다 되는 모드. 파일이 없으면 새로 만듦
a+	append 모드처럼 파일 끝에 추가하지만 읽기도 가능. 파일이 없으면 새로 만듦
b	바이너리 모드로 파일을 염

6.2 파일 읽고 쓰기

파이썬에서 파일을 읽고 쓰려면 with 문을 사용하는 것이 좋습니다. 앞에서 봤듯이 프로그램에서 파일을 다룰 때는 파일을 열었으면(open) 반드시 닫아야(close) 하는데, with~as 문을 사용하면 처리 마지막에 파일이 자동으로 닫히므로 close( ) 함수를 쓰지 않아도 됩니다. with 문 사용법은 다음 그림과 같습니다.

그림 3-58 **with 문으로 파일 읽고 쓰기**

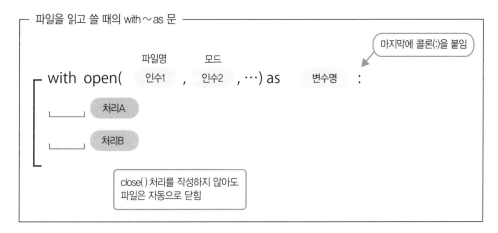

■ 파일을 새로 작성해 문자열 표시하기

우선 파일을 작성해 문자열을 표시하는 예제를 살펴보겠습니다. myfile.txt 파일을 새로 작성해 문자열 Python을 써넣습니다.

예제로 다룰 프로그램은 myfile.txt 파일을 생성한 후 생성한 파일 객체를 변수 f에 저장합니다. 이후에 myfile.txt 파일에 대해서는 f.read( ) 또는 f.writeline( )처럼 파일 객체 f에 대해 메서드를 실행하는 방식으로 사용합니다.

파일을 작성하는 장소(디렉터리)를 지정하는 방법에는 절대 경로와 상대 경로가 있습니다. 절대 경로와 상대 경로를 지정하는 방법은 다음과 같습니다.

- **절대 경로**

    디렉터리 구조에서 최상위에 있는 루트 디렉터리(/)부터 파일이 위치한 곳까지 전부 표시하는 방법입니다. 라즈비안에 pi 사용자로 로그인했다면 /home/pi 이하가 자유롭게 사용할 수 있는 디렉터리입니다. 예를 들어 pi 디렉터리 아래에 있는 python_output 디렉터리에 파일을 작성하고 싶다면 /home/pi/python_output/myfile.txt처럼 작성하면 됩니다.

- **상대 경로**

  기준이 되는 디렉터리(프로그램이 위치한 디렉터리)를 .(점)으로 표현하고 거기를 기점으로 지정한 파일까지의 위치를 적는 방법입니다. 프로그램이 위치한 곳과 같은 디렉터리에 파일을 작성하려면 ./myfile.txt처럼 작성하면 됩니다. 이 디렉터리를 기준으로 더 아래에 있는 파일은 ./디렉터리명/myfile.txt로 작성하고, 위로 올라가려면 ../myfile.txt처럼 작성하면 됩니다(상대 경로는 한 단계 위에 있는 디렉터리를 ..으로 표시합니다).

  예를 들어 프로그램이 /home/pi/python_program 디렉터리에 있고 같은 pi 디렉터리 아래에 있는 /home/pi/python_output에 파일을 작성하려면 ../python_output/myfile.txt처럼 작성하면 됩니다.

코드 3-15는 /home/pi 디렉터리 아래에 python_output 디렉터리를 미리 준비해 두고 거기에 작성한 파일을 절대 경로로 지정합니다.

코드 3-15 sample_file_01.py

```python
# coding: utf-8

# 경로와 파일명을 filename에 지정
filename = '/home/pi/python_output/myfile.txt'

# 파일을 읽기(write) 모드로 열어서 f에 할당
# 문자열 Python 써넣기
with open(filename, mode = 'w') as f:
    f.write('Python')

# 파일을 read 모드로 열어서 f에 할당
# 한 줄을 읽어서 출력
with open(filename, mode = 'r') as f:
    print(f.readline())
```

이 프로그램을 실행하면 셸에 다음과 같이 출력됩니다.

```
Python
>>>
```

여기서 작성한 파일을 열어 봅시다. 파일 매니저를 실행해서 python_output 디렉터리를 열고 작성한 myfile.txt 파일을 더블클릭합니다. 텍스트 에디터가 열리고 파일 내용이 표시되는 것을 볼 수 있습니다.

그림 3-59 sample_file_01.py가 작성한 파일

그림 3-60 파일이 열림

■ 기존 파일에 문자열을 추가해 한 줄씩 출력하기

다음은 앞에서 작성한 myfile.txt 파일을 append(추가) 모드로 열어서 문자열을 이어 쓰는 예제입니다. 추가되는 내용은 줄 바꿈 코드와 문자열 is happy!입니다.

후반부에 문자열을 추가한 파일을 한 줄씩 읽어서 출력합니다. 이 예제처럼 for 변수 in 파일 객체로 작성하면 파일에서 데이터를 한 줄씩 변수에 읽어서 할당할 수 있습니다.

```
# coding: utf-8

# 경로와 파일명을 filename으로 지정
filename = '/home/pi/python_output/myfile.txt'

# 파일을 append 모드로 열어서 f에 저장
# 줄 바꿈 코드와 문자열 is happy! 써넣기
with open(filename, mode = 'a') as f:
    f.write('\n    is happy!');

# 파일을 read 모드를 열어서 f에 저장
# 한 줄씩 읽어서 출력
with open(filename, mode = 'r') as f:
    for line in f:
        print(line)
```

이 프로그램을 실행하면 셸에 다음과 같이 출력됩니다.

```
Python
    is happy!
>>>
```

앞에서 한 것처럼 변경된 파일을 열어서 내용을 확인해 봅시다.

그림 3-61 sample_file_02.py를 실행한 후의 myfile.txt

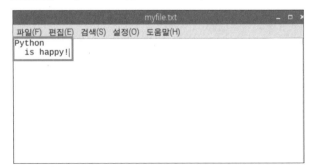

운영체제별 디렉터리 표현 방법

디렉터리 표현 방법은 운영체제마다 다릅니다. 리눅스(라즈비안 포함)나 OS X는 디렉터리 구분자로 /(슬래시)를 사용하지만, 윈도는 ₩(원 기호)을 사용합니다. 그리고 ₩은 환경에 따라서 \(백슬래시)로 출력되기도 합니다.

표 3-18 **운영체제별 디렉터리 표현 방법**

운영체제	디렉터리 표기법
리눅스, OS X	/xxx/myfile.txt
윈도	₩c:₩myfile.txt(언어 설정에 따라 \로 표시되기도 함)

그럼 이제 키보드로 입력한 문자열을 파일에 작성하는 예제를 살펴보겠습니다. 문자열을 쉼표(,)로 나눈 후 파일 확장자를 .csv*로 저장합니다. 이 파일을 표 계산이 가능한 애플리케이션으로 열어 보면 각 문자열이 셀에 하나씩 입력된 상태입니다.

코드 3-17 **sample_file_interview.py**

```python
# coding: utf-8

# 파일 유무를 조사하기 위해 모듈을 임포트
import os.path

# 경로와 파일명을 filename에 저장
filename = '/home/pi/python_output/myInterview.csv'

# 표 헤더
header = 'name,age,food'

# 키보드에서 입력받은 문자열을 저장할 변수
personalData = ''

# 파일이 없으면 새로 작성해서 헤더 쓰기
if not os.path.exists(filename):
```

---

* csv는 Comma Separated Value의 약어로 데이터를 쉼표(,)로 나눈 텍스트 파일입니다.

```
    with open(filename, mode = 'w') as f:
        f.write(header + '\n')

# 키보드로 입력받은 문자열 추가하기
personalData += input('input your name(>^_^)>') + ','
personalData += input('input your age(>^_^)>') + ','
personalData += input('input your favorite food(*^o^)>') + '\n'

# 파일을 append 모드로 열어서 문자열 써넣기
with open(filename, mode = 'a') as f:
    f.write(personalData)

# 파일 내용 표기하기
print('\n <The contents of file are ...> \n')
with open (filename, mode = 'r') as f:
    for line in f:
        print(line)
```

이 프로그램은 지정한 파일이 있는지 확인하기 위해 경로명을 조작하는 모듈인 os.path를 임포트합니다. 이 모듈의 exists() 함수를 사용해서 os.path.exists(경로와 파일명)이라고 작성하면 파일이 있을 때는 True를 돌려주고 파일이 없을 때는 False를 돌려줍니다. 여기서는 조건식 앞에 not이 붙어 있으므로 파일이 없을 때만(False를 돌려줄 때만) if 문에 작성된 처리가 실행됩니다. 따라서 파일이 없을 때만 파일이 새로 작성되고, 표 헤더 문자열인 name,age,food가 기록됩니다.

input() 함수를 사용해서 사용자에게 인터뷰 형식으로 이름과 나이 등을 입력받고, 입력받은 것을 문자열 personalData에 추가합니다. 복합 할당 연산자 +=을 사용할 때는 변수 personalData 값을 꼭 미리 넣어 두어야 합니다. 파일은 append 모드로 열기 때문에 이미 파일이 있다면 프로그램을 실행할 때마다 입력된 데이터가 추가됩니다. 데이터 쓰기가 끝나면 같은 파일을 read 모드로 열어서 추가된 내용을 포함해 파일 전체를 출력합니다.

이 프로그램을 처음 실행했을 때는 셸에 다음과 같이 표시됩니다.

sample_file_interview.py 실행 예제와 실행 결과(첫 번째)

```
input your name(>^_^)>luna
input your age(>^_^)>5
input your favorite food(*^o^)>timothy

<The contents of file are ...>

name,age,food
luna,5,timothy

>>>
```

다음은 두 번째로 실행한 결과입니다. 헤더 name,age,food는 첫 번째에만 기록됩니다.

sample_file_interview.py 실행 예제와 실행 결과(두 번째)

```
input your name(>^_^)>pengi
input your age(>^_^)>8
input your favorite food(*^o^)>soy sauce

<The contents of file are ...>

name,age,food

luna,5,timothy

pengi,8,soy sauce

>>>
```

이제 작성한 파일을 LibreOffice Calc로 열어 봅시다(LibreOffice는 라즈비안에 설치되어 있는 오피스 애플리케이션입니다).

프로그램에서 작성한 **myInterview.csv** 파일을 더블클릭하면 LibreOffice Calc가 실행됩니다. 다른 애플리케이션이 실행된다면 파일을 마우스 오른쪽 버튼으로 클릭하고 **LibreOffice Calc**를 선택합니다. 애플리케이션이 실행되면 첫 화면에서 문자 코드를 **유니코드(UTF-8)**로 선택하고 언어가 한국어인지 확인한 후 **OK**를 클릭합니다.

그림 3-62 **작성한 파일 열기**

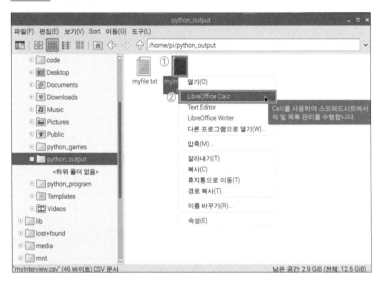

그림 3-63 **LibreOffice Calc 문자 코드 선택**

그림 3-64 LibreOffice Calc에서 작성한 파일을 연 상태

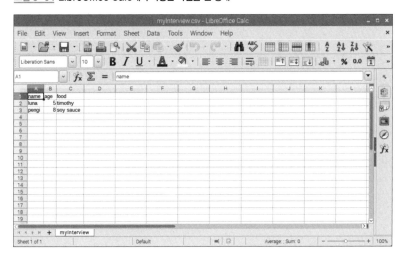

7 함수 만들기

3.4절에서도 설명했지만 프로그램에서 사용하는 함수는 어떤 처리를 블록화한 것입니다. 지금까지는 프로그램에서 주로 파이썬의 내장 함수를 사용했는데, 프로그램의 어떤 처리를 의미나 내용에 따라 묶거나 같은 처리를 반복해야 한다면 함수로 만드는 게 편리합니다.

7.1 함수 정의

우선 파이썬 함수 정의 방법을 살펴보겠습니다. 그림 3-65처럼 함수를 정의하려면 우선 def(define, 정의하다)를 쓰고 그 뒤에 함수명과 인수를 소괄호(( ))로 감싸서 지정합니다. 인수가 없으면 빈 괄호를 씁니다. 함수의 범위는 if 문이나 for 문처럼 들여쓰기로 구분합니다.

반환 값이 있다면 return 문을 사용해 return 반환 값이라고 작성합니다. 반환 값이 없을 때는 return 문을 생략할 수 있지만 이때는 반환 값으로 None*이 반환됩니다.

직접 정의한 함수를 사용하려면 내장 함수와 마찬가지로 함수명과 소괄호로 감싼 인수(인수가 없으면 괄호만)를 지정합니다. 반환 값이 있는 함수는 변수 = 함수명(인수) 형식으로 반환 값을 변수에 저장하는데, 함수의 반환 값을 반드시 변수에 할당해야 하는 건 아닙니다. 할당되지 않은 반환 값은 메모리에서 정리됩니다.

그림 3-65 **함수 정의 방법과 사용법**

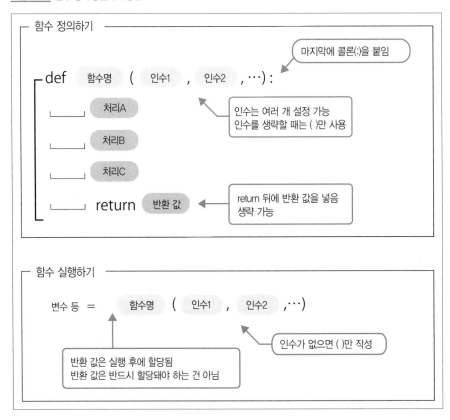

---

* None은 아무런 값도 가지지 않는다는 의미로 사용합니다. True나 False처럼 파이썬에서 미리 정해 둔 예약어입니다.

■ 반환 값이 있는 함수 정의하기

그럼 실제로 반환 값이 있는 함수를 정의하고 실행해 봅시다.

이 프로그램은 makeFace() 함수를 정의하고 실행합니다. 이 함수는 face라는 이모티콘 리스트에서 무작위로 선택한 이모티콘을 하나 돌려줍니다. 숫자를 무작위로 생성하기 위해 난수 모듈 random을 임포트해서 사용합니다. 함수 마지막 부분에 있는 return 문에서는 이모티콘 리스트의 요소를 인덱스로 지정합니다. 이로써 함수를 실행하면 이모티콘이 반환 값이 되어 반환됩니다.

코드 3-18 sample_function_01.py

```python
import random

def makeFace():
    face = ['(x_x)', '(O_O)', '(-_-#)', '(>_<)', '(^o^)', '=^y^=', '(`_^)']
    numFace = len(face)
    index = random.randint(0, numFace - 1)
    return face[index]


print(makeFace())
```

그림 3-66 sample_function_01.py 설명과 실행 결과

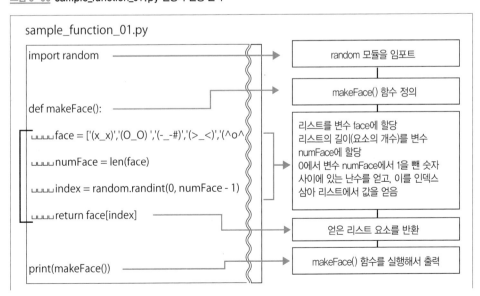

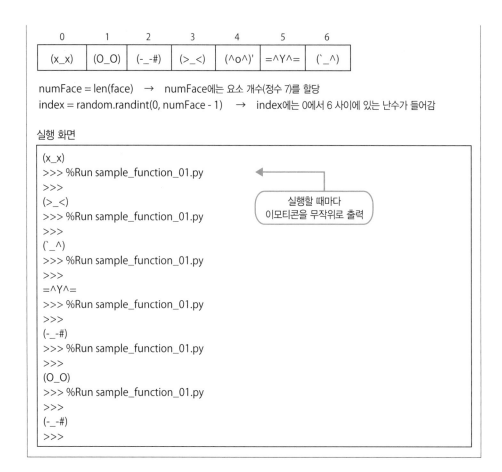

0	1	2	3	4	5	6
(x_x)	(O_O)	(-_-#)	(>_<)	(^o^)'	=^Y^=	(`_^)

numFace = len(face)　→　numFace에는 요소 개수(정수 7)를 할당

index = random.randint(0, numFace - 1)　→　index에는 0에서 6 사이에 있는 난수가 들어감

실행 화면

```
(x_x)
>>> %Run sample_function_01.py
>>>
(>_<)
>>> %Run sample_function_01.py
>>>
(`_^)
>>> %Run sample_function_01.py
>>>
=^Y^=
>>> %Run sample_function_01.py
>>>
(-_-#)
>>> %Run sample_function_01.py
>>>
(O_O)
>>> %Run sample_function_01.py
>>>
(-_-#)
>>>
```

실행할 때마다
이모티콘을 무작위로 출력

■ **인수가 있는 함수 정의하기**

다음으로 인수가 있는 함수를 정의해 봅시다.

• **인수가 여러 개일 때**

인수가 여러 개면 인수의 순서대로 값이 할당됩니다.

다음 예제에서 function1(1, 2, 3)으로 실행한 함수의 첫 번째 인수 1과 두 번째 인수 2, 세 번째 인수 3이 각각 arg1, arg2, arg3에 연결되는 것을 알 수 있습니다.

```
# 인수가 3개인 함수
def function1(arg1, arg2, arg3):
    print('arg1 =' + str(arg1))
    print('arg2 =' + str(arg2))
    print('arg3 =' + str(arg3))

function1(1, 2, 3)
```

이를 실행하면 다음과 같이 표시됩니다.

```
arg1 =1
arg2 =2
arg3 =3
```

• 인수를 키워드로 지정하기

함수를 실행할 때 인수를 키워드로 지정하면 순서에 신경 쓰지 않고 인수를 사용할 수 있습니다.

다음 예제처럼 인수가 넘어온 순서와 관계없이 키워드로 지정한 대로 값이 연결되는 것을 알 수 있습니다.

코드 3-20 **sample_function_args_02.py**

```
def function1(arg1, arg2, arg3):
    print('arg1 =' + str(arg1))
    print('arg2 =' + str(arg2))
    print('arg3 =' + str(arg3))

function1(arg3=3, arg1=1, arg2=2)
```

이를 실행하면 다음과 같이 표시됩니다.

```
arg1 =1
arg2 =2
arg3 =3
```

• 인수에 기본값 설정하기

인수에 기본값을 설정해 두면 함수를 실행할 때 인수를 지정하지 않아도 기본값이 사용됩니다. 인수가 여러 개 있을 때는 기본값을 설정한 인수를 기본값이 없는 인수 뒤에 두어야 합니다.

다음 예제에서는 세 번째 인수만 기본값을 설정합니다. 처음 함수를 실행했을 때는 첫 번째 인수와 두 번째 인수만 지정하므로 세 번째 인수는 기본값인 100이 사용됩니다. 두 번째로 함수를 실행했을 때는 세 번째 인수도 지정하므로 지정한 값인 3이 사용됩니다.

코드 3-21 sample_function_args_03.py

```python
def function1(arg1, arg2, arg3 = 100):
    print('arg1 =' + str(arg1))
    print('arg2 =' + str(arg2))
    print('arg3 =' + str(arg3))

function1(1, 2)
function1(1, 2, 3)
```

이를 실행하면 다음과 같이 표시됩니다.

```
arg1 =1
arg2 =2
arg3 =100
arg1 =1
arg2 =2
arg3 =3
```

• **인수의 자료형에 따라 동작이 변하는 함수**

파이썬에서는 인수의 자료형을 바꿔서 함수의 동작을 바꿀 수 있습니다.

다음 예제에서는 threeTimes 함수를 정의하는데, 이 함수는 인수로 받은 num에 ＊3을 연산해서 반환합니다.

코드 3-22 sample_function_02.py

```python
def threeTimes(num):
    return num * 3


print(threeTimes(3))
print(threeTimes('(^o^)'))
```

실행 결과는 다음 그림과 같습니다. 인수로 넘어온 데이터 자료형에 따라 함수의 동작이 변하는 것에 주목하기 바랍니다.

그림 3-67 sample_function_02.py 설명과 실행 결과

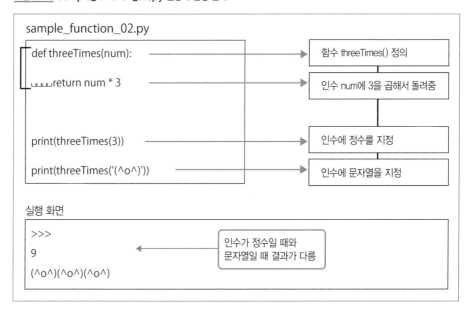

7.2 변수의 스코프와 수명

지금까지는 따로 구분하지 않았지만, 파이썬의 변수는 크게 **지역**(local, 로컬) **변수**와 **전역**(global, 글로벌) **변수**로 나눠집니다. 지역 변수는 함수 안에 정의된 변수입니다. 지역 변수는 그 함수 안에서만 읽거나 쓸 수 있고 함수 밖에서는 참조할 수 없습니다. 한편 함수 외부에 정의된 변수는 전역 변수라고 합니다. 전역 변수는 그 모듈(*.py 파일) 안이라면 어디에서나 참조할 수 있습니다. 이렇듯 어떤 변수에 접근할 수 있는 범위는 변수를 정의한 장소에 따라 달라집니다. 이와 같은 범위를 **스코프**(scope)라고 합니다.

파이썬의 스코프에는 **지역 스코프**, **전역 스코프**, **빌트인 스코프**[*]가 있습니다. 스코프는 다음 그림처럼 중첩되어 있어 외부 스코프에서는 내부 스코프에 있는 변수에 접근할 수 없습니다.

그림 3-68 **파이썬 변수의 스코프**

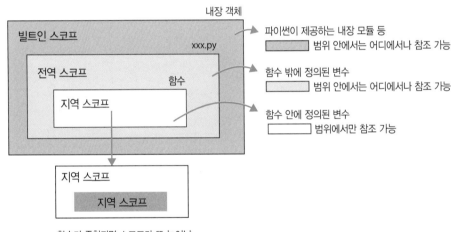

함수 안에 정의된 지역 변수는 함수가 종료될 때 메모리 영역에서 사라지므로 데이터가 사라집니다. 전역 변수는 프로그램이 종료될 때까지는 계속 있다가 프로그램이 종료될 때 메모리 영역에서 사라지므로 데이터가 사라집니다. 이렇듯 스코프 종류에 따라 변수의 수명도 달라지므로 주의해야 합니다.

---

[*] 빌트인 스코프는 내장 함수나 내장 예외 등 따로 선언하거나 임포트하지 않아도 처음부터 사용할 수 있는 특별한 함수나 객체처럼 이름이 정의되어 있는 스코프입니다. 자세한 내용은 파이썬 레퍼런스를 참조하기 바랍니다.

그림 3-69 **파이썬 변수의 수명**

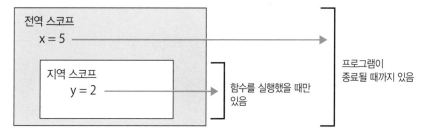

■ 스코프가 다른 변수에는 같은 이름 붙이지 않기

지역 변수와 전역 변수는 스코프가 다르므로 같은 이름이더라도 다른 변수로 다뤄집니다. 다음 예제에서는 전역 스코프와 지역 스코프에서 각각 같은 이름인 변수 data1을 사용합니다.

코드 3-23 sample_scope_01.py

```python
data1 = 2

def function1():
    data1 = 1
    return data1


print(data1)
print(function1())
```

이 프로그램을 실행하면 다음 그림과 같아집니다.

그림 3-70 sample_scope_01.py **설명과 실행 결과**

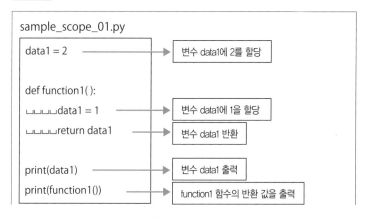

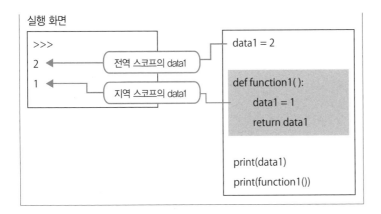

실행 화면

```
>>>
2 ← 전역 스코프의 data1
1 ← 지역 스코프의 data1
```

```
data1 = 2

def function1():
    data1 = 1
    return data1

print(data1)
print(function1())
```

실행 결과의 첫 줄이 전역 변수(프로그램 앞부분에서 생성한) data1, 다음 줄이 function1 함수의 지역 변수(함수 안에서 생성한) data1입니다. 같은 스코프 안에서 같은 이름을 가진 변수가 여러 개 있을 수는 없지만, 이 예제에서 사용하는 data1은 서로 다른 스코프에서 사용했으므로 문제없습니다.

■ 함수 외부에서 함수 안의 지역 변수 참조하지 않기

함수 외부에서는 함수 안에 있는 변수를 참조할 수 없으므로 함수 외부에서 함수 안에 있는 변수에 접근하려고 하면 오류가 발생합니다. 다음은 function1() 함수 안에 있는 변수 data1을 함수 밖에서 출력하려고 하는 예제입니다.

코드 3-24 sample_score_02.py

```
def function1():
    data1 = 2

print(data1)
```

이 프로그램을 실행하면 다음과 같이 name 'data1' is not defined(변수 data1은 정의되어 있지 않음)라는 오류 메시지가 출력됩니다.

```
Traceback (most recent call last):
  File "/home/pi/python_program/sample_scope_02.py", line 4, in <module>
    print data1
NameError: name 'data1' is not defined
```

■ 함수 안에서 전역 변수 참조하기

다음은 전역 변수 data1을 function1( ) 함수 안에 있는 data2에 할당하는 예제입니다.

<u>코드 3-25</u> sample_scope_03.py

```python
data1 = 2

def function1():
    data2 = data1
    return data2

print(data1)
print(function1())
```

이 프로그램의 실행 결과는 다음 그림과 같습니다.

<u>그림 3-71</u> sample_scope_03.py 설명과 실행 결과

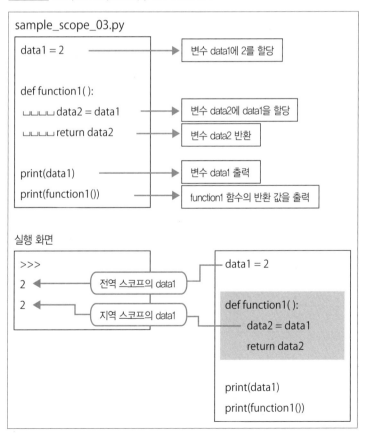

■ **함수 안에서 전역 변수의 값 바꾸기**

다음과 같이 global 문으로 전역 선언을 하면 함수 안에서 직접 전역 변수의 값을 바꿀 수 있습니다.

```
global 변수명
```

함수 안에서 전역 선언을 하고 함수 안에서 전역 변수에 할당하는 예제를 살펴보겠습니다.

코드 3-26 sample_scope_04.py

```python
data1 = 2

def function1():
    global data1
    data1 = 1
    return data1

print(data1)
print(function1())
```

이 프로그램의 실행 결과는 다음 그림과 같습니다.

그림 3-72 sample_scope_04.py 설명과 실행 결과

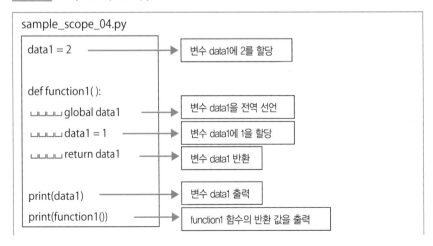

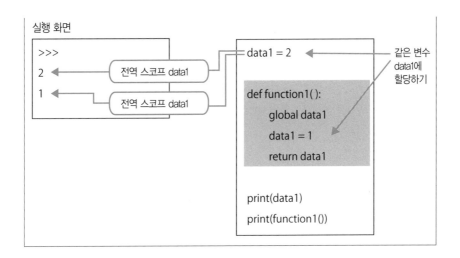

실행 결과의 첫 줄이 전역 변수(프로그램 앞부분에 생성한) data1이고, 다음 줄이 function1() 함수가 반환한 data1입니다. 이번에는 함수 안에서 data1을 전역으로 선언해서 사용했으므로 이 변수는 함수 안에서도 지역 변수가 아니라 전역 변수로 다뤄집니다. function1() 함수 안에 있는 전역 변수 data1에 1을 할당하면 전역 변수 data1의 값 자체가 변경되어 실행 결과로 첫 줄에 처음 할당했던 값인 2가 나오고, 다음 줄에는 함수의 실행 결과인 1이 나옵니다.

그런데 함수 안에서 전역 변수 할당을 너무 자주 하면 프로그램의 규모가 커지거나 함수가 늘어났을 때 언제 어떤 함수에서 변수가 변경되는지 알 수 없게 됩니다. 따라서 일반적으로는 가능한 한 함수 안에서 전역 변수를 선언하는 것은 피하고, 전역 변수의 값을 변경하는 건 함수 밖에서 명시적으로 하는 것이 좋습니다.

그림 3-73 전역 선언의 부작용

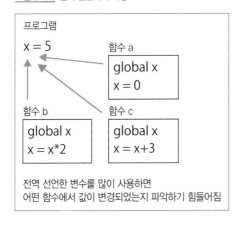

8 모듈

모듈을 임포트하는 방법과 자신이 작성한 프로그램을 모듈로 다루는 방법을 알아보겠습니다.

8.1 모듈을 임포트하는 방법

지금까지는 random과 time 같은 표준 모듈을 이용해서 몇몇 프로그램을 만들어 보았습니다. 이런 프로그램에서는 import 모듈명 형식으로 모듈을 임포트했는데, 모듈을 임포트하는 방법에는 그 외에도 몇 가지 더 있습니다.

- **모듈명에 별명 지정하기**

```
import 모듈명 as 별명
```

이렇게 import 문 뒤에 as 별명을 적으면 이 프로그램 파일 안에서는 원래 모듈명이 아닌 지정한 모듈의 별명으로 모듈을 사용할 수 있습니다. 모듈명이 길수록 별명을 지정해 사용하는 것이 편리합니다. 4장에서는 라즈베리 파이의 GPIO를 제어하는 모듈인 RPi.GPIO를 임포트할 때 이 모듈의 별명을 GPIO로 지정해 사용합니다.

```
import RPi.GPIO as GPIO
```

- **모듈에서 지정한 요소만 임포트하기**

다음과 같이 작성하면 모듈에서 지정한 요소만 임포트할 수 있습니다. 객체명은 쉼표로 구분해 여러 개를 지정할 수 있습니다. 이 방법을 통해 임포트한 함수나 상수*는 프로그램 안에서 원래 모듈명을 지정하지 않아도 사용할 수 있습니다.

---

* 여기에 있는 pi처럼 미리 지정해 둔 값이자 프로그램 안에서 변하지 않는 값을 말합니다.

```
from 모듈명 import 객체명(함수, 상수 등)
```

수학 함수 모듈 math에서 제곱근을 구하는 sqrt() 함수와 원주율 상수 pi를 임포트하는 예제를 살펴봅시다.

<u>예제</u> **지정한 함수와 정수 임포트하기**

```
>>> from math import sqrt, pi
>>> sqrt(9)
3.0
>>> pi
3.141592653589793
```

이 방법을 사용할 때 import 뒤에 *를 쓰면 그 모듈에 포함된 모든 함수가 임포트되므로 실행할 때 모듈명을 생략할 수 있습니다.

이제 math 모듈의 모든 함수를 임포트하는 예제를 보겠습니다. radians()는 각도를 라디안으로 변환하는 함수고, sin()은 각도(라디안)에서 사인을 구하는 함수입니다. 다음 예제에서는 90°의 사인을 구합니다.

<u>예제</u> **math 모듈의 모든 함수 임포트하기**

```
>>> from math import *
>>> sin(radians(90))
1.0
```

하지만 import *를 사용할 때는 주의해야 합니다. 파이썬 표준 라이브러리에는 각기 다른 모듈에 이름이 같은 함수가 포함되어 있기도 합니다. 여러 모듈을 임포트했는데 각 모듈에 이름이 같은 함수가 포함되어 있으면 먼저 임포트한 모듈 함수를 나중에 임포트한 모듈 함수가 덮어쓰므로 의도하지 않은 결과가 발생할 수 있습니다.

다음 예제는 math 모듈을 임포트한 다음 복소수를 구하는 cmath 모듈을 임포트합니다. math 모듈의 sqrt() 함수는 인수의 제곱근을 실수로 돌려주지만, cmath 모듈의 sqrt() 함수는 제곱근을 실수가 아닌 복소수로 돌려줍니다.

이 예제에서는 cmath 모듈이 나중에 임포트되었으므로 sqrt( ) 함수를 실행하면 cmath 모듈의 sqrt( ) 함수가 실행되어 결과로 복소수를 돌려줍니다.

예제 math 모듈과 cmath 모듈을 임포트해서 sqrt() 함수 실행하기

```
>>> from math import *
>>> from cmath import *
>>> sqrt(9)
(3+0j)       → j는 허수를 의미
```

각종 모듈에 포함되어 있는 함수의 이름을 모두 파악하긴 어렵습니다. 여러 모듈을 임포트할 때는 이름이 같은 함수가 포함될 수 있으므로 import *를 사용하지 않는 것이 좋습니다.

8.2 모듈 작성하기

다음은 자신이 만든 프로그램을 모듈로 사용하는 예제입니다. 여기서는 209쪽에서 소개한 이모티콘을 무작위로 표시하는 프로그램(코드 3-18 sample_function_01.py)을 모듈로 사용해 보겠습니다.

파이썬에서는 모듈의 파일명에서 .py를 뺀 것이 모듈명이 됩니다. 모듈명에도 변수명과 같은 제한이 있으니 직접 만든 프로그램 파일을 모듈로 사용할 때는 주의해야 합니다(121쪽 '변수 이름 규칙' 참조). 특히 다음 사항은 주의해야 합니다.

- 모듈명에는 영문, 숫자, 밑줄(_)만 사용할 수 있음
- 모듈명은 숫자로 시작할 수 없음

그리고 표준 모듈이나 그 외의 일반적인 모듈과 이름이 겹치지 않도록 주의해야 합니다.

직접 만든 모듈 파일 sample_function_01.py와 같은 디렉터리에 이 모듈을 임포트해서 실행하는 프로그램을 작성해 봅시다. 모듈명이 길어서 import 문에 as를 사용해 별명을 face로 지정했습니다.

```
import sample_function_01 as face
face.makeFace()
```

이 프로그램을 실행하면 다음과 같이 출력됩니다.

```
>>>
(^o^)
```

■ 모듈 파일의 위치

앞에서 본 예제는 모듈을 임포트하는 쪽 프로그램을 임포트되는 쪽과 같은 장소에 저장해서 실행했습니다. 하지만 같은 모듈 sample_function_01을 대화형 세션에서 임포트하려고 하면 No module named sample_function_01(Sample_function01 모듈의 위치를 알 수 없음)이라는 오류가 발생합니다. 대화형 세션을 실행하는 디렉터리에서는 모듈 파일이 있는 디렉터리를 알 수 없기 때문입니다. 하지만 일단 모듈을 임포트한 프로그램을 한 번 실행한 다음이라면 대화형 세션으로 임포트해도 오류가 발생하지 않습니다.

예제 **대화형 세션에서 직접 만든 라이브러리 임포트하기**

```
>>> import sample_function_01 as face

Traceback (most recent call last):
  File "<pyshell>", line 1, in <module>
    import sample_function_01 as face
ImportError: No module named sample_function_01
```

파이썬에는 표준 라이브러리가 설치된 디렉터리 말고도 서드 파티 라이브러리(파이썬에 처음부터 포함된 디렉터리가 아닌 다른 단체나 기업 또는 일반인이 공개한 라이브러리)를 위한 디렉터리가 있어서, 거기에 모듈 파일을 두면 대화형 세션이나 모듈 파일과 다른 곳에 있는 프로그램에서도 임포트할 수 있습니다. 범용 모듈을 직접 만든다면 거기에 파일을 두면 됩니다. 라즈비안이라면 /usr/lib/python3/dist-packages 아래입니다.

하지만 pi 사용자로 로그인했다면 관리자 권한이 없어서 pi 디렉터리보다 상위에 있는 usr 디렉터리에 파일을 복사할 수 없습니다. 조금 귀찮지만 LXTerminal을 실행해서 관리자 권한으로 명령어를 실행해야 합니다.

관리자 권한으로 파일을 복사하려면 다음 명령어를 사용합니다.

```
sudo cp 원본 파일 사본 파일
```

다음은 /home/pi/python_program 아래에 저장된 모듈 파일 sample_function_01.py를 /usr/lib/python3/dist-packages[*] 디렉터리 아래에 같은 이름으로 복사하는 명령어입니다. pi 디렉터리에 직접 모듈 파일을 작성할 때는 명령어에서 python_program 부분은 필요 없습니다. 또한 같은 이름이 아닌 디렉터리에 복사할 때는 python_program 대신 저장할 디렉터리 이름을 지정합니다. 원본 파일과 사본 파일 사이에는 공백이 한 칸 들어갑니다.

```
sudo cp /home/pi/python_program/sample_function_01.py /usr/lib/python3/dist-
packages/sample_function_01.py
```

그림 3-74 파이썬의 서드 파티 라이브러리용 디렉터리에 복사된 모듈 파일

이 작업에 끝나면 대화형 세션에서 모듈을 임포트해 동작을 확인해 봅시다.

---

[*] 이 디렉터리에는 라즈베리 파이의 GPIO 제어 모듈 RPi나 카메라 제어용 모듈 picamera가 있습니다.

■ 모듈 파일 실행문과 변수

모듈 파일에 실행문이 있으면 이 실행문은 모듈을 임포트한 시점에 실행됩니다. 또한 모듈 안에 있는 전역 변수는 모듈명.변수명으로 참조할 수 있습니다.

확인해 보기 위해 앞에서 사용한 모듈 파일인 pi 사용자 디렉터리에 있는 원본 프로그램을 편집해서 다시 파이썬 라이브러리 디렉터리에 복사합니다. 명령어는 이전과 같습니다. sample_function_01.py의 import 문 뒤에 print 문과 전역 변수 a를 추가해 봅시다.

코드 3-28 sample_function_01.py(추가 버전)

```
import random

print('This contents makeface function')      → 추가한 부분
a = 5       → 추가한 부분

def makeFace():
    face = ['(x_x)', '(0_0)', '(-_-#)', '(>_<)', '(^o^)', '=^Y^=', '(`_^)',
     'd-_-b', 'p(^o^)q']
    numFace = len(face)
    index = random.randint(0, numFace - 1)
    return face[index]


print(makeFace())
```

대화형 세션에서 모듈을 임포트해 봅시다. 다음 예제에서 볼 수 있듯이 모듈을 임포트한 시점에 추가한 print 문이 실행됩니다. 그리고 face.a를 입력하면 전역 변수 a의 내용을 참조할 수 있습니다.

예제 실행문이 있는 모듈을 임포트해서 변수 a 참조하기

```
>>> import sample_function_01 as face
This contents makeface function
(x_x)
>>> face.a
5
```

참조할 수 있는 변수는 함수 외부에 있는 전역 변수뿐입니다. 함수 안에 있는 지역 변수는 참조할 수 없습니다. 이를테면 sample_function_01 모듈의 makeFace() 함수 안에서 사용되는 face는 참조할 수 없습니다.

예제 **모듈을 임포트해서 함수 내부 변수를 참조하려고 하면 오류 발생**

```
>>> import sample_function_01 as face
This contents makeface function
(O_O)
>>> face.face

Trackback (most recent call last):
  File "<pyshell>", line 1, in <module>
    face.face
AttributeError: 'module' object has no attribute 'face'
```

■ 모듈 안에서 임포트한 모듈을 사용하기

sample_fucntion_01 모듈은 내부에서 random 모듈을 임포트합니다. 그러면 sample_fucntion_01을 임포트한 프로그램에서도 random 모듈을 사용할 수 있습니다. 그런데 이때 random 모듈을 사용하려면 다음 예제처럼 임포트한 모듈명을 random 모듈 앞에 지정해야 합니다.

예제 **임포트한 모듈 내부에서 임포트된 모듈 이용하기**

```
>>> import sample_function_01 as face
This contents makeface function
(-_-#)
>>> face.random.randint(0, 10)
9
```

대화형 세션으로 한 번 임포트하면 셸을 닫을 때까지 임포트가 유효하므로 그 이후로는 모듈을 사용하기 위해 다시 임포트할 필요가 없습니다.

이 장에 있는 실행 예제에는 각각 셸을 실행해서 처음에 임포트했다고 가정합니다.

9 GUI 프로그램

지금까지 설명한 프로그램은 셸에 실행 결과를 출력했습니다. 하지만 파이썬으로 이런 것만 작성할 수 있는 것은 아닙니다. GUI(Graphical User Interface) 프로그램도 간단히 만들 수 있습니다. 이 절에서는 파이썬으로 GUI 프로그램을 만들어 보겠습니다. GUI 프로그램을 만드는 방법은 여러 가지가 있지만 여기서는 Tkinter 라이브러리를 사용해 만들겠습니다.

9.1 Tkinter 라이브러리

Tkinter는 GUI 프로그램을 만들기 위한 파이썬 표준 라이브러리입니다. 이 라이브러리는 Tcl/Tk라는 프로그래밍 언어의 GUI 툴킷인 Tk를 사용합니다.

Tkinter 라이브러리를 사용해 프로그래밍하면 다음과 같은 방식으로 GUI 화면을 생성합니다.

① 메인 창(Tk 객체) 생성

② 위젯 생성

③ 위젯을 창에 배치

④ 메인 루프 실행

Tkinter 라이브러리를 사용하려면 우선 메인 창인 'Tk 객체의 인스턴스'를 생성해야 합니다. 그리고 **위젯**이라고 부르는 GUI 부품을 생성하고 메인 창에 배치합니다.

위젯에는 레이블, 버튼, 텍스트 박스, 체크 박스, 슬라이드 바 등 다양한 GUI 부품이 있습니다. 이 중에서 필요한 만큼 위젯을 골라 배치하고 **메인 루프**라 부르는 메서드를 실행하면 GUI 화면이 완성됩니다.

생성한 창에서 버튼을 누르거나 슬라이더를 움직이는 등의 사용자 조작은 **이벤트**로 다룹니다. 그리고 각종 이벤트가 발생하면 이벤트에 미리 등록된 처리가 실행됩니다(이런 프로그램을 **이벤트 드리븐**(event-driven) 프로그램이라 합니다).

Tkinter 라이브러리를 사용하면 미리 준비한 위젯을 창에 배치하는 것만으로도 간단히 GUI 프로그램을 완성할 수 있습니다. 위젯 옵션의 초깃값을 변경하지 않고 그대로 사용해도 동작하므로 소스 코드의 길이도 짧아집니다. 이건 실제로 소스 코드를 보면 느낄 수 있을 것입니다. 이것도 Tkinter 라이브러리의 장점입니다.

그럼 이제 파이썬으로 GUI 프로그램을 만들어 봅시다.

9.2 GUI로 Hello World 출력하기

누가 뭐라 해도 프로그래밍의 첫걸음은 Hello World를 출력해 보는 것입니다. 지금부터 창에 Hello World 문자열을 출력하는 프로그램을 만들어 보겠습니다.

텍스트를 출력하는 위젯으로 자주 사용하는 것이 Label 위젯입니다. 다음은 Label 위젯을 사용한 예제입니다.

코드 3-29 tk_helloworld.py

```python
# coding: utf-8

# Tkinter 라이브러리 임포트
import tkinter as tk # Python3
# import Tkinter as tk # Python2

# Tk 객체 인스턴스 생성
root = tk.Tk()

# 레이블 생성
label = tk.Label(root, text='Hello World')

# 레이블 배치
label.pack()

# root 표시
root.mainloop()
```

이 프로그램을 실행하면 다음과 같은 창이 나타납니다.

그림 3-75 tk_helloworld.py 실행 결과

주석을 제외하면 소스 코드가 고작 여섯 줄뿐입니다. 이걸로 Hello World를 출력하는 창을 표시합니다. 프로그램을 종료하려면 창의 오른쪽 위에 있는 █를 클릭하면 됩니다.

지금부터 소스 코드를 살펴보겠습니다.

먼저 `import tkinter as tk`는 Tkinter 라이브러리를 tk라는 이름으로 임포트합니다. 파이썬 3에서는 Tkinter 모듈명이 tkinter입니다.

다음으로 `root = tk.Tk()`는 모든 위젯의 바탕이 되는 Tk 객체 인스턴스를 생성합니다. 보통은 이 Tk 객체가 프로그램의 메인 창이 됩니다. 여기서 Tk 객체의 이름은 root입니다.

그다음으로 `label = tk.Label(root, text='Hello World')`로 Hello World를 출력하는 Label 위젯 인스턴스를 생성합니다. Label 위젯은 다음과 같이 생성합니다.

```
lb = tkinter.Label(parent, text 등의 옵션 ···)
```

괄호 안에는 인수로 위젯의 옵션을 지정합니다. 첫 번째 parent에는 위젯의 부모가 되는 창 등을 지정합니다. 이 프로그램에서는 미리 만들어 둔 Tk 객체 root를 넘겨서 이 Label 위젯이 Tk 객체 root에 속하게 합니다. 두 번째 인수 text='Hello World'는 출력할 텍스트입니다. 여기에 Label 위젯이 출력할 문자열을 작성합니다.

각 위젯에는 다양한 옵션이 있는데 표 3-19는 위젯에서 공통으로 사용할 수 있는 옵션이고, 표 3-20은 Label 위젯에서 자주 쓰는 옵션입니다.

표 3-19 **위젯 공통 옵션**

옵션 분류	옵션명	설정 값	설명
색	activebackground	색 이름 또는 #RGB* 형식의 16진수. 지정하지 않으면 투명. 색 이름에는 red, blue, green, white, black, magenta, cyan, yellow 등이 있음. 예를 들어 빨강을 지정하려면 red 또는 #FF0000	활성 위젯의 배경색
	activeforeground		활성 위젯의 전경색
	background(줄임형: bg)		위젯의 배경색
	disabledforeground		비활성 위젯의 전경색
	foreground(줄임형: fg)		위젯의 전경색
	highlightbackground		포커스된 위젯의 하이라이트 영역 배경색
	highlightcolor		포커스된 위젯의 하이하이트 영역 전경색
	selectbackground		선택 항목의 배경색
	selectforeground		선택 항목의 전경색
길이	borderwidth(줄임형: bd)	숫자	경계선 너비
	height		위젯 높이
	highlightthickness		포커스된 위젯의 하이하이트 영역 너비
	padx		X 방향 추가 여백
	pady		Y 방향 추가 여백
	selectborderwidth		선택 항목의 주변 경계선 너비
	wraplength		줄 바꿈할 길이의 최대 폭
	width		위젯 너비
문자	underline	숫자(단위는 문자 개수)	글자 아래에 선을 그을 때 첫 번째 글자를 0이라 하고 몇 번째 문자까지 밑줄을 그을지 지정함

* #RGB 형식은 프로그램 등에서 자주 쓰는 색상 표시 방법입니다. RGB란 빛의 삼원색인 Red(빨강), Green(초록), Blue(파랑)를 뜻하는데 각 색을 두 자리의 16진수로 표시하는 것이 일반적입니다(값이 00이면 가장 어둡고, FF(10진수로 255)면 가장 밝습니다. #000000은 검정, #FFFFFF는 하양). 예를 들어 #7FFFD4는 아쿠아마린 색(옅은 푸른빛 녹색)입니다.

옵션 분류	옵션명	설정 값	설명
기타	anchor	n, ne, e, se, s, sw, w, nw, center 중 하나	위젯 안에 표시 위치를 방위각으로 지정
	command	함수명 또는 메서드명	사용자가 위젯을 조작했을 때 호출할 함수나 메서드
	font	(폰트명, 크기, 옵션)의 튜플을 지정함. 폰트명에는 Courier, Helvetica, Times, Symbol 등. 크기에는 문자 높이를 포인트로 지정. 옵션에는 normal, bold, roman, italic, underline, overstrike 를 지정 가능	위젯의 텍스트 폰트
	image	PhotoImage 객체 또는 BitmapImage 객체	위젯에 출력된 이미지
	justify	left, center, right 중 하나	텍스트를 여러 줄로 출력할 때 정렬 방법
	relief	raised, sunken, flat, ridge, solid, groove 중 하나	위젯을 3D로 표시하는 방법
	state	normal, active, disabled 중 하나	위젯 상태
	takefocus	True 또는 False	True를 지정하면 Tab 키 또는 Shift + Tab 키로 포커스 이동
	text	문자열	출력할 텍스트
	textvariable	Variable 객체	위젯에 지정할 Variable 객체

표 3-20 Label 위젯에 사용하는 옵션

옵션명	설정 값	설명
background(줄임형: bg)	색 이름 또는 #RGB 형식의 16진수	레이블의 배경색
cursor	커서명	레이블에 마우스 커서를 올렸을 때 마우스 커서 모양. 지정할 수 있는 커서명은 운영체제에 따라 다름
font	(폰트명 ,크기, 옵션)의 튜플을 지정	레이블 텍스트 폰트를 지정. 자세한 건 표 3-19 참조
height	정수	레이블 높이(줄 수를 지정)
text	문자열	출력할 텍스트
textvariable	Variable 객체	레이블에 지정할 Variable 객체
width	정수	위젯 너비(문자 개수를 지정)

Hello World 프로그램을 다시 봅시다. 4번째 줄 label.pack()은 pack() 메서드를 써서 3번째 줄에서 생성한 label 위젯을 메인 창에 배치합니다. pack은 지오메트리 매니저라고 부르며 생성한 위젯을 창에 배치하는 기능이 있습니다(그 외 지오메트리 매니저에는 place와 grid가 있습니다). pack() 메서드 옵션은 표 3-21과 같습니다.

표 3-21 pack 메서드 옵션

옵션명	설정 값	설명
anchor	n, ne, e, se, s, sw, w, nw, center	위젯을 어느 영역에 배치할지 화면 위쪽을 북쪽으로 본 방향값으로 지정(n=북, ne=북동, e=동, se=남동, s=남, sw=남서, w=서, nw=북서)
expand	True 또는 False	True는 위젯을 배치한 영역 크기가 변경되면 위젯 크기도 변함. 기본값은 False로 크기가 변하지 않음
fill	none, x, y, both 중 하나	위젯을 배치한 영역에 맞게 위젯을 확대할지 여부. 기본값은 none(확대하지 않음). x를 지정하면 수평 방향, y를 지정하면 수직 방향, both는 양쪽 방향으로 확대함
ipadx	숫자	수평 방향으로 내부 여백. 기본값은 0
ipady	숫자	수직 방향으로 내부 여백. 기본값은 0
padx	숫자	수평 방향으로 외부 여백. 기본값은 0
pady	숫자	수직 방향으로 외부 여백. 기본값은 0
side	top, bottom, left, right	위젯 배치 순서. 기본값은 top으로 위에서부터 배치. bottom은 아래, left는 왼쪽, right는 오른쪽에서부터 순서대로 배치함

그럼 다시 Hello World 프로그램을 살펴보겠습니다. 마지막 다섯 번째 root.mainloop()는 mainloop() 메서드로 레이블을 배치한 메인 창을 표시합니다.

이것이 Tkinter 라이브러리를 사용한 프로그램의 기본 구조입니다. Tkinter 라이브러리는 복잡한 GUI 화면도 기본적으로 ❶ 메인 창(Tk 객체) 생성, ❷ 위젯 생성, ❸ 위젯을 창에 배치, ❹ 메인 루프 실행 구조로 작성합니다. Label 이외의 위젯을 사용할 때도 거의 비슷합니다.

9.3 버튼 만들기

이번에는 버튼을 만들어 봅시다. 버튼을 표시하려면 Button 위젯을 사용해야 합니다. Button 위젯은 다음과 같이 생성합니다.

```
btn = tkinter.Button(parent, text/command 등의 옵션)
```

parent에는 부모가 되는 창 등(이 책에서는 root 창)을 지정합니다. Button 위젯에서 자주 사용하는 옵션은 표 3-22와 같습니다.

표 3-22 Button 위젯에서 자주 사용하는 옵션

옵션명	설정 값	설명
bitmap	비트맵 이름 또는 X11 비트맵 이미지(.xbm 파일)	지정한 비트맵 파일을 표시. image가 지정되면 이 옵션은 무시됨
command	함수명 또는 메서드명	사용자가 버튼을 눌렀을 때 호출되는 함수 또는 메서드
cursor	커서명	위젯 위에 마우스 커서를 올렸을 때 표시되는 마우스 커서 모양. 지정할 수 있는 커서명은 운영체제에 따라 다름
default	normal, active, disabled 중 하나	버튼의 기본 상태를 지정함. 기본값은 disabled
height	숫자	버튼 높이. 텍스트 버튼은 줄 수, 이미지 버튼은 픽셀로 해석함
image	PhotoImage 객체 또는 BitmapImage 객체	위젯에 표시되는 이미지
text	문자열	버튼에 표시되는 텍스트
textvariable	Variable 객체	버튼에 연결된 Variable 객체
width	숫자	버튼 너비. 텍스트 버튼이라면 문자 수, 이미지 버튼이라면 픽셀로 해석함

버튼은 표시되는 것만으로는 의미가 없습니다. 버튼을 눌렀을 때 실행되는 처리를 지정해야 합니다. 다음은 print 문을 사용해서 버튼을 누를 때마다 셸에 메시지를 출력하는 프로그램입니다.

코드 3-30 tk_button_01.py

```
# coding: utf-8

# Tkinter 라이브러리 임포트
import tkinter as tk # Python3
# import Tkinter as tk # Python2

# Tk 객체 인스턴스 생성
root = tk.Tk()
```

```
# 버튼을 눌렀을 때 처리
def func():
    # 메시지를 셀에 출력
    print('Pushed')

# 버튼 생성
button = tk.Button(root, text='Push!', command=func)

# 버튼 배치
button.pack()

# root 표시
root.mainloop()
```

이 프로그램을 실행하면 다음과 같은 창이 표시됩니다.

그림 3-76 tk_button_01.py 실행 결과

이 프로그램은 def 문으로 버튼을 눌렀을 때 실행될 func() 함수를 정의하고, Button 위젯을 생성할 때 command 옵션으로 func() 함수를 지정합니다. func() 함수처럼 이벤트 발생에 따라 호출되는 함수를 **콜백 함수**라 합니다. func() 함수는 print 문으로 메시지를 출력하는 함수입니다. 버튼을 누르면 셀에 다음과 같이 메시지가 출력되는 것을 확인할 수 있습니다.

```
>>> %Run tk_button_01.py
Pushed
Pushed
Pushed
```

그런데 실행 결과를 셀에 출력하는 것은 GUI 프로그램답지 않습니다. Label 위젯을 사용해 실행 결과를 창에 출력해 봅시다.

코드 3-31 tk_button_02.py

```python
# coding: utf-8

# Tkinter 라이브러리 임포트
import tkinter as tk # Python3
# import Tkinter as tk # Python2

# Tk 객체 인스턴스 생성
root = tk.Tk()

# 버튼을 눌렀을 때 처리
def func():
    # Label 표시 변경
    label.config(text = 'Pushed')

# 레이블 생성
label = tk.Label(root, text='Push Button')

# 레이블 배치
label.pack()

# 버튼 생성
button = tk.Button(root, text = 'Push!', command = func)

# 버튼 배치
button.pack()

# root 표시
root.mainloop()
```

이 프로그램을 실행하면 다음과 같은 창이 표시됩니다.

그림 3-77 tk_button_02.py 실행 결과

버튼을 누르면 레이블의 텍스트가 변하는 것을 확인할 수 있습니다. 레이블 변경에는 config( ) 메서드를 사용합니다. config( ) 메서드는 인수로 지정한 옵션 값을 위젯에 설정합니다. 이처럼 각 위젯에서 공통으로 사용할 수 있는 메서드에는 몇 가지가 있습니다. 위젯 공통 메서드 중 주요 메서드를 정리하면 표 3-23과 같습니다.

표 3-23 주요 위젯 공통 메서드

메서드	설명
cget(option)	위젯에 설정한 option 값을 반환
config(option = value)	위젯의 option 값을 value로 설정
focus_set()	포커스를 둘 위젯을 설정
grab_set()	지정한 위젯에 모든 이벤트 보내기
grab_release()	grab_set()을 해제
mainloop()	이벤트 루프에 들어감
quit()	이벤트 루프 종료
update()	미처리 이벤트 처리
update_idletasks()	이벤트 루프가 아이들 상태일 때 미처리 이벤트 처리
wait_variable(v)	인수로 지정한 Variable 객체가 변할 때까지 대기
wait_visibility(w)	인수로 지정한 위젯이 가시 상태가 될 때까지 대기
wiat_window(w)	인수로 지정한 위젯이 없어질 때까지 대기
winfo_height()	지정한 위젯의 높이를 반환
winfo_width()	지정한 위젯의 너비를 반환

앞에서 본 프로그램은 버튼을 눌러서 레이블이 한 번 변하면 그 이후에는 버튼을 눌러도 표시가 변하지 않습니다. 버튼을 누른 다음에 특정 동작을 하면 표시가 돌아오도록 프로그램을 변경해 보겠습니다.

```python
# coding: utf-8

# Tkinter 라이브러리 임포트
import tkinter as tk # Python3
# import Tkinter as tk # Python2

# Tk 객체 인스턴스 생성
root = tk.Tk()

# 버튼을 눌렀을 때 처리
def func():
    # Label 표시 변경
    label.config(text = 'Pushed')

# 마우스 커서가 버튼을 벗어났을 때 처리
def func_event(ev):
    # Label 표시 변경
    label.config(text = 'Push Button')

# 레이블 생성
label = tk.Label(root, text = 'Push Button')

# 레이블 배치
label.pack()

# 버튼 생성
button = tk.Button(root, text = 'Push', command = func)

# 버튼 배치
button.pack()

# 마우스 커서가 버튼을 벗어났을 때의 이벤트 추가
button.bind('<Leave>', func_event)

# root 표시
root.mainloop()
```

버튼을 누른 후 마우스 커서를 버튼 밖으로 옮기면 레이블 표시가 변하는 프로그램입니다.

이 절 처음에 설명했듯이 Tkinter 프로그램은 이벤트 드리븐 프로그램이므로 어떤 처리를 하려면 이벤트가 필요합니다. 이 프로그램에서 bind() 메서드를 button.bind('<Leave>', func_event)로 사용해 이벤트를 추가합니다. bind() 메서드의 첫 번째 인수는 **이벤트 시퀀스**로 이벤트가 어떤 조작을 했을 때 발생할지 지정합니다. 이 프로그램에서는 〈Leave〉로 지정해서 마우스 커서가 버튼 밖으로 나가면 이벤트가 발생합니다.

이외에도 이벤트 시퀀스로 지정할 수 있는 이벤트 종류를 표 3-24에 정리해 두었습니다.

표 3-24 이벤트 시퀀스

종류	이벤트명	설명
키보드 이벤트	특수 키	Ctrl 키나 Shift 키 같은 키를 눌렀을 때 발생하는 이벤트. 키 명칭을 〈〉로 감싸서 〈Return〉 Enter 키 또는 〈Left〉 ← 키 등으로 지정
	일반 키	영문, 숫자, 기호 키를 눌렀을 때 발생하는 이벤트. 작은따옴표를 사용해서 'w' 또는 '+'처럼 지정
마우스 이벤트	Button-1, Button-2, Button-3	마우스 버튼을 눌렀을 때 발생하는 이벤트. Button-1이 왼쪽 버튼, Button-2가 가운데 버튼, Button-3이 오른쪽 버튼. 이벤트명을 〈〉로 감싸서 지정
	B1-Motion, B2-Motion, B3-Motion	마우스 버튼을 누르며 커서를 움직였을 때 발생하는 이벤트
	ButtonRelease-1, ButtonRelease-2, ButtonRelease-3	마우스 버튼에서 손가락을 뗐을 때 발생하는 이벤트
	Double-Button-1, Double-Button-2, Double-Button-3	마우스 버튼을 더블클릭했을 때 발생하는 이벤트
	Enter	마우스 커서가 위젯 안에 들어갔을 때 발생하는 이벤트
	Leave	마우스 커서가 위젯 밖으로 나왔을 때 발생하는 이벤트

키보드 이벤트는 특수 키와 일반 키를 조합해서 지정할 수 있습니다. 예를 들어 〈Control-x〉처럼 작성하면 Ctrl 키와 X 키를 동시에 눌렀을 때 이벤트가 발생합니다.

bind() 메서드에서 호출하는 함수는 이벤트 객체를 받기 위한 인수를 하나 정의해야 합니다. bind() 메서드를 포함해서 이벤트 관련 메서드를 표 3-25에 정리해 두었습니다.

표 3-25 이벤트 관련 메서드

메서드	설명	인수	인수 설명
bind(event_name, callable[, '+'])	특정 이벤트가 발생했을 때 지정 함수가 호출됨. '+'를 지정하면 이벤트 추가 가능	event_name: 이벤트	이벤트 시퀀스
		callable: 콜백 함수	호출할 함수
bind_all(event_name, callable[, '+'])	모든 위젯에 특정 이벤트가 발생했을 때 지정한 함수가 호출되도록 지정. '+'로 이벤트 추가 가능	event_name: 이벤트	이벤트 시퀀스
		callable: 콜백 함수	호출할 함수
unbind(event_name)	지정한 이벤트에 관련된 콜백 함수를 제거	event_name: 이벤트	이벤트 시퀀스
unbind_all(event_name)	모든 위젯에서 지정한 이벤트에 관련된 콜백 함수를 제거	event_name: 이벤트	이벤트 시퀀스
after(ms, callable, *arg)	타이머로 동작해서 지정한 시간 뒤에 콜백 함수를 호출. 반환 값은 타이머 ID	ms: 콜백 함수를 호출할 타이밍	밀리초(msec)로 지정
		callable: 콜백 함수	호출할 함수
		*arg: 인수	콜백 함수에 넘길 인수
after_cancel(id)	타이머 제거	id: 타이머 ID	after() 메서드가 넘긴 타이머 ID
after_idle(callable, *arg)	이벤트 루프가 아이들 상태일 때 (모든 이벤트가 처리됐을 때) 지정 함수가 호출됨	callable: 콜백 함수	호출할 함수
		*arg: 인수	콜백 함수에 넘길 인수

9.4 라디오 버튼 만들기

라디오 버튼은 몇 가지 항목 중에서 하나를 선택할 때 쓰는 GUI 부품입니다. 라디오 버튼을 만들려면 Radiobutton 위젯을 사용합니다. Radiobutton 위젯 생성 방법은 다음과 같습니다.

```
rb = tkinter.Radiobutton(parent, text/variable/value/command 등의 옵션)
```

Radiobutton 위젯에서 자주 사용하는 옵션을 표 3-26에 정리해 두었습니다.

표 3-26 Radiobutton 위젯의 주요 옵션

옵션명	설정 값	설명
bitmap	비트맵명 또는 @ + xbm 파일 경로(X11 비트맵 이미지)	라디오 버튼 라벨로 비트맵 이미지를 표시함. image가 지정되면 이 옵션은 무시됨
command	함수명 또는 메서드명	사용자가 라디오 버튼 선택을 변경했을 때 호출되는 함수 또는 메서드
compound	none, center, top, bottom, left, right 중 하나	라벨 텍스트와 이미지의 위치 관계. 기본은 none(image 또는 bitmap이 지정되면 text는 표시하지 않음). 옵션이 지정되면 text와 image가 설정 값에 따라 표시됨
cursor	커서명	라디오 버튼 영역에 마우스 커서가 들어갔을 때 마우스 커서를 지정. 지정할 수 있는 커서명은 운영체제에 따라 다름
image	PhotoImage 객체 또는 BitmapImage 객체	라디오 버튼의 라벨로 이미지를 표시함
indicatoron	True 또는 False	True를 지정하면 일반 라디오 버튼, False를 지정하면 선택한 항목은 sunken, 선택하지 않은 항목은 raised를 지정한 형태가 됨. 기본값은 True
offrelief	raised, sunken, flat, ridge, solid, groove 중 하나	라디오 버튼 모양을 지정. Indicatoron가 False일 때만 지정 가능. 기본값은 raised
overrelief	raised, sunken, flat, ridge, solid, groove 중 하나	마우스 커서가 라디오 버튼 위에 있을 때 버튼의 모양 지정. 지정하지 않으면 공통 옵션인 relief 값이 사용됨
selectcolor	색 이름 또는 #RGB 형식의 16진수	indicatoron이 True면 라디오 버튼의 색이 되고, False면 라디오 버튼이 선택됐을 때의 색이 됨. 기본값은 white
selectimage	PhotoImage 객체 또는 BitmapImage 객체	image 옵션을 지정하면 이 옵션으로 라디오 버튼을 선택했을 때의 이미지 지정 가능
variable	Variable 객체(IntVar 또는 StringVar)	라디오 버튼이 선택됐을 때 value 옵션으로 지정한 값이 이 옵션으로 지정한 Variable 객체에 할당됨. 라디오 버튼이라면 Variable 객체로 IntVar와 StringVar가 사용 가능
value	정수 또는 문자열	라디오 버튼의 값

표 3-26에서 봤듯이 라디오 버튼이 선택됐을 때 value 옵션 값이 variable 옵션으로 지정한 객체에 할당됩니다.

variable 옵션에는 파이썬 표준 숫자 값이나 문자열 등이 아닌 Tkinter로 재정의한 Variable 객체를 지정해야 하므로 주의해야 합니다. Radiobutton 위젯으로 지정할 수 있는 Variable 객체는 정수를 다루는 IntVar과 문자열을 다루는 StringVar 중 하나입니다.

Variable 객체에는 그 외에도 부동소수를 다루는 DoubleVar과 불 값을 다루는 BooleanVar이 있습니다. 예를 들어 정수를 다루는 Tkinter의 Variable 인스턴스(IntVar)를 생성하려면 다음과 같이 작성하면 됩니다.

```
int_num = tkinter.IntVar()
```

이처럼 Tkinter의 Variable 객체도 일반 숫자나 문자열과 마찬가지로 사칙 연산이나 문자열 처리가 가능합니다. 또한 Variable 객체에는 다음 메서드를 사용할 수도 있습니다.

표 3-27 Variable 객체 메서드

메서드	설명
get()	Variable 객체의 현재 값을 돌려줌
set(value)	Variable 객체에 value로 지정한 값을 할당

그럼 라디오 버튼을 사용하는 프로그램을 만들어 봅시다.

코드 3-33 tk_Radio_01.py

```python
# coding: utf-8

# Tkinter 라이브러리 임포트
import tkinter as tk # Python3
# import Tkinter as tk # Python2

# Tk 객체 인스턴스 생성
root = tk.Tk()

# 라디오 버튼 1을 선택했을 때 처리
def func1():
    # 레이블 표시 변경
    label.config(text = 'Button 1')

# 라디오 버튼 2를 선택했을 때 처리
def func2():
```

```
        # 레이블 표시 변경
        label.config(text = 'Button 2')

# 라디오 버튼 값을 저장하는 정수형 Variable 객체 생성
sel = tk.IntVar()

# sel에 1 할당
sel.set(1)
```

이 프로그램을 실행하면 다음과 같은 창이 표시됩니다. 라디오 버튼을 선택하면 그에 따라
레이블 텍스트가 변경되는 것을 확인할 수 있습니다.

그림 3-78 tk_Radio_01.py 실행 결과

9.5 슬라이더 만들기

슬라이더는 음량 조절 등 어떤 범위의 설정 값에서 적절한 값을 선택할 때 사용합니다. 슬라
이더를 만들려면 Scale 위젯을 사용합니다. Scale 위젯은 다음과 같이 생성합니다.

```
s = tkinter.Scale(parent, orient/from_/to/variable/command 등의 옵션)
```

표 3-28에 Scale 위젯에서 자주 사용하는 옵션을 정리해 두었습니다.

표 3-28 Scale 위젯의 주요 옵션

옵션명	설정 값	설명
bigincrement	숫자	손잡이를 크게 움직였을 때 증감 폭
command	함수명 또는 메서드명	사용자가 슬라이더 값을 변경했을 때 호출되는 함수 또는 메서드
cursor	커서명	마우스 커서가 올라갔을 때 표시되는 마우스 커서 모양. 지정할 수 있는 커서명은 운영체제에 따라 다름

옵션명	설정 값	설명
digits	정수	유효한 자릿수
from_	숫자	슬라이더의 최솟값
label	문자열	슬라이더에 표시할 텍스트
length	숫자	슬라이더의 길이. 기본값은 100픽셀
orient	h, horizontal 또는 v, vertical	슬라이더를 표시할 방향. 수평(h, horizontal) 또는 수직(v, vertical). 기본값은 수직
repeatdelay	정수	슬라이더 손잡이를 마우스 왼쪽 버튼으로 누르면서 손잡이를 움직일 때까지의 시간. 기본값은 300밀리초
repeatinterval	정수	위에서 손잡이가 움직인 후 이동 시간의 간격. 기본값은 100밀리초
resolution	숫자	손잡이를 움직일 때 증감 폭
showvalue	True 또는 False	슬라이더의 현재 값을 표시할지 여부. True로 표시
sliderlength	숫자	슬라이더의 길이(픽셀 수). 기본값은 30픽셀
sliderrelief	raised, sunken, flat, ridge, solid, groove 중 하나	슬라이더의 외형. 기본값은 raised
tickinterval	숫자	슬라이더의 눈금 간격. 기본값은 0(눈금을 표시하지 않음)
to	숫자	슬라이더 최댓값
troughcolor	색 이름 또는 #RGB 형식의 16진수	슬라이더에서 들어간 부분의 색
variable	Variable 객체	슬라이더에 할당된 Tkinter의 Variable 객체
width	숫자	손잡이를 포함한 슬라이더의 너비(수평 방향 슬라이더라면 세로, 수직 방향이라면 가로의 너비). 기본값은 15픽셀

그러면 슬라이더를 사용하는 프로그램을 만들어 봅시다.

코드 3-34 tk_Scale_01.py

```
# coding: utf-8

# Tkinter 라이브러리 임포트
import tkinter as tk # Python3
# import Tkinter as tk # Python2
```

```
# Tk 객체 인스턴스 생성
root = tk.Tk()

# 슬라이더의 값을 저장할 Variable 객체 생성(정수형)
val = tk.IntVar()

# 0으로 설정
val.set(0)

# 손잡이를 움직였을 때 처리
def func(scl):
    # Label 표시를 변경
    label.config(text = 'Value = %d' % int(scl))

# 슬라이더의 값을 표시하는 레이블 생성
label = tk.Label(root, text = 'Value = %d' % val.get())

# 레이블 배치
label.pack()
# 슬라이더 생성
# Scale 레이블 표시. 수평으로 숫자 범위는 0에서 100까지
s = tk.Scale(root, label = 'Scale', orient = 'h', from_ = 0, to = 100,
showvalue = False, variable = val, command = func)

# 슬라이더 배치
s.pack()

# root 표시
root.mainloop()
```

이 프로그램은 슬라이더의 값을 변경하면 그 값을 레이블에 출력합니다(showvalue 옵션을 False로 설정해서 슬라이더 자체는 슬라이더의 값을 표시하지 않도록 합니다).

프로그램을 실행하면 다음과 같은 창이 표시됩니다.

<u>그림 3-79</u> tk_Scale_01.py 실행 결과

9.6 텍스트 박스 만들기

텍스트 박스는 사용자에게 문자를 입력받을 때 사용하는 GUI 부품입니다. 텍스트 박스를 만들려면 Entry 위젯을 사용하면 됩니다. Entry 위젯은 다음과 같이 생성합니다.

```
e = tkinter.Entry(parent, textvariable/width 등의 옵션)
```

표 3-29에 Entry 위젯에서 자주 사용하는 주요 옵션을 정리해 두었습니다.

표 3-29 Entry 위젯의 주요 옵션

옵션명	설정 값	설명
cursor	커서명	위젯에 마우스 커서를 올렸을 때 표시되는 마우스 커서 모양. 지정할 수 있는 커서명은 운영체제에 따라 따름
disabledbackground	색 이름 또는 #RGB 형식의 16진수	비활성 위젯의 배경색
exportselection	True 또는 False	True면 입력한 텍스트를 선택했을 때 자동으로 클립보드에 저장. 기본값은 True
insertbackground	색 이름 또는 #RGB 형식의 16진수	텍스트를 입력하는 부분의 커서 색. 기본값은 검정
insertborderwidth	정수	커서의 외곽선 너비를 지정. 커서는 rasied로 표시됨
insertofftime	정수	텍스트를 입력하는 부분의 커서 깜빡임 꺼짐 시간(밀리초). 기본값은 300밀리초. 0으로 설정하면 늘 깜빡이지 않음
insertontime	정수	텍스트를 입력하는 부분의 커서 깜빡임 켜짐 시간(밀리초). 기본값은 600밀리초
insertwidth	숫자	텍스트를 입력하는 부분의 커서 너비. 기본값은 2픽셀
readonlybackground	색 이름 또는 #RGB 형식의 16진수	위젯의 state 옵션이 readonly일 때 배경색
show	문자	입력한 문자를 치환할 문자. 예를 들어 show = '*'를 설정하면 입력한 문자가 모두 *로 표시됨
textvariable	StringVar 객체	지정한 StringVar 객체와 텍스트를 연결함
width	숫자	텍스트를 입력하는 부분의 너비(문자 수). 기본값은 20문자

텍스트 박스를 사용하는 프로그램을 만들어 봅시다.

```
# coding: utf-8

# Tkinter 라이브러리 임포트
import tkinter as tk # Python3
# import Tkinter as tk # Python2

# Tk 객체 인스턴스 생성
root = tk.Tk()

# Enter 키(Return 키)를 눌렀을 때 동작
def func(ev):
    # Label 표시를 변경
    label.config(text = e.get())

# 레이블 생성
label = tk.Label(root, text = 'Input Text')

# 레이블 배치
label.pack()

# 텍스트 박스를 생성
e = tk.Entry(root)

# 텍스트 박스 배치
e.pack()

# 리턴 키를 눌렀을 때의 이벤트 추가
e.bind('<Return>', func)

# root 표시
root.mainloop()
```

프로그램을 실행하면 다음과 같은 창이 표시됩니다. 텍스트 박스에 문자열을 입력하고 Enter 키(Return 키)를 누르면 그 문자열이 레이블에 표시됩니다.

그림 3-80 tk_Entry_01.py 실행 결과

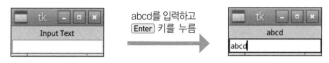

이 프로그램은 Enter 키를 눌렀을 때 bind( ) 메서드로 이벤트를 발생시키고, 이 이벤트에서 호출하는 콜백 함수 func( )로 레이블을 교체합니다.

9.7 그림 그리기

마지막으로 창 안에 그림을 그려 보겠습니다. Tkinter로 도형을 그리려면 Canvas 위젯을 사용합니다. Canvas 위젯은 도형, 이미지, 텍스트 등을 표시하는 위젯으로 지금까지 소개한 위젯들보다 기능이 훨씬 많습니다. Canvas 위젯은 다음과 같이 생성합니다.

```
cv = tkinter.Canvas(parent, width/height 등의 옵션)
```

Canvas 위젯에서 자주 사용하는 주요 옵션을 표 3-30에 정리해 두었습니다.

표 3-30 Canvas 위젯의 주요 옵션

옵션명	설정 값	설명
background 또는 bg	색 이름 또는 #RGB 형식의 16진수	캔버스 배경색
closeenough	부동소수	마우스 커서가 위젯에 있는 아이템과 겹쳐졌다고 판단하는 거리
confine	True 또는 False	True로 지정하면 scrollregion 옵션으로 지정한 외부로는 스크롤할 수 없음
cursor	커서명	위젯에 마우스 커서가 올라갔을 때 표시되는 마우스 커서 모양. 지정할 수 있는 커서명은 운영체제에 따라 다름
height	숫자	캔버스 높이(픽셀)
scrollregion	튜플 값(w, n, e, s)	Canvas가 스크롤할 수 있는 영역의 크기. w가 왼쪽, n이 위쪽, e가 오른쪽, s가 아래쪽
width	숫자	캔버스 너비(픽셀)
xscrollincrement	숫자	X 방향 스크롤 증감 폭
xscrollcommand	함수명 또는 메서드명	X 방향 스크롤 제어용 명령어
yscrollincrement	숫자	Y 방향 스크롤 증감 폭
yscrollcommand	함수명 또는 메서드명	Y 방향 스크롤 제어용 명령어

Canvas 위젯에 그림을 그리려면 원이나 사각형 같은 **아이템**을 생성하는 메서드를 실행해야 합니다. 표 3-31에 아이템 생성용 메서드를 정리해 두었습니다.

표 3-31 Canvas 위젯의 아이템 생성용 메서드

아이템명	인수	설명
create_arc(x0, y0, x1, y1, option)	x0, y0: 왼쪽 위 좌표	원호를 그림
	x1, y1: 오른쪽 아래 좌표	
create_bitmap(x, y, bitmap, option)	x, y: 비트맵 위치	bitmap으로 지정한 비트맵 이미지를 표시
	bitmap: 비트맵 이미지	
create_image(x, y, image, option)	x, y: 이미지 위치	image로 지정한 이미지 객체를 표시
	image: BitmapImage 객체 또는 PhotoImage 객체	
create_line(x0, y0, x1, y1, …, xn, yn, option)	xn, yn: 선을 이을 좌표	선을 그림. 지정한 좌표를 연결한 선을 그음
create_oval(x0, y0, x1, y1, option)	x0, y0: 왼쪽 위 좌표	원이나 타원을 그림
	x1, y1: 오른쪽 아래 좌표	
create_polygon(x0, y0, x1, y1, …, option)	xn, yn: 다각형 꼭짓점 좌표	다각형을 그림. 각 좌표가 꼭짓점이 됨
create_rectangle(x0, y0, x1, y1, option)	x0, y0: 왼쪽 위 좌표	사각형을 그림
	x1, y1: 오른쪽 아래 좌표	
create_text(x, y, text, font, option)	x, y: 텍스트 위치	글자를 그림
	text: 출력할 텍스트	
	font: 사용할 폰트	
create_window(x, y, option)	x, y: 창의 위치	window 아이템을 쓰면 Canvas 위에 Tkinter 위젯(Label, Button 등)을 배치 가능

기본적으로 Canvas 위젯은 좌표로 각 아이템을 배치하는데, Canvas 화면 왼쪽 위가 좌표 (0, 0)입니다. X축은 화면 오른쪽으로 갈수록 좌푯값이 커지고, Y축은 화면 아래쪽으로 갈수록 좌푯값이 커집니다.

표 3-31에서 option으로 표시한 부분에 지정할 수 있는 옵션을 표 3-32에 정리해 두었습니다. 메서드에 따라 사용할 수 있는 옵션이 조금씩 다르니 자세한 건 자료를 참조하기 바랍니다.

표 3-32 아이템 생성용 메서드의 옵션

옵션명	설정 값	설명
anchor	n, ne, e, se, s, sw, w, nw, center 중 하나	위젯 표시 위치를 방위각으로 지정
fill	색 이름 또는 #RGB 형식의 16진수	아이템 내부 색
outline	색 이름 또는 #RGB 형식의 16진수	아이템 외곽 색
smooth	True 또는 False	지정한 좌표 사이의 직선을 곡선으로 그릴지 여부. 기본값은 False(직선)
splinesteps	정수	smooth 옵션이 True일 때 곡선의 부드러움 정도를 표현. 정수가 클수록 부드러움. 기본값은 12
stipple	비트맵 이미지	점묘법 패턴의 비트맵으로 영역을 그림
tags	태그 리스트	아이템을 생성할 때 부가하는 태그
width	숫자	바깥선의 굵기(텍스트는 너비)

Canvas 위젯을 사용하는 프로그램을 만들어 봅시다.

코드 3-35 tk_Canvas_01.py

```python
# coding: utf-8

# Tkinter 라이브러리 임포트
import tkinter as tk # Python3
# import Tkinter as tk # Python2

# Tk 객체 인스턴스 생성
root = tk.Tk()

# Canvas 객체 인스턴스 생성
# 너비는 500, 높이는 500
c = tk.Canvas(root, width = 500, height = 500)
# Canvas 배치
c.pack()

# 선을 그림
# 좌표 (0, 0)에서 (50, 50), 색은 검정
c.create_line(0, 0, 50, 50)
```

```
# 사각형을 그림
# 좌표 (100, 100)에서 (150, 150), 색은 빨강
c.create_rectangle(100, 100, 150, 150, fill = 'red')

# 원을 그림
# 좌표 (100, 200)에서 (150, 250), 색은 파랑
c.create_oval(100, 200, 150, 250, fill = 'blue')

# 다각형을 그림
# 좌표 8개를 연결한 팔각형, 색은 녹색
c.create_polygon(250, 200, 350, 200, 400, 250, 400, 350, 350, 400, 250, 400,\
                 200, 350, 200, 250, fill = 'green')
# root 표시
root.mainloop()
```

프로그램을 실행하면 다음과 같은 창이 표시됩니다.

그림 3-81 tk_Canvas_01.py 실행 결과

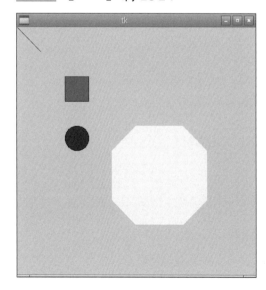

이 프로그램은 우선 500×500픽셀로 캔버스 영역을 생성합니다. 그리고 create_line( ) 메서드로 직선, create_rectangle( ) 메서드로 사각형, create_oval( ) 메서드로 원, create_polygon( ) 메서드로 팔각형을 그립니다. 이처럼 Tkinter 라이브러리를 사용하면 다양한 도형을 간단히 그릴 수 있습니다. 여러분도 한 번 해 보기 바랍니다.

이 절에서는 예제 프로그램을 통해 Tkinter 라이브러리를 사용한 GUI 프로그램 작성법을 살펴보았습니다. Tkinter 위젯이나 아이템은 이외에도 아주 많지만, 여기서 다 소개할 수 없으므로 다음 자료를 참조해서 꼭 공부해 보길 바랍니다.

- Tkinter 8.5 reference(뉴멕시코공과대학 사이트)

  http://infohost.nmt.edu/tcc/help/pubs/tkinter/web/index.html

- An Introduction to Tkinter(Work in Progress)

  http://effbot.org/tkinterbook/

TIP

PhotoImage와 BitmapImage

Tkinter로 이미지를 표시하려면 PhotoImage 클래스 또는 BitmapImage 클래스의 인스턴스를 생성해서 사용해야 합니다. PhotoImage는 GIF 형식(256색), PGM 형식(그레이), PPM 형식(컬러)의 이미지 파일을 표시할 수 있습니다. 한편 BitmapImage는 XBM 형식(흑백)의 이미지 파일을 표시할 수 있습니다.

이미지 파일로 BMP, JPG, PNG, TIFF를 사용할 수는 없습니다. 디지털 카메라 등으로 촬영한 JPG 파일을 PhotoImage나 BitmapImage에서 다루려면 GIMP 같은 이미지 처리 프로그램으로 파일 형식을 변경해야 합니다. 파이썬에서 직접 BMP, JPG, PNG, TIFF 등의 파일을 표시하려면 PIL(Python Imaging Library)을 사용하면 됩니다. 이 책에서는 PIL을 설명하진 않지만 다음과 같은 방법으로 사용하니 참고하기 바랍니다.

```
# coding: utf-8

# Tkinter 라이브러리 임포트
import tkinter as tk # Python3
# import Tkinter as tk # Python2

# PIL 임포트
from PIL import Image, ImageTk

# Tk 객체 인스턴스 작성
root = tk.Tk( )
```

```
# 이미지 파일 열기
image = Image.open('photo.png')

# PhotoImage 호환 이미지 객체로 변환
im = ImageTk.PhotoImage(image)

# root에 표시할 레이블 정의
label = tk.Label(root, image=im)

# 이미지 객체의 참조를 저장
label.image = im

# 레이블 배치
label.pack()

# root 표시
root.mainloop()
```

라즈비안에는 PIL이 기본으로 설치되어 있지 않으므로 다음 명령어로 필요한 패키지를 설치해야 합니다.

- 파이썬 3

```
sudo apt-get install python3-pil.imagetk
```

- 파이썬 2

```
sudo apt-get install python-pil.imagetk
```

4장

전자 회로 공작에 도전!

4장에서는 라즈베리 파이를 활용한 파이썬 프로그램을 소개합니다. 라즈베리 파이는 일반 PC로도 사용할 수 있지만, 확장 커넥터를 사용하면 일반 PC에서는 어려웠던 모터나 카메라 부품 같은 다양한 전자 회로 제어를 파이썬 프로그램으로 간단히 테스트해 볼 수 있습니다. 이렇게 하면 지금까지 화면에서만 동작시켜 봤던 프로그램을 현실 세계에서도 동작시켜 볼 수 있습니다. 직접 만든 프로그램으로 사물을 움직여 보는 즐거움을 체험해 보기 바랍니다.

① 전자 회로 공작의 기본 지식

지금부터 전자 회로 공작에 필요한 전자 회로 기본 지식을 설명하겠습니다. 전자 회로 공작은 전문 지식이 필요하고 접근하기 어렵다는 인상이 강하지만 중요한 부분만 잘 익혀 두면 동작시키는 건 쉽습니다. 하지만 잘못 다루면 라즈베리 파이 본체나 부품에 손상을 줄 수 있으니 최소한의 지식을 제대로 익혀 전자 회로 공작을 안전하게 즐겨 봅시다.

1.1 아날로그 신호와 디지털 신호

먼저 전자 회로 공작에서 기본이 되는 **신호**란 무엇일까요? 신호의 사전적 의미는 '일정한 부호, 표지, 소리, 몸짓 따위를 사용해 특정한 내용이나 정보를 전달하거나 지시함'입니다. 이 정의에 따르면 전자 회로 공작에서 신호란 '전기를 부호로 사용해서 내용을 전달하는 것'이라 할 수 있습니다. 라즈베리 파이에서는 프로그램을 통해 신호를 전자 회로에 전달해 제작자의 의도를 전달하고 전자 회로를 제어합니다.

그러면 전기 신호란 어떤 신호일까요? 전기 신호는 크게 **아날로그 신호**와 **디지털 신호**로 나눠집니다. 아날로그란 '물질이나 시스템 등의 상태를 연속적으로 변하는 물리량(物理量), 즉 연속된 값으로 나타낸 것'이고, 디지털이란 '자료나 정보 따위를 2진수 같은 유한 자릿수의 수열로 나타낸 것'입니다.

아날로그 신호와 디지털 신호를 그림으로 표현하면 다음과 같습니다.

그림 4-1 **아날로그 신호와 디지털 신호**

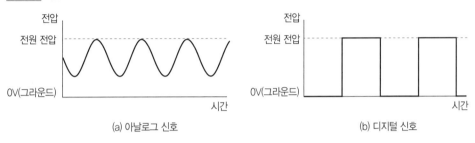

아날로그 신호는 전압이 연속적으로 변하지만, 디지털 신호는 전압이 0V(**그라운드**)인 상태와 전원 전압뿐입니다. 이처럼 디지털 신호는 전압 상태가 두 개뿐인데, 0V를 **로우 레벨**이라 하고 높은 쪽을 **하이 레벨**이라 합니다(엄밀하게 따지면 다른 상태도 있지만 여기서는 다루지 않습니다).

두 신호 모두 전압 변화에 따라 정보를 전달한다는 건 같습니다. 하지만 아날로그 신호에서 나오는 전압 값은 0V에서 전원 전압까지 연속적인 값이라 단계가 없고, 디지털 신호는 로우 레벨과 하이 레벨뿐이라는 것을 기억해 두기 바랍니다. 둘 다 '전압 변화를 신호로 전달해 전자 회로를 제어한다'는 점은 같습니다.

1.2 옴의 법칙

전자 회로뿐만 아니라 전기를 다룰 때 꼭 알아야 하는 것이 **옴의 법칙**입니다. 이 말은 옴의 법칙만 이해하면 대부분 어떻게든 할 수 있다는 뜻입니다.

옴의 법칙은 '도체에 흐르는 전류의 크기는 도체 양끝의 전위차에 비례한다'는 물리 법칙입니다.

다음 그림과 같은 회로가 있다고 해 봅시다. V는 전원 전압이고 단위는 V(볼트)입니다. I는 회로에 흐르는 전류고 단위는 A(암페어)입니다. R은 저항이고 단위는 Ω(옴)입니다.

그림 4-2 기본 전자 회로

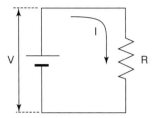

옴의 법칙은 다음 식과 같습니다.

- **옴의 법칙** $V = I \times R$

전자 회로라면 전원 전압이 도중에 변하는 일이 거의 없습니다. 라즈베리 파이의 전원 전압은 3.3V로 일정합니다. 따라서 이 식은 전류 값이나 저항 값을 구할 때 사용합니다. 전류 값과 저항 값을 구하려면 방금 본 식을 다음과 같이 변형해서 사용해야 합니다.

- **전류 값** $I = \dfrac{V}{R}$

- **저항 값** $R = \dfrac{V}{I}$

전류 값을 구하는 식에서 저항 값(R)이 0이면, 즉 전지의 양극과 음극을 연결한 상태(이 상태를 쇼트라고 합니다)가 되면 전류가 무한대가 됩니다. 하지만 전류를 무한대로 흘려보낼 수 있는 전원은 없습니다. 전원(라즈베리 파이가 사용하는 AC 어댑터 등)에 흘려보낼 수 있는 전류 값은 정해져 있어서 그 이상의 전류가 흐르면 전원이 고장납니다. 전자 회로 공작을 할 때 가장 조심해야 하는 부분입니다. 쇼트가 나는 장소에 따라 전원이 고장나는 것으로만 끝나지 않을 수도 있습니다. 라즈베리 파이 본체가 고장날 수도 있으므로 주의하기 바랍니다.

1.3 전자 부품의 절대 최대 정격

전자 부품의 데이터 시트에는 **절대 최대 정격**이라는 항목이 있습니다. 절대 최대 정격은 '순간이라도 넘기게 되면 부품이 고장나는 값'입니다. 다시 말해 부품이 고장나지 않도록 이 값을 반드시 지켜야 합니다.

예를 들어 LED는 순방향 전류의 절대 최대 정격이 정해져 있습니다. LED 전류의 절대 최대 정격이 30mA라면 이 LED에 흐르는 전류는 30mA를 넘지 않아야 합니다.

30mA 이상의 전류가 흐르지 않게 하려면 어떻게 해야 할까요? 여기서 옴의 법칙이 등장합니다. 회로의 전류를 조절하려면 저항 값을 바꾸면 됩니다. 어떤 저항 값을 회로에 붙여야 하는지는 앞에서 본 식으로 계산해 알 수 있습니다. 전원 전압이 5V라고 하면 다음과 같이 계산할 수 있습니다.

$$R = \frac{V}{I} = 5V \div 0.03A = 166.67\Omega$$

계산 결과에 따라 166.67Ω보다 큰 저항을 회로에 붙이면 절대 최대 정격을 넘는 전류가 흐르는 것을 막을 수 있습니다(실제로 LED에 흐르는 전류 값을 계산하려면 다른 요소들도 고려해야 합니다. 자세한 건 3절에서 설명합니다).

이렇듯 안전하면서도 고장나지 않게 전자 부품을 사용하려면 부품 데이터 시트에 정해진 전류 값과 전압 값 범위 안에서 사용해야 합니다. 이때 활약하는 것이 옴의 법칙입니다.

1.4 라즈베리 파이로 전자 회로 제어하기

일반적으로 마이크로프로세서 등은 디지털 회로로 구성되고 다루는 신호도 대부분 디지털 신호입니다. 라즈베리 파이로 전자 회로를 제어할 때도 디지털 신호를 출력해서 회로에 명령을 보내거나 회로에서 디지털 신호를 입력받아 처리합니다.

라즈베리 파이에서 디지털 신호를 입출력하려면 확장 커넥터를 사용해야 합니다. 확장 커넥터에 다양한 전자 부품을 연결한 후 파이썬 같은 프로그램을 통해 제어할 수 있습니다.

라즈베리 파이 확장 커넥터의 각 핀이 하는 역할은 다음 그림과 같습니다.

그림 4-3 **라즈베리 파이 확장 커넥터**

비고	기능	핀 이름	핀 번호		핀 번호	핀 이름	기능	비고
50mA까지(1번 핀과 17번 핀의 합계)		3.3V	1	◎◎	2	5V		
1.8kΩ 풀업 저항이 달려 있음	I2C1(SDA)	GPIO2	3	◎◎	4	5V		
1.8kΩ 풀업 저항이 달려 있음	I2C1(SCL)	GPIO3	5	◎◎	6	GND		
	GPCLK0	GPIO4	7	◎◎	8	GPIO14	UART0(TXD)	부팅할 때 시리얼 콘솔로 사용
	GND	GPIO	9	◎◎	10	GPIO15	UART0(RXD)	부팅할 때 시리얼 콘솔로 사용
		GPIO17	11	◎◎	12	GPIO18	PCM_CLK, PWM0	
	PCM_DOUT	GPIO27	13	◎◎	14	GND		
		GPIO22	15	◎◎	16	GPIO23		
50mA까지(1번 핀과 17번 핀의 합계)		3.3V	17	◎◎	18	GPIO24		
	SPI0(MOSI)	GPIO10	19	◎◎	20	GND		
	SPI0(MISO)	GPIO9	21	◎◎	22	GPIO25		
	SPI0(SCLK)	GPIO11	23	◎◎	24	GPIO8	SPI0(CS0)	
		GND	25	◎◎	26	GPIO7	SPI0(CS1)	
확장 기판(Hat)에 탑재된 EEPROM용 신호		ID_SD	27	◎◎	28	ID_SC		확장 기판(Hat)에 탑재된 EEPROM용 신호
		GPIO5	29	◎◎	30	GND		
		GPIO6	31	◎◎	32	GPIO12	PWM0	
	PWM1	GPIO13	33	◎◎	34	GND		
그 외의 기능: PCM_FS	SPI1(MISO), PWM1	GPIO19	35	◎◎	36	GPIO16	SPI1(CS2)	
		GPIO26	37	◎◎	38	GPIO20	SPI1(MOSI)	그 외의 기능: PCM_DIN
		GND	39	◎◎	40	GPIO21	SPI1(SCLK)	그 외의 기능: PCM_DOUT

* 라즈베리 파이 1(1세대) Model A, B는 26핀까지만 있습니다.

GND(그라운드) 핀은 전지로 치면 음극입니다. 3.3V 핀은 GND 핀에 3.3V 전압을 출력하는 핀으로 전지로 치면 양극이라 전원 핀이 됩니다. 마찬가지로 5V 핀은 GND 핀에 5V 전압을 출력하는 전원 핀입니다.

GPIO 핀은 프로그램에서 제어할 수 있는 핀입니다. **GPIO**(General Purpose Input/Output)는 범용 입출력을 뜻하며, 이런 핀은 프로그램에서 신호를 입력하는 핀(입력 핀) 또는 신호를 출력하는 핀(출력 핀)으로 설정할 수 있습니다. GPIO 핀은 디지털 신호만 사용합니다.

라즈베리 파이의 확장 커넥터에는 아날로그 신호를 직접 입력하거나 출력할 수 있는 핀이 없습니다. 아날로그 신호를 다루려면 전용 IC를 확장 커넥터에 연결해야 합니다(자세한 건 6절 참조).

1.5 회로도 기호

4장에서는 전자 회로 공작 예제를 몇 가지 다뤄 볼 텐데, 전자 회로 공작에서 피할 수 없는 것이 **회로도**입니다. 회로도는 전자 부품 배치와 접속을 표시한 그림으로 전자 회로를 만들 때 매우 중요합니다. 이 책에서도 회로도가 나오므로 지금부터 회로도에서 사용하는 기호를 알아보겠습니다.

표 4-1에 이 책에서 나오는 회로도 기호와 의미를 정리해 두었습니다.

표 4-1 **회로도 기호와 의미**

회로도 기호	의미
+3.3V	전원. 회로 하나에 전원이 여러 개 있다면 옆에 전압을 적어서 구별함
(그라운드 기호)	그라운드. 회로의 기본 전위(0V)를 나타냄(전위차가 전압)
(전지 기호)	전지. 선이 긴 쪽이 양극
(저항 기호)	저항. 기호 옆에 저항 값을 적음
애노드 / 캐소드	LED. 삼각형의 밑변이 양극(anode, 애노드), 삼각형의 꼭짓점과 선 쪽이 음극(cathode, 캐소드)
(스위치 기호)	버튼식 스위치
(M)	DC 모터
(스테핑 모터 기호)	스테핑 모터
(가변저항 기호)	가변저항. 기호 옆에 저항 값을 적음

이 책에서는 될 수 있으면 적은 부품으로 간단히 구성한 회로도를 사용합니다. 하지만 상황에 따라 훨씬 더 많은 부품을 사용해야 할 때도 있습니다. 그러면 회로도가 복잡해지는데 복잡한 회로도에는 방금 소개한 기호 외에도 더 많은 기호가 등장할 수도 있으니 참고하기 바랍니다.

지금까지 전자 회로 공작에 필요한 최소한의 지식을 살펴보았습니다.

실제로 스스로 만들 전자 회로를 설계하려면 더 많은 이해와 지식이 필요하지만, 지금은 부품과 기판을 고장내지 않고 안전하게 전자 회로 공작을 즐기는 것이 중요합니다. 전자 회로 공작을 하다가 문제가 생기거나 어려운 것이 나오면 전문 서적이나 인터넷을 참조하기 바랍니다.

② 준비물

지금부터 전자 회로 공작에 필요한 준비물을 소개하겠습니다. 이번 기회에 하나쯤은 마련해 두는 것도 좋습니다.

2.1 이것부터 준비하기

라즈베리 파이로 전자 회로 공작을 하려면 우선 브레드보드와 점퍼 와이어를 준비해야 합니다.

- **브레드보드**
- **점퍼 와이어**

브레드보드는 전기 부품이나 전선을 연결할 수 있는 구멍이 많이 있는 기판입니다. 구멍 안에 전극이 있어서 전자 부품을 꽂는 것만으로도 간단히 전자 회로를 구성할 수 있습니다.

그림 4-4 **브레드보드**

점퍼 와이어는 브레드보드에 연결(배선)하는 전용 전선입니다.

그림 4-5 **점퍼 와이어**

브레드보드, 점퍼 와이어, 전자 부품을 준비했다면 전자 회로를 구성할 준비가 끝난 것입니다. 전자 공작이라고 하면 '인쇄 회로 기판에 전자 부품을 납땜해야 하는 거 아니야?'라고 생각했을 수 있는데 브레드보드를 사용하면 납땜을 하지 않고도 전자 회로를 구성할 수 있습니다.

2.2 브레드보드의 종류와 구성

브레드보드를 자세히 살펴보겠습니다. 다음 그림과 같이 브레드보드는 크기와 종류가 다양합니다.

사용할 브레드보드는 사용할 전자 부품의 개수에 따라 다릅니다. 전자 부품을 1~2개 사용한다면 작은 브레드보드로도 충분하지만, 2~3개 사용한다면 조금 더 큰 것이 좋고 5개 이상 사용한다면 훨씬 더 커야 합니다.

그림 4-6 **다양한 브레드보드**

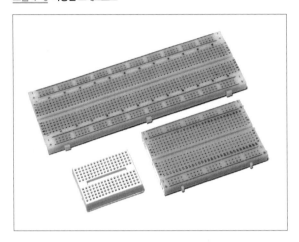

크기가 비슷한 브레드보드라도 가로와 세로의 구멍 개수가 다른 것이 있습니다.

그림 4-7 **구멍 개수가 다른 브레드보드**

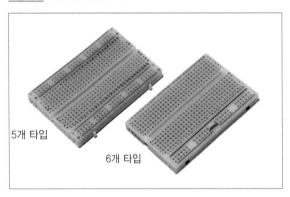

5개 타입

6개 타입

구멍 개수가 늘어나면 하나의 포트에서 분기할 수 있는 배선 수가 늘어납니다. 즉, 크기가 같은 브레드보드라도 구멍 개수가 많으면 더 복잡한 회로를 구성할 수 있습니다.

이 책에서는 주로 구멍이 5개인 소형 브레드보드(그림 4-4)를 사용합니다.

그럼 브레드보드의 내부 구조를 살펴봅시다. 브레드보드의 내부를 살펴보면 각 구멍이 다음 그림처럼 연결되어 있습니다.

그림 4-8 브레드보드의 내부 구조

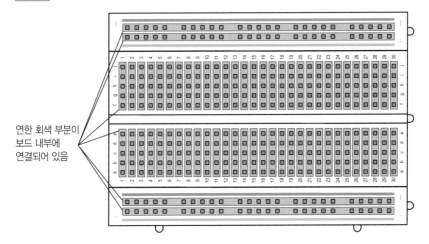

연한 회색 부분이
보드 내부에
연결되어 있음

저항이나 LED 같은 전자 부품은 다음 그림과 같이 연결합니다. IC 등 양쪽에 핀이 연결된
부품은 중간 홈에 걸쳐서 꽂습니다.

그림 4-9 전자 부품 연결

저항　　　　IC　　　　콘덴서

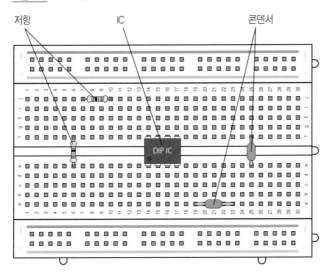

브레드보드의 내부 구조를 잘 이해해서 전원과 그라운드가 합선(쇼트)되지 않도록 주의하기
바랍니다.

2.3 점퍼 와이어의 종류

브레드보드에 연결하는 점퍼 와이어도 여러 종류가 있습니다. 브레드보드의 구멍 간격에 맞춰진 '단선 타입'과 브레드보드가 아닌 기판에도 사용할 수 있는 '연선 타입'이 있습니다.

그림 4-10 **점퍼 와이어의 종류**

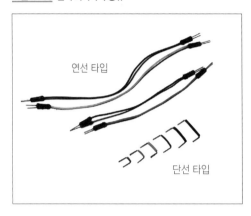

연선 타입은 끝부분이 핀(수컷)인 것과 소켓(암컷)인 것이 있습니다.

그림 4-11 **연선 타입 점퍼 와이어**

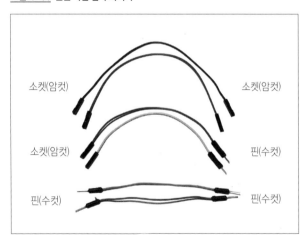

3절 이후의 회로에서는 브레드보드에 부품끼리 연결할 때는 '단선 타입'이나 '핀(수컷)–핀(수컷) 형 연선 타입' 점퍼 와이어를 사용하고, 라즈베리 파이의 확장 커넥터와 브레드보드를 연결할 때는 '핀(수컷)–소켓(암컷) 형 연선 타입' 점퍼 와이어를 사용합니다.

2.4 있으면 편리한 도구

전자 회로를 만들 때 다음과 같은 도구를 자주 사용합니다. 예산이 넉넉하다면 이 도구들도 준비해 둡니다.

- 니퍼
- 라디오 펜치
- 핀셋
- 납땜인두
- 테스터

니퍼는 긴 전선 등을 잘라 길이를 맞출 때 사용합니다.

그림 4-12 니퍼

전자 부품을 브레드보드에 꽂을 때 전자 부품의 리드 선을 보기 좋게 구부리고 싶을 때가 있습니다. 이때 **라디오 펜치**가 있으면 편리합니다.

그림 4-13 라디오 펜치

작은 부품이나 짧은 점퍼 와이어를 브레드보드에 꽂을 때 **핀셋**이 있으면 작업하기 쉬워집니다.

그림 4-14 핀셋

전자 회로 공작의 필수품이라 할 수 있는 **납땜인두**입니다. 브레드보드를 사용하면 납땜 작업이 많이 줄지만 전혀 하지 않는 건 아닙니다. 이 책에서 소개하는 예제에서도 가끔 납땜 작업을 해야 할 때가 있습니다. 생각만큼 어려운 작업은 아니므로 이번 기회에 도전해 보기 바랍니다.

그림 4-15 납땜인두

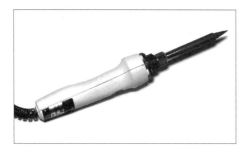

다음은 **테스터**입니다. 전자 회로 공작에서 빠질 수 없는 계측기입니다.

그림 4-16 테스터

작성한 회로를 동작해 보기 전에 전원과 그라운드가 합선(쇼트)되어 있지 않은지 확인하는 것이 중요한데, 이때 필요한 것이 테스터입니다. 전자 회로를 다룰 때는 전원을 넣기 전에 우선 테스터로 확인하는 습관을 들이기 바랍니다.

지금까지 전자 회로 공작에 필요한 준비물을 모두 살펴보았습니다.

2.5 텍스트 박스 만들기

지금부터는 라즈베리 파이 쪽을 준비해 봅시다.

이 책을 집필할 때 라즈비안의 최신 버전은 2017-09-07 버전이었습니다. 여기에 포함된 RPi.GPIO 라이브러리의 버전은 0.6.3입니다. RPi.GPIO 라이브러리는 늘 업데이트되고 있으니 될 수 있으면 최신 버전을 사용하기 바랍니다.

RPi.GPIO 새 버전을 설치하려면 LXTerminal에서 다음 명령어를 실행합니다.

```
sudo apt-get update
sudo apt-get upgrade
```

2장에서 소개한 sudo는 sudo 다음에 오는 명령어를 관리자(root) 권한으로 실행하는 명령어입니다. 라즈베리 파이를 부팅할 때 로그인한 pi 사용자는 애플리케이션 설치나 중요한 설정 파일 변경을 할 수 없습니다. 따라서 sudo 명령어를 실행해 일시적으로 관리자 권한을 얻습니다.

이제 전자 회로 공작에 필요한 준비물을 모두 갖췄고 프로그래밍을 시작하기 전에 필요한 준비도 모두 마쳤습니다. 지금까지 소개한 내용만으로도 이 책에 나오는 예제를 충분히 다룰 수 있지만 앞으로 더욱 다양하고 복잡한 전자 부품을 다루다 보면 도구가 부족할 수도 있습니다. 학습 수준이 올라갈 때마다 도구나 측정기를 조금씩 늘려나가기 바랍니다.

> **TIP** 앞으로 나올 예제에 필요한 전자 부품의 구입처는 부록 B에 정리해 놓았으니 참고하기 바랍니다.

3 첫걸음(LED와 스위치)

우선은 전자 회로 공작의 첫걸음으로 'LED를 켜는 회로'와 '스위치 상태를 읽는 회로'를 만들어 보겠습니다. LED를 켜려면 라즈베리 파이에서 신호를 출력해야 하고, 스위치 상태를 알려면 라즈베리 파이에 신호를 입력해야 합니다. 입출력 처리는 전자 회로의 기본입니다. 아무리 복잡한 회로 제어라도 입출력 회로의 조합으로 이루어집니다.

3.1 LED란?

LED(Light Emitting Diode, 발광 다이오드)는 전류를 흐르게 하면 발광하는 반도체 소자입니다. 반도체란 전류가 흐르는 방향이 정해져 있는 전자 부품입니다.

그림 4-17 LED

LED뿐만 아니라 일반적으로 다이오드라고 부르는 전자 부품에는 **애노드**(anode, 양극, +극)와 **캐소드**(cathode, 음극, −극) 단자가 있습니다. LED의 애노드에 전원의 +극을 연결하고 캐소드에 −극을 연결하면 전류가 흘러서 LED가 켜집니다.

그림 4-18 LED의 애노드 단자와 캐소드 단자

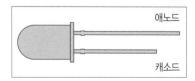

다음 그림은 LED의 데이터 시트 예입니다.

그림 4-19 LED의 데이터 시트 예

■ Absolute Maximum Rating(절대 최대 정격) (Ta=25℃)

Item(항목)	Symbol (기호)	Value (값)	Unit (단위)
DC Forward Current (순전류)	I_F	30	mA
Pulse Forward Current (펄스 순전류)	I_{FP}	100	mA
Reverse Voltage (역전압)	V_R	5	V
Power Dissipation (허용 손실)	P_D	72	mW
Operating Temperature (동작 온도)	T_{opr}	−30~+85	℃
Storage Temperature (보관 온도)	T_{stg}	−40~+100	℃
Lead Soldering Temperature (납땜할 때의 온도)	T_{sol}	260	℃/5sec (5초 이내)

■ Directivity(지향성)

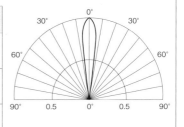

※ Pulse width Max. 10ms(펄스 폭은 최대 10msec) Duty ratio max 1/10(듀티 비는 최대 1/10)

■ Electrical−Optical Characteristic(전기적 및 광학적 특성) (Ta=25℃)

Item(항목)	Symbol (기호)	Condition (조건)	Min. (최소)	Typ. (표준)	Max. (최대)	Unit (단위)
DC Forward Voltage(순전압)	V_F	I_F=20mA	1.8	2.0	2.5	V
DC Reverse Current(역전류)	I_R	V_R=5V	−	−	10	μA
Domi. Wavelength(발광 파장)	λ_D	I_F=20mA	635	640	645	nm
Luminous Intensity(광도)	I_V	I_F=20mA	−	1200	−	mcd
50% Power Angle(반치각)	$2\theta_{1/2}$	I_F=20mA	−	15	−	deg

데이터 시트의 절대 최대 정격 값(Value)은 단 한순간도 넘겨서는 안 되는 값입니다. 이를테면 순전류 IF는 30mA로 정해져 있어서 흐르는 전류가 30mA를 넘으면 LED가 고장나 버립니다.

그림 4-19에서 아래쪽에 있는 '전기적 및 광학적 특성'이 LED의 성능에 관한 부분입니다. 이 값의 범위 내에서만 사용하면 고장나는 일 없이 LED의 성능을 최대한 발휘시킬 수 있습니다.

LED를 사용할 때 중요한 점은 순전압 V_F와 광도 I_V입니다.

순전압(순방향 전압)은 LED 같은 다이오드의 특징으로 애노드(양극)에서 캐소드(음극) 방향으로 전류가 흐를 때 다이오드 양끝에 발생하는 전압을 말합니다.

광도란 특정 전류가 흐를 때의 LED 밝기입니다. 이 데이터 시트에는 전류 20mA가 흐를 때의 밝기가 적혀 있습니다. LED는 이 전류 값보다 작으면 어두워지고 크면 밝아집니다. 하지만 전류 값은 절대 최대 정격을 넘을 수 없으니 주의해야 합니다.

이처럼 LED는 전류에 따라 켜지므로 라즈베리 파이 프로세서(SoC)가 출력하는 신호에 따라 전류의 유무, 즉 전압의 유무를 제어하면 껐다 켰다 할 수 있습니다.

3.2 LED 연결하기

다음 그림은 LED를 연결한 회로입니다.

그림 4-20 **LED를 연결한 회로**

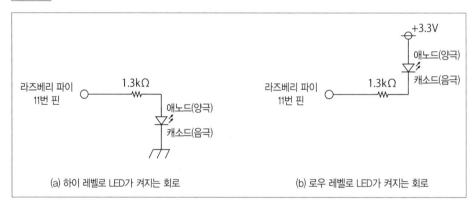

위 그림처럼 라즈베리 파이가 제어하는 LED 점등 회로에는 두 종류가 있는데, 이 두 회로는 LED가 켜지는 데 필요한 라즈베리 파이의 전압 레벨이 다릅니다(a 회로는 라즈베리 파이의 11번 핀이 하이 레벨일 때 LED가 켜지고, b 회로는 라즈베리 파이의 11번 핀이 로우 레벨일 때 LED가 켜집니다). 이번에는 a 회로를 사용해 보겠습니다.

LED에 직접 연결된 저항은 LED에 흐르는 전류 값을 조절합니다. 이 저항 값은 LED에 흐르게 할 전류 값을 기준으로 계산합니다.

- **저항 값 = (전원 전압 − 순전압) ÷ 흐르게 할 전류**

라즈베리 파이의 전원 전압은 3.3V입니다. 순전압은 LED의 데이터 시트에 적힌 값(이 예에서는 2.0V)이고, 흐르게 할 전류는 1mA라고 합시다(라즈베리 파이 프로세서 포트에 흐르게 할 수 있는 전류는 표준으로 8mA까지이므로 이 값을 넘지 않도록 합니다). 이를 방금 본 저항 값 식에 대입하면 다음과 같습니다.

$$(3.3 - 2.0) \div 0.001 = 1300 \, [\Omega]$$

따라서 필요한 저항은 1.3kΩ이 됩니다.

그러면 이 회로를 브레드보드를 통해 만들어 봅시다. 브레드보드의 실체 배선도[*]는 다음 그림과 같습니다.

그림 4-21 **실체 배선도(LED)**

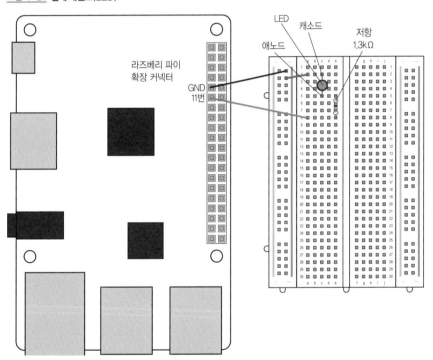

표 4-2에 이 회로에서 사용하는 부품 목록을 정리해 두었습니다.

---

* 전자 회로 배치나 전선 등을 연결하는 방법을 실물에 가깝게 구체적인 일러스트로 나타낸 그림

부품명	부품 번호 · 규격	제조사	개수
LED	OSDR5113A	OptoSupply	1
저항	1.3kΩ	지정된 것 없음	1

3.3 RPi.GPIO 라이브러리

RPi.GPIO 라이브러리는 라즈베리 파이의 확장 커넥터 핀을 범용 입출력(GPIO) 핀으로 제어하기 위한 파이썬 라이브러리입니다. 이 라이브러리를 사용하려면 파이썬 프로그램 앞부분에 다음 코드를 추가해야 합니다.

```
import RPi.GPIO as GPIO
```

이 라이브러리에서 사용할 수 있는 속성과 메서드는 다음과 같습니다.

속성	설명
RPI_INFO	라즈베리 파이 보드 리비전 등의 정보(이전에 사용하던 RPI_REVISION은 폐기 예정)
VERSION	RPi.GPIO 버전

표 4-4 RPi.GPIO 라이브러리 메서드

메서드	설명	인수	인수 설명
setmode(numbering)	확장 커넥터 핀의 번호 할당 방법을 지정	numbering: GPIO.BOARD 또는 GPIO.BCM	GPIO.BOARD는 커넥터 핀 번호, GPIO.BCM은 CPU 핀 번호(핀 번호는 그림 4-3 참조)
setwarnings(mode)	GPIO 핀이 기본 상태(입력 핀) 외로 설정된 핀을 프로그램에서 변경하려고 할 때 경고를 출력할지 지정	mode: True 또는 False	False로 설정하면 경고를 출력하지 않음
setup(channel, input/output, [pull_up_down 또는 initial])	사용할 GPIO 핀을 설정. GPIO 핀을 사용할 때는 필수	channel: 핀 번호	핀 번호는 setmode 메서드를 통해 설정한 할당 방법으로 지정
		input/output: GPIO.IN 또는 GPIO.OUT	입력이면 GPIO.IN, 출력이면 GPIO.OUT
		pull_up_down: GPIO.PUD_UP 또는 GPIO.PUD_DOWN	입력 핀이면 풀업으로 할지 풀다운으로 할지 지정. 풀업은 GPIO.PUD_UP, 풀다운은 GPIO.PUD_DOWN
		initial: GPIO.HIGH 또는 GPIO.LOW	출력 핀일 때 초기 상태를 지정. GPIO.HIGH는 하이 레벨, GPIO.LOW는 로우 레벨
output(channel, state)	channel로 지정한 핀에 state로 지정한 값을 출력	channel: 핀 번호	핀 번호는 setmode 메서드를 통해 설정한 할당 방법으로 지정
		state: 0/GPIO.LOW/Falase 또는 1/GPIO.HIGH/True	출력할 값을 지정. 0/GPIO.LOW/False는 로우 레벨, 1/GPIO.HIGH/True는 하이 레벨
cleanup(channel)	channel에서 사용한 GPIO를 개방. 인수가 없으면 모든 GPIO를 개방. 프로그램을 종료할 때 반드시 실행	channel: 핀 번호	핀 번호는 setmode 메서드를 통해 설정한 할당 방법으로 지정

메서드	설명	인수	인수 설명
wait_for_ edge(channel, edge, timeout)	channel로 지정한 핀에 edge로 지정한 이벤트가 발생할 때까지 대기	channel: 핀 번호	핀 번호는 setmode 메서드를 통해 설정한 할당 방법으로 지정
		edge: GPIO.FALLING, GPIO.RISING, GPIO.BOTH	신호가 떨어지거나(GPIO.FALLING), 오르거나(GPIO.RISING), 양쪽(GPIO.BOTH) 중 하나를 지정
		timeout: 타임아웃	이벤트 대기 중 타임아웃할 시간을 지정. 단위는 밀리초(msec)
add_event_detect(channel, edge, [callback, bouncetime])	channel로 지정한 핀에 edge로 지정한 이벤트가 발생했을 때 callback으로 지정한 함수를 실행	channel: 핀 번호	핀 번호는 setmode 메서드를 통해 설정한 할당 방법으로 지정
		edge: GPIO.FALLING, GPIO.RISING, GPIO.BOTH	신호가 떨어지거나(GPIO.FALLING), 오르거나(GPIO.RISING), 양쪽(GPIO.BOTH) 중 하나를 지정
		callback: 함수	이벤트 발생 시 호출할 함수를 지정
		bouncetime: 대기 시간	채터링˙을 제거하기 위해 대기 시간을 밀리초(msec)로 지정
event_detected(channel)	미리 add_event_detect 메서드로 지정한 channel에 지정한 이벤트가 발생하면 True를 반환	channel: 핀 번호	핀 번호는 setmode 메서드를 통해 설정한 할당 방법으로 지정
add_event_callback(channel, callback[, bouncetime])	미리 add_event_detect로 지정한 channel에 지정한 이벤트가 발생하면 함수 callback 실행을 추가함	channel: 핀 번호	핀 번호는 setmode 메서드를 통해 설정한 할당 방법으로 지정
		callback: 함수	이벤트 발생 시 호출할 함수를 지정
		bouncetime: 대기 시간	채터링을 제거하기 위해 대기 시간을 밀리초(msec)로 지정
remove_event_detect(channel)	channel에 지정한 핀의 이벤트 검출을 정지시킴	channel: 핀 번호	핀 번호는 setmode 메서드를 통해 설정한 할당 방법으로 지정

˙ 채터링은 스위치나 릴레이 같은 부품에서 접점 전환 시 짧은 시간에 끊김과 연결이 오락가락하는 현상입니다. 회로 오동작의 원인이 되기도 합니다.

3.4 파이썬 프로그램(LED 깜빡이기)

파이썬 코드를 통해 LED가 일정 간격으로 켜졌다 꺼졌다를 반복하는 프로그램을 만들어 봅시다.

코드 4-1 **LED_01.py**

```python
# coding: utf-8

# GPIO 라이브러리 임포트
import RPi.GPIO as GPIO

# time 라이브러리 임포트
import time

# 핀 번호 할당 방법은 커넥터 핀 번호로 설정
GPIO.setmode(GPIO.BOARD)

# 사용할 핀 번호 할당
LED = 11

# 11번 핀을 출력 핀으로 설정, 초기 출력은 로우 레벨
GPIO.setup(LED, GPIO.OUT, initial=GPIO.LOW)

# 예외 처리
try:

    # 무한 반복
    while 1:

        # 하이 레벨 출력
        GPIO.output(LED, GPIO.HIGH)

        # 0.5초 대기
        time.sleep(0.5)

        # 로우 레벨 출력
        GPIO.output(LED, GPIO.LOW)
```

```
        # 0.5초 대기
        time.sleep(0.5)

# 키보드 예외를 검출
except KeyboardInterrupt:

    # 아무것도 안 함
    pass

# GPIO 개방
GPIO.cleanup()
```

이 프로그램은 LED를 연결한 11번 GPIO 핀의 출력 신호를 무한 반복에서 하이 레벨과 로우 레벨 반복으로 변경할 뿐입니다.

무한 반복을 하므로 프로그램을 정지하는 처리가 필요합니다. 여기서는 try~except 문으로 예외 처리를 하는데 except에 KeyboardInterrupt를 지정해 키보드에서 끼어들기 입력이 들어오는지 확인합니다.

마지막에 GPIO.cleanup()을 실행해서 GPIO를 개방시키는 걸 주목하기 바랍니다.

프로그램을 실행하면 0.5초 간격으로 LED가 켜졌다 꺼졌다 합니다. 프로그램을 종료하려면 셸을 실행한 상태에서 Ctrl + C 키를 누르거나 Thonny의 Interrupt/Reset 버튼을 누릅니다.

지금부터는 화면의 버튼을 누를 때마다 LED가 켜지거나 꺼지는 GUI 프로그램을 만들어 보겠습니다.

<u>코드 4-2</u> tk_LED_01.py

```
# coding: utf-8

# GPIO 라이브러리 임포트
import RPi.GPIO as GPIO

# Tkinter 라이브러리 임포트
import tkinter as tk # Python3
# import Tkinter as tk # Python2
```

```python
# 핀 번호 할당 방법은 커넥터 핀 번호로 설정
GPIO.setmode(GPIO.BOARD)

# 사용할 핀 번호 할당
LED = 11

# 11번 핀을 출력 핀으로 설정, 초기 출력은 로우 레벨
GPIO.setup(LED, GPIO.OUT, initial=GPIO.LOW)

# LED를 켜고 끄는 함수를 정의
def func():

    # 11번 핀에서 나오는 입력 값을 반전해서 출력
    GPIO.output(LED, not GPIO.input(LED))

# Tk 객체 인스턴스 root 작성
root = tk.Tk()

# root에 표시할 레이블 정의
label = tk.Label(root, text='press button')

# 레이블 배치
label.pack()

# root에 표시할 버튼 정의
button = tk.Button(root, text='LED', command=func)

# 버튼 배치
button.pack()

# root 표시
root.mainloop()

# GPIO 개방
GPIO.cleanup()
```

root 창에 레이블과 버튼을 붙인 후 버튼이 눌리면 LED를 켜거나 끄는 func() 함수를 호출합니다. LED 상태를 전환하려면 이 프로그램처럼 우선 현재 GPIO의 상태를 읽고, 그 값을 논리 연산자 not으로 반전시켜서 GPIO에 출력하면 됩니다. 디지털 신호라면 받는 값이 0(로우 레벨)과 1(하이 레벨)뿐이므로 not 연산자를 통해 지금 상태의 반전 값을 만듭니다.

프로그램을 실행하면 다음과 같은 창이 표시되고 LED 버튼을 누르면 LED가 켜지고, LED가 켜진 상태에서 다시 버튼을 누르면 꺼집니다.

그림 4-22 tk_LED_01.py 실행 결과

프로그램을 종료하려면 창의 오른쪽 위에 있는 █를 클릭합니다.

3.5 LED 밝기 조절하기

이번에는 LED를 켜거나 끄는 것이 아니라 LED의 밝기를 조절해 봅시다. LED의 밝기를 조절하려면 **PWM**(Pulse Width Modulation, 펄스 폭 변조) **신호**를 사용합니다.

PWM이란 펄스 폭 변조라고 하는데 다음 그림처럼 일정 간격으로 신호의 하이 레벨과 로우 레벨의 폭을 전환해서* 원래 디지털 신호에서라면 표현할 수 없는 하이 레벨과 로우 레벨의 중간값을 유사하게 표현하는 신호 방식입니다.

그림 4-23 **PWM 신호**

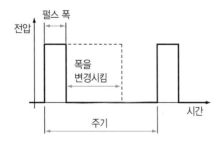

---

* 이렇게 짧은 시간 안에 하이 레벨과 로우 레벨을 전환하는 신호를 펄스 신호라 합니다.

LED를 하이 레벨로 켜는 회로라면 하이 레벨의 시간(펄스 폭)이 짧을수록 LED가 어둡게 켜지고 길수록 밝게 켜집니다. 이때 PWM 신호 주기에 대한 펄스 폭 비율을 **듀티 비**(duty ratio) 또는 **듀티**라 합니다.

그림 4-24 **듀티 비**

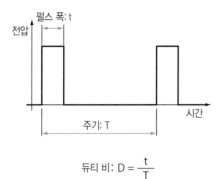

$$\text{듀티 비}: D = \frac{t}{T}$$

파이썬에서 PWM 신호를 출력하기 위해 RPi.GPIO 라이브러리를 임포트하고 다음과 같이 작성해서 PWM 객체 인스턴스를 생성합니다.

```
import RPi.GPIO as GPIO

p = GPIO.PWM(channel, frequency)
```

인수 channel에는 PWM 신호를 출력할 핀 번호를 지정하고, frequency에는 PWM 신호의 주파수를 지정합니다. 표 4-5에 PWM 객체의 메서드를 정리해 두었습니다.

표 4-5 **PWM 객체의 메서드**

메서드	설명	인수	인수 설명
start(dc)	PWM 신호 출력	dc: 듀티 비	듀티 비를 부동소수로 지정(0.0~100.0%)
ChangeFrequence(freq)	PWM 신호의 주파수 변경	freq: 주파수	주파수(Hz) 지정
ChangeDutyCycle(dc)	PWM 신호의 듀티 비 변경	dc: 듀티 비	듀티 비를 부동소수로 지정(0.0~100.0%)
stop()	PWM 신호 정지	없음	

3.6 파이썬 프로그램(PWM 신호)

이번에는 LED가 꺼진 상태에서 완전히 켜진 상태가 될 때까지 점점 밝아졌다가 다시 점점 어두워지는 프로그램을 만들어 봅시다.

<u>코드 4-3</u> **LED_02.py**

```python
# coding: utf-8

# GPIO 라이브러리 임포트
import RPi.GPIO as GPIO

# time 라이브러리 임포트
import time

# 핀 번호 할당 방법은 커넥터 핀 번호로 설정
GPIO.setmode(GPIO.BOARD)

# 사용할 핀 번호 할당
LED = 11

# 듀티 비 목록 작성
dc = [0, 1, 2, 3, 4, 5, 6, 7, 8, 9, 10, 12, 13, 15, 20, 30, 50, 70, 100]

# 11번 핀을 출력 핀으로 설정, 초기 출력은 로우 레벨
GPIO.setup(LED, GPIO.OUT, initial=GPIO.LOW)

# PWM 객체 인스턴스 작성
# 출력 핀: 11번, 주파수: 100Hz
p = GPIO.PWM(LED, 100)

# PWM 신호 출력
p.start(0)

# 예외 처리
try:
```

```
    # 무한 반복
    while 1:
        # 듀티 비를 0부터 100까지 목록에 따라 변경
        for val in dc:
            # 듀티 비 설정
            p.ChangeDutyCycle(val)
            # 0.1초 대기
            time.sleep(0.1)
        # 목록 나열 순서를 역순으로 변경
        dc.reverse()
        # 0.1초 대기
        time.sleep(0.1)

# 키보드 예외 검출
except KeyboardInterrupt:
    # 아무것도 안 함
    pass

# PWM 정지
p.stop()

# GPIO 개방
GPIO.cleanup()
```

리스트형 변수 dc에 듀티 비 목록을 할당해서 for 반복으로 듀티 비를 순서대로 추출하고, 그에 따라 PWM 신호를 출력해서 LED를 켭니다. 이때 LED는 점점 밝아집니다. for 반복을 빠져나오면 reverse() 메서드를 써서 목록 순서를 반대로 만들고 다시 for 반복으로 들어가면 이번에는 LED가 점점 어두워집니다. 프로그램을 종료하려면 Thonny를 활성화한 상태에서 Ctrl + C 키를 누르거나 Interrupt/Reset 버튼을 누릅니다.

다음은 슬라이더로 LED 밝기를 조절하는 GUI 프로그램을 만들어 봅시다.

<u>코드 4-4</u> tk_LED_02.py

```python
# coding: utf-8

# GPIO 라이브러리 임포트
import RPi.GPIO as GPIO

# Tkinter 라이브러리 임포트
import tkinter as tk # Python3
# import Tkinter as tk # Python2

# 핀 번호 할당 방법은 커넥터 핀 번호로 설정
GPIO.setmode(GPIO.BOARD)

# 사용할 핀 번호 할당
LED = 11

# 11번 핀을 출력 핀으로 설정, 초기 출력은 로우 레벨
GPIO.setup(LED, GPIO.OUT, initial=GPIO.LOW)

# PWM 객체 인스턴스 생성
# 출력 핀: 11번, 주파수: 100Hz
p = GPIO.PWM(LED, 100)

# Tk 객체 인스턴스 root 작성
root = tk.Tk()

# 슬라이더 값으로 사용할 Variable 객체 인스턴스를 부동소수로 작성
led_val = tk.DoubleVar()
# 0 지정
led_val.set(0)

# PWM 신호 출력
p.start(0)

# 듀티 비를 변경하는 함수 정의
def change_duty(dc):
```

```
    # 듀티 비 변경
    p.ChangeDutyCycle(led_val.get())

# root에 표시할 슬라이더 정의
# 레이블 LED, 수평으로 표시, 숫자 범위는 0~100
s = tk.Scale(root, label = 'LED', orient = 'h',\
                from_ = 0, to = 100, variable = led_val,
                command = change_duty)

# 슬라이더 배치
s.pack()

# root 표시
root.mainloop()

# PWM 정지
p.stop()

# GPIO 개방
GPIO.cleanup()
```

이 프로그램에서는 슬라이더를 표시하기 위해 Scale 객체를 사용했습니다. 슬라이더를 움직이면 슬라이드 탭의 위치에 따라 값이 변하므로 get() 메서드로 그 값을 얻어서 부동소수형 Variable의 객체 led_val에 할당합니다. 그리고 그 값을 듀티 비를 변경하는 change_duty 메서드에 넘겨서 LED 밝기를 바꿉니다.

프로그램을 실행하면 다음과 같은 창이 표시됩니다. 슬라이더의 슬라이드 탭을 움직여 LED 밝기가 변하는지 확인해 보기 바랍니다.

그림 4-25 tk_LED_02.py 실행 결과

3.7 스위치란?

다음은 입력 회로의 기본인 스위치입니다. **스위치**는 켜거나 끄는 조작을 라즈베리 파이의 전자 회로에 전달하는 부품입니다. 스위치 종류는 형태나 목적에 따라 다양합니다.

표 4-6 스위치 종류

버튼 스위치	토글 스위치	슬라이드 스위치
버튼을 누르면 접점이 연결되는 스위치. 누르는 동안 연결됨	레버를 쓰러트리면 접속이 전환되는 스위치. 스위치에서 손을 떼도 상태는 유지됨	스위치를 슬라이드해서 접촉을 바꾸는 스위치. 스위치에서 손을 떼도 상태는 유지됨

여기서는 버튼을 누를 때만 전기가 통하는 버튼 스위치를 사용하겠습니다.

3.8 스위치 연결하기

다음 그림은 스위치를 연결한 회로입니다.

그림 4-26 스위치 연결 회로

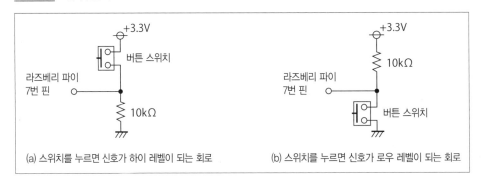

(a) 스위치를 누르면 신호가 하이 레벨이 되는 회로
(b) 스위치를 누르면 신호가 로우 레벨이 되는 회로

위의 그림처럼 스위치와 저항 배치를 바꾸면 스위치를 누를 때 전압이 로우 레벨에서 하이 레벨이 될지, 하이 레벨에서 로우 레벨이 될지가 변합니다. 그리고 핀이 입력 상태라면 이 핀이 받은 신호는 하이 레벨이거나 로우 레벨이어야 합니다. 하이 레벨과 로우 레벨의 중간 값을 받으면 입력 상태가 불안정해져서 프로그램과 전자 회로의 오동작 원인이 됩니다. 보통은 저항을 사용해서 항상 한쪽 레벨이 되도록 회로를 구성합니다. 이때 하이 레벨이 되게 만드는 저항을 **풀업 저항**이라 하고, 로우 레벨이 되게 만드는 저항을 **풀다운 저항**이라 합니다. 그림 4-26처럼 두 회로에 있는 10kΩ 저항이 a 회로에서는 풀다운 저항으로 동작하고, b 회로에서는 풀업 저항으로 동작합니다.

여기서는 b 회로를 브레드보드로 만들어 보겠습니다. 실체 배선도는 다음 그림을 참고하기 바랍니다.

그림 4-27 **실체 배선도(스위치)**

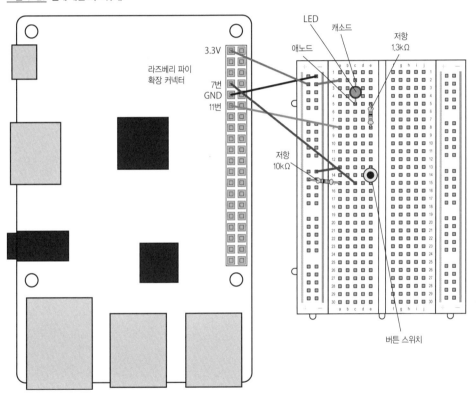

사용하는 부품은 표 4-7에 정리해 두었습니다. 스위치 동작을 확인하기 위해 앞에서 사용한 LED를 그대로 사용하겠습니다.

표 4-7 스위치 회로의 부품 목록

부품명	부품 번호 · 규격	제조사	개수
LED	OSDR5113A	OptoSupply	1
버튼 스위치	SKRGAAD010	알프스	1
저항	1.3kΩ	지정된 것 없음	1
저항	10kΩ	지정된 것 없음	1

3.9 파이썬 프로그램(스위치 입력)

이번에는 파이썬으로 스위치가 눌린 것을 감지해서 LED에 신호를 출력하는 프로그램을 만들어 봅시다.

코드 4-5 Switch_01.py

```python
# coding: utf-8

# GPIO 라이브러리 임포트
import RPi.GPIO as GPIO

# 핀 번호 할당 방법을 커넥터 핀 번호로 설정
GPIO.setmode(GPIO.BOARD)

# 사용하는 핀 번호를 할당
SW = 7
LED = 11

# 11번 핀을 출력 핀으로 설정, 초기 출력은 로우 레벨
GPIO.setup(LED, GPIO.OUT, initial=GPIO.LOW)

# 7번 핀을 입력 핀으로 설정
GPIO.setup(SW, GPIO.IN)

# 예외 처리
try:
```

```
    # 무한 반복
    while 1:
        # 스위치 상태를 변수 key_in에 할당
        key_in = GPIO.input(SW)
        # 변수 key_in 상태 판별
        if key_in==0:
            # 하이 레벨 출력
            GPIO.output(LED, GPIO.HIGH)
        else:
            # 로우 레벨 출력
            GPIO.output(LED, GPIO.LOW)

# 키보드 예외 검출
except KeyboardInterrupt:
    # 아무것도 하지 않음
    pass

# GPIO 개방
GPIO.cleanup()
```

7번 핀을 스위치 상태를 받는 입력 핀으로 설정해서 그 상태를 변수 key_in에 할당하고 할당한 값을 판별합니다. 이 예제에서는 스위치를 누르면 로우 레벨이 되므로 key_in이 0이면 스위치가 눌렸다고 봅니다.

라즈베리 파이의 GPIO에는 풀업·풀다운 구성이 있으므로 7번 핀을 입력 핀으로 설정하는 줄을 다음과 같이 변경하면 스위치에 연결하는 저항을 생략할 수 있습니다.

```
# 7번 핀을 풀업인 입력 핀으로 설정
GPIO.setup(SW, GPIO.IN, pull_up_down=GPIO.PUD_UP)
```

이번에는 스위치를 누를 때마다 LED가 켜지고 화면에 표시된 원의 색상이 변하는 GUI 프로그램을 만들어 봅시다. 사용하는 회로는 이전과 같습니다.

<u>코드 4-6</u> tk_Switch_01.py

```
# coding: utf-8

# GPIO 라이브러리 임포트
import RPi.GPIO as GPIO

# Tkinter 라이브러리 임포트
import tkinter as tk # Python3
# import Tkinter as tk # Python2

# 핀 번호 할당 방법은 커넥터 핀 번호로 설정
GPIO.setmode(GPIO.BOARD)

# 사용할 핀 번호를 할당
SW = 7
LED = 11

# 11번 핀을 출력 핀으로 설정, 초기 출력은 로우 레벨
GPIO.setup(LED, GPIO.OUT, initial=GPIO.LOW)

# 7번 핀을 풀업 입력 핀으로 설정
GPIO.setup(SW, GPIO.IN, pull_up_down=GPIO.PUD_UP)

# Tk 객체 인스턴스 작성
root = tk.Tk()

# 원을 그리기 위해 Canvas 객체 인스턴스 작성
# 너비: 200, 높이: 200
c = tk.Canvas(root, width = 200, height = 200)

# Canvas 배치
c.pack()
```

```
# 원 작성
# 좌표 (50,50)에서 (150,150), 색: 투명
cc = c.create_oval(50, 50, 150, 150, fill = '')

# 스위치가 눌리면 실행할 함수를 정의
def check_SW(channel):
    # 스위치 상태를 변수 key_in에 할당
    key_in = GPIO.input(channel)
    # 변수 key_in 상태를 판별
    if key_in==0:
        # 하이 레벨 출력
        GPIO.output(LED, GPIO.HIGH)
        # 원을 빨강으로 채움
        c.itemconfig(cc, fill='red')
    else:
        # 로우 레벨 출력
        GPIO.output(LED, GPIO.LOW)
        # 원을 투명하게 바꿈
        c.itemconfig(cc, fill='')

# 스위치 상태가 변할 때 check_SW 함수를 호출
GPIO.add_event_detect(SW, GPIO.BOTH, callback=check_SW)

# root 표시
root.mainloop()

# GPIO 개방
GPIO.cleanup()
```

create_oval 메서드로 원을 그리고 스위치를 누를 때마다 스위치 색상을 itemconfig 메서드로 변경합니다. 스위치가 눌러졌는지는 add_event_detect 메서드로 검출합니다. 이번에는 검출할 타이밍을 GPIO.BOTH로 지정했으므로 내리거나(하이 레벨에서 로우 레벨로 변화) 오르거나(로우 레벨에서 하이 레벨로 변화) 둘 다 check_SW 함수가 호출됩니다. check_SW 함수에서는 스위치 상태를 판별한 후 판별한 결과에 따라 원의 색상을 정합니다.

그림 4-28 tk_Switch_01.py 실행 결과(스위치를 누르지 않았을 때)

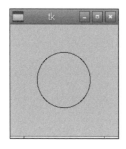

그림 4-29 tk_Switch_01.py 실행 결과(스위치를 눌렀을 때)

지금까지 LED와 스위치로 만든 회로를 라즈베리 파이 입출력 신호로 제어하는 방법을 배웠습니다. 신호 입출력은 전자 회로의 기본이고, 모든 전자 회로는 입력 신호와 출력 신호를 주고받으며 제어됩니다. 즉, 여러분은 이미 전자 회로 제어를 위한 기본 기술을 익힌 것입니다. 다음 절에서는 더 복잡한 디바이스 회로 제어에 도전해 봅시다.

> **TIP**
>
> **GPIO Zero 라이브러리**
>
> 코드네임 Jessie 라즈비안부터 GPIO 제어용 라이브러리로 새롭게 GPIO Zero 라이브러리가 추가되었습니다. GPIO Zero 라이브러리는 더 적은 코드량으로 GPIO에 접속한 전자 부품을 제어할 수 있습니다. 전부터 쓰던 GPIO 제어용 라이브러리 RPi.GPIO는 GPIO 커넥터의 각 핀 상태를 변화시키는 프로그램을 작성해서 전자 부품을 제어합니다. GPIO Zero 라이브러리는 LED나 버튼 같은 전자 부품마다 객체가 준비되어 있어서 이 객체를 조작해서 전자 부품을 제어합니다. 예를 들어 LED를 켜고 끈다면 다음처럼 작성합니다.
>
> ```
> # coding: utf-8
>
> # GPIO Zero 라이브러리 임포트
> import gpiozero
> ```

```python
# time 라이브러리 임포트
import time

# 11번 핀을 출력 핀으로 LED 접속
red_led = gpiozero.LED(17)

# 예외 처리
try:
    # 무한 반복
    while 1:

        red_led.on()
        time.sleep(1)
        red_led.off()
        time.sleep(1)

# 키보드 예외 검출
except KeyboardInterrupt:

# 아무것도 하지 않음
    pass

# GPIO 개방
red_led.close()
```

이 프로그램을 실행하면 1초마다 LED가 켜졌다 꺼졌다를 반복합니다. 이 프로그램을 다음처럼 바꿀 수 있습니다.

```python
# coding: utf-8

# GPIO Zero 라이브러리 임포트
import gpiozero

# time 라이브러리 임포트
import time

# 11번 핀을 출력 핀으로 LED 접속
red_led = gpiozero.LED(17)
```

```
# LED 점멸
red_led.blink()

# 예외 처리
try:
    # 무한 반복
    while 1:
        time.sleep(1)

# 키보드 예외 검출
except KeyboardInterrupt:

    # 아무것도 하지 않음
    pass

# GPIO 개방
red_led.close()
```

이렇듯 무척 간결한 프로그램을 만들 수 있습니다.

GPIO Zero 라이브러리 관한 자세한 내용은 다음 URL을 참조하기 바랍니다.
• http://gpiozero.readthedocs.io/en/stable/

---

4 **모터 돌리기**

이 절에서는 라즈베리 파이로 모터를 제어해 보겠습니다. 모터에는 다양한 종류가 있는데 여기서는 전지를 연결하기만 하면 회전하는 DC 모터, 신호를 보내면 일정 각도만큼 회전하는 스테핑 모터, RC나 로봇 등에 사용되는 소형 서보 모터를 사용하겠습니다.

4.1 모터란?

■ DC 모터

DC 모터는 전지를 연결하면 회전하는 소형 모터로 프라모델 등에 사용됩니다. DC 모터는 영구 자석과 전자석으로 구성되어 있습니다. 전자석은 철심 등에 코일을 감은 후 코일에 전원을 연결해서 전류를 흐르게 하여 자력이 발생시킵니다. DC 모터는 전자석이 회전하는 구조로 되어 있고, 전자석에서 발생하는 자력과 모터에 고정된 영구 자석의 자력이 서로 반발하거나 끌어당기는 원리를 이용해 회전하는 방식을 이용합니다.

그림 4-30 DC 모터

■ 스테핑 모터

스테핑 모터는 모터 안에 동일 간격으로 배치된 코일에 순서대로 전기를 통과시켜서 회전자를 회전시키는 모터입니다. 신호를 줄 때마다 정해진 각도만큼 회전시킬 수 있습니다. 제어 단자에 수동으로 신호를 주지 않으면 회전하지 않으므로 DC 모터에 비해 제어가 복잡한 편입니다.

그림 4-31 스테핑 모터

■ 서보 모터

서보 모터는 제어 신호에 따라 지시된 위치까지 모터를 회전시키고 그 위치를 유지하는 모터입니다. 최근에는 RC나 저가의 이족 보행 로봇 등에 자주 사용되면서 작고 저렴한 것도 발매되고 있습니다. 서보 모터 제어는 PWM 신호를 이용하는 것이 많으며 PWM 신호 펄스 폭에 따라 회전 각도가 정해집니다.

그림 4-32 **서보 모터**

4.2 DC 모터를 제어하는 회로

DC 모터를 회전시켜 봅시다. 여기서는 DC 모터 회전 제어 전용 IC와 모터 드라이버 IC를 사용합니다.

그림 4-33 **모터 드라이버 IC 모듈**

모터 드라이버 IC는 마이크로프로세서 등에서 제어 신호를 받아 DC 모터를 구동시키는 전용 IC입니다. 모터 드라이버 IC를 사용하면 DC 모터 회전이나 정지뿐만 아니라 역회전도 가능합니다. PWM 신호로 회전수를 제어하거나 STBY 신호로 대기 상태를 만들 수도 있습니다.

이번에는 TB6612FNG라는 모터 드라이버 IC가 탑재된 모듈 제품인 SparkFun의 ROB−09457을 사용하겠습니다. 모듈의 핀 할당은 다음 그림과 같습니다.

<u>그림 4−34</u> **모터 드라이버 모듈 ROB−09457 핀 할당**

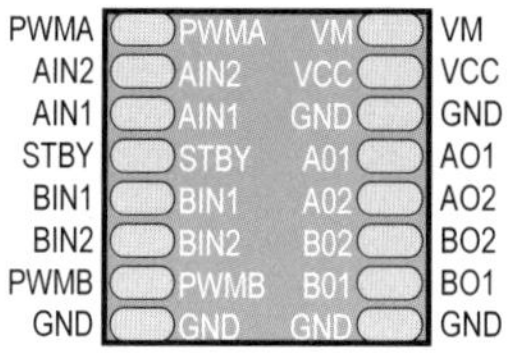

핀명	기능
PWMA	chA PWM 입력 포트
AIN2	chA 제어 신호 입력 포트
AIN1	chA 제어 신호 입력 포트
STBY	대기 신호 입력 포트
BIN1	chB 제어 신호 입력 포트
BIN2	chB 제어 신호 입력 포트
PWMB	chB PWM 입력 포트
VM	모터용 전원 포트
VCC	제어 회로 전원 포트
A01	chA 출력1 포트. 모터 단자에 연결
A02	chA 출력2 포트. 모터 단자에 연결
B02	chB 출력2 포트. 모터 단자에 연결
B01	chB 출력1 포트. 모터 단자에 연결
GND	그라운드 포트

이 모터 드라이버는 채널 A(chA)와 채널 B(chB) 이렇게 두 채널이 있어서 각 채널의 제어 신호 IN1, IN2, PWM, STBY 조합에 따라 모터 동작이 결정됩니다. 제어 신호와 모터 동작은 표 4−8을 참고하기 바랍니다.

표 4-8 모터 드라이버 IC 제어 신호

제어 신호				DC 모터 동작
IN1	IN2	PWM	STBY	
HIGH	HIGH	HIGH/LOW	HIGH	브레이크
LOW	HIGH	HIGH	HIGH	정회전(시계 방향)
		LOW	HIGH	브레이크
HIGH	LOW	HIGH	HIGH	역회전(시계 반대 방향)
		LOW	HIGH	브레이크
LOW	LOW	HIGH	HIGH	정지
HIGH/LOW	HIGH/LOW	HIGH/LOW	LOW	대기

다음 그림은 DC 모터 동작을 제어하는 회로입니다.

그림 4-35 DC 모터에 연결된 회로

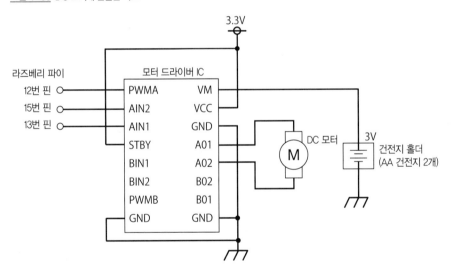

이 회로를 브레드보드에 구현한 실체 배선도는 다음 그림과 같습니다. DC 모터와 모터 드라이버 모듈은 납땜이 필요합니다.

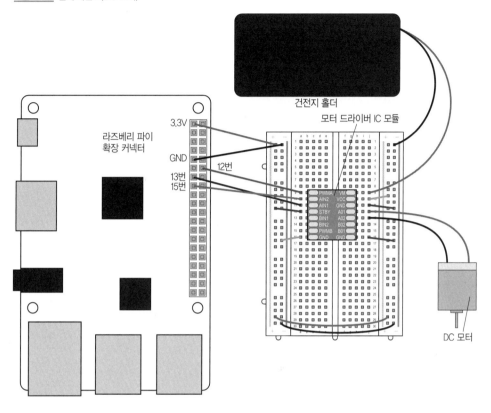

그림 4-36 **실체 배선도(DC 모터)**

건전지 홀더

모터 드라이버 IC 모듈

라즈베리 파이
확장 커넥터

3.3V

GND

12번

13번
15번

DC 모터

TIP

납땜

이번에 소개한 모터 드라이버 모듈과 DC 모터 같은 부품은 브레드보드에 바로 연결할 수 없습니다. 브레드보드에 연결하려면 모터 드라이버 모듈에 핀 헤더를 납땜해야 하고 DC 모터에 전선을 납땜해야 합니다.

그림 4-37 **핀 헤더**

핀 헤더는 필요한 길이로 잘라서 사용합니다. 핀 헤더의 긴 쪽을 브레드보드에 꽂고 그 위에 모터 드라이버 모듈을 올린 상태로 납땜하면 편합니다. 인두를 너무 오래 대고 있으면 브레드보드가 녹을 수 있으니 주의해야 합니다. DC 모터에 전선을 납땜하려면 전선 피복을 벗기고 도선을 DC 모터의 전극에 감은 후에 작업합니다. 전선 반대쪽은 피복을 8mm 정도 벗기고 도선에 인두로 납을 얇게 묻혀서 정리하면 브레드보드에 꽂기 쉬워집니다. 그렇게 어려운 작업은 아니므로 시도해 보기 바랍니다. 유튜브에서 '납땜'으로 검색하여 나오는 영상을 참고하면 도움이 많이 됩니다.

표 4-9에 이 회로에서 사용하는 부품 목록을 정리해 두었습니다.

표 4-9 DC 모터 회로 부품 목록

부품명	부품 번호·규격	제조사	개수
모터 드라이버 IC 모듈	ROB-09457	SparkFun	1
DC 모터*	미니 모터 세트	타미야	1
건전지 홀더	AA 건전지 2개 들이	지정된 것 없음	1
건전지	AA 건전지	지정된 것 없음	2

* DC 모터는 그림 4-30과 비슷한 것을 구입하면 됩니다. 모터 드라이버 IC 모듈은 모델에 따라 핀 위치가 다를 수 있으니 회로
도에 있는 핀 이름을 보고 연결해야 합니다.

4.3 파이썬 프로그램(DC 모터 제어)

DC 모터 회로를 제어하는 프로그램을 만들어 봅시다. 이 프로그램을 실행하면 DC 모터가
정방향 회전과 역방향 회전을 교대로 반복합니다.

코드 4-7 Motor_01.py

```python
# coding: utf-8

# GPIO 라이브러리 임포트
import RPi.GPIO as GPIO

# time 라이브러리 임포트
import time

# 핀 번호 할당 방법은 커넥터 핀 번호로 설정
GPIO.setmode(GPIO.BOARD)

# 사용할 핀 번호 할당
AIN1 = 13
AIN2 = 15
PWMA = 12

# 듀티 비를 변화시킬 스텝 정의
c_step = 10
```

```python
# 각 핀을 출력 핀으로 설정
GPIO.setup(AIN1, GPIO.OUT, initial=GPIO.LOW)
GPIO.setup(AIN2, GPIO.OUT, initial=GPIO.LOW)
GPIO.setup(PWMA, GPIO.OUT, initial=GPIO.LOW)

# PWM 객체 인스턴스 작성
# 출력 핀: 12번, 주파수 100Hz
p = GPIO.PWM(PWMA, 100)

# PWM 신호 출력
p.start(0)

# 예외 처리
try:
    # 무한 반복
    while 1:
        # AIN1에 하이 레벨 출력
        GPIO.output(AIN1, GPIO.HIGH)
        # 듀티 비를 0부터 100까지 c_step씩 증가
        for pw in range(0, 101, c_step):
            # 펄스 폭을 설정해서 PWM 신호 출력
            p.ChangeDutyCycle(pw)
            # 0.5초 대기
            time.sleep(0.5)
        # 듀티 비를 100부터 0까지 c_step씩 감소
        for pw in range(100, -1, c_step * -1):
            # 펄스 폭을 설정해서 PWM 신호 출력
            p.ChangeDutyCycle(pw)
            # 0.5초 대기
            time.sleep(0.5)
        # AIN1에 로우 레벨 출력
        GPIO.output(AIN1, GPIO.LOW)
        # 0.5초 대기
        time.sleep(0.5)
        # AIN2에 하이 레벨 출력
        GPIO.output(AIN2, GPIO.HIGH)
```

```
        # 듀티 비를 0부터 100까지 c_step씩 증가
        for pw in range(0, 101, c_step):
            # 펄스 폭을 설정해서 PWM 신호 출력
            p.ChangeDutyCycle(pw)
            # 0.5초 대기
            time.sleep(0.5)

        # 듀티 비를 100부터 0까지 c_step씩 감소
        for pw in range(100, -1, c_step * -1):
            # 펄스 폭을 설정해서 PWM 신호 출력
            p.ChangeDutyCycle(pw)
            # 0.5초 대기
            time.sleep(0.5)
        # AIN2에 로우 레벨 출력
        GPIO.output(AIN2, GPIO.LOW)
        # 0.5초 대기
        time.sleep(0.5)

# 키보드 예외 검출
except KeyboardInterrupt:
    # 아무것도 하지 않음
    pass

# PWM 정지
p.stop()

# GPIO 개방
GPIO.cleanup()
```

280쪽에서 만든 LED의 밝기를 변경하는 프로그램(LED_02.py, tk_LED_02.py)처럼 PWM 객체로 PWM 신호를 출력합니다. 모터는 정지 상태에서 천천히 회전하기 시작해서 회전 속도를 서서히 올리다 최고 속도가 되면 다시 천천히 회전 속도를 낮춰서 정지합니다. 그리고 다시 회전 방향을 바꿔서 같은 동작을 합니다.

이번에는 슬라이더로 회전 방향과 회전 속도를 변경하는 GUI 프로그램을 만들어 봅시다.

```python
# coding: utf-8

# GPIO 라이브러리 임포트
import RPi.GPIO as GPIO

# Tkinter 라이브러리 임포트
import tkinter as tk # Python3
# import Tkinter as tk # Python2

# 핀 번호 할당 방법은 커넥터 핀 번호로 설정
GPIO.setmode(GPIO.BOARD)

# 사용할 핀 번호 할당
AIN1 = 13
AIN2 = 15
PWMA = 12

# 각 핀을 출력 핀으로 설정
GPIO.setup(AIN1, GPIO.OUT, initial=GPIO.LOW)
GPIO.setup(AIN2, GPIO.OUT, initial=GPIO.LOW)
GPIO.setup(PWMA, GPIO.OUT, initial=GPIO.LOW)

# PWM 객체 인스턴스 작성
# 출력 핀: 12번, 주파수: 100Hz
p = GPIO.PWM(PWMA, 100)

# Tk 객체 인스턴스 root 작성
root = tk.Tk()

# 방향 변경 슬라이더로 사용할 Variable 객체 인스턴스(정수형) 작성
dir = tk.IntVar()

# 초깃값으로 1(정지) 설정
dir.set(1)
```

```python
# 속도 변경 슬라이더로 사용할 Variable 객체 인스턴스(부동소수형) 작성
spd = tk.DoubleVar()
# 초깃값으로 0(속도 0) 설정
spd.set(0)

# PWM 신호 출력 시작
p.start(0)

# 회전 방향을 변경하는 함수 정의
def change_dir(dr):
    if(dir.get() == 0):
        # 시계 방향으로 회전 방향 변경
        GPIO.output(AIN1, GPIO.LOW)
        GPIO.output(AIN2, GPIO.HIGH)
    elif(dir.get() == 1):
        # 정지
        GPIO.output(AIN1, GPIO.LOW)
        GPIO.output(AIN2, GPIO.LOW)
    elif(dir.get() == 2):
        # 시계 반대 방향으로 회전 방향 변경
        GPIO.output(AIN1, GPIO.HIGH)
        GPIO.output(AIN2, GPIO.LOW)

# 듀티 비를 변경하는 함수 정의
def change_pw( pw ):
    # 듀티 비 변경
    p.ChangeDutyCycle(spd.get())

# 방향 변경용 슬라이더 정의
# 레이블 Direction, 수평 표시, 숫자 범위는 0~2
s1 = tk.Scale(root, label = 'Direction', orient = 'h',\
                    from_ = 0, to = 2, variable = dir, command = change_dir)

# 방향 변경용 슬라이더 배치
s1.pack()
```

```python
# 속도 변경용 슬라이더 정의
# 레이블 Speed, 수평 표시, 숫자 범위는 0~100
s2 = tk.Scale(root, label = 'Speed', orient = 'h',\
                    from_ = 0, to = 100, variable = spd, command = change_pw)

# 속도 변경용 슬라이더 배치
s2.pack()

# root 표시
root.mainloop()

# PWM 신호 정지
p.stop()

# GPIO 개방
GPIO.cleanup()
```

프로그램을 실행하면 다음과 같은 창이 표시됩니다.

그림 4-38 tk_Motor_01.py 실행 결과

위에 있는 슬라이더는 회전 방향을 표시합니다. 중앙은 정지고 오른쪽으로 움직이면 시계 방향으로 회전하며 왼쪽으로 움직이면 시계 반대 방향으로 회전합니다. 아래에 있는 슬라이더는 속도를 제어합니다. 왼쪽 끝이 속도가 0인 정지 상태고 오른쪽으로 움직일수록 회전 속도가 올라갑니다.

위에 있는 슬라이더를 왼쪽이나 오른쪽으로 움직인 후 아래에 있는 슬라이더를 천천히 오른쪽으로 움직여서 DC 모터의 회전 속도가 빨라지는지 확인해 보기 바랍니다.

4.4 스테핑 모터를 제어하는 회로

다음으로 스테핑 모터를 회전시켜 보겠습니다. 다음 그림은 스테핑 모터를 제어하는 회로입니다.

그림 4-39 **스테핑 모터 제어 회로**

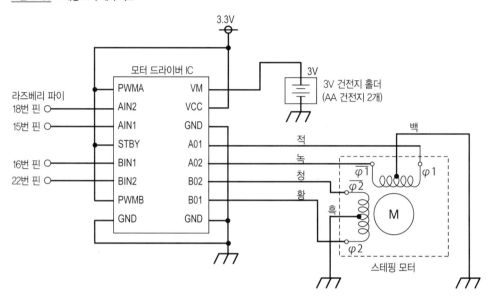

스테핑 모터 회로에서도 모터 드라이버 IC를 사용합니다. 위 회로도의 스테핑 모터를 회전시키려면 모터 드라이버 IC에 주는 4가지 제어 신호를 다음 그림과 같은 순서로 변경해야합니다.

그림 4-40 **스테핑 모터 제어 신호**

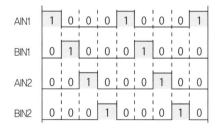

그림 4-40은 언제나 스테핑 모터 한 쌍만 전기가 통하는 상태가 됩니다. 이런 신호 방법을 1상 여자*라 합니다. 스테핑 모터의 여자 방법에는 이외에도 2상 여자나 1-2상 여자 등이 있습니다.

이 회로의 실체 배선도는 다음 그림을 참고하기 바랍니다.

그림 4-41 **실체 배선도(스테핑 모터)**

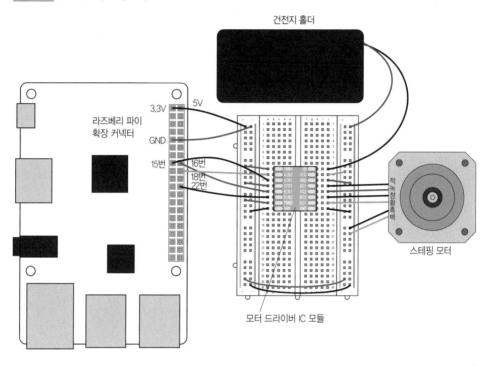

표 4-10은 이 회로에서 사용한 부품 목록입니다.

표 4-10 **스테핑 모터 회로 부품 목록**

부품명	부품 번호 · 규격	제조사	개수
모터 드라이버 IC 모듈	ROB-09457	SparkFun	1
스테핑 모터	ST-42BYG0506H	MERCURY MOTOR	1

---

* 전자석에 전기를 흐르게 해서 자속을 발생시키는 것을 여자(勵磁, excitation, 자기화)라 합니다.

4.5 파이썬 프로그램(스테핑 모터 제어)

스테핑 모터를 회전시키는 파이썬 프로그램을 만들어 봅시다. 다음 프로그램을 실행하면 지정한 횟수(step)만큼 모터가 정회전한 다음 역방향으로 같은 횟수만큼 회전합니다.

코드 4-9 **Motor_02.py**

```python
# coding: utf-8

# GPIO 라이브러리 임포트
import RPi.GPIO as GPIO

# time 라이브러리 임포트
import time

# collections 라이브러리 deque를 임포트
from collections import deque

# 핀 번호 할당 방법은 커넥터 핀 번호로 설정
GPIO.setmode(GPIO.BOARD)

# 사용할 핀 번호 할당
AIN1 = 15
BIN1 = 16
AIN2 = 18
BIN2 = 22

# 출력 신호 패턴 목록 작성
sig = deque([1, 0, 0, 0])

# 회전할 횟수
step = 100

# 회전 방향 초깃값
dir = 1

# 각 핀을 출력 핀으로 설정
```

```python
GPIO.setup(AIN1, GPIO.OUT, initial=GPIO.LOW)
GPIO.setup(BIN1, GPIO.OUT, initial=GPIO.LOW)
GPIO.setup(AIN2, GPIO.OUT, initial=GPIO.LOW)
GPIO.setup(BIN2, GPIO.OUT, initial=GPIO.LOW)

# 예외 처리
try:
    # 무한 반복
    while 1:
        # step으로 지정한 횟수만큼 반복
        for cnt in range( 0, step ):
            # 출력 신호 패턴을 순서대로 출력
            GPIO.output(AIN1, sig[0])
            GPIO.output(BIN1, sig[1])
            GPIO.output(AIN2, sig[2])
            GPIO.output(BIN2, sig[3])
            # 0.01초 대기
            time.sleep(0.01)
            # 출력 신호 패턴을 오른쪽으로 회전
            sig.rotate(dir)
        # 회전 방향을 반대로 만듦
        dir = dir * -1

# 키보드 예외 검출
except KeyboardInterrupt:
    # 아무것도 하지 않음
    pass

# GPIO 개방
GPIO.cleanup()

# 출력 신호 패턴 목록 작성
sig = deque([1, 0, 0, 0])

# 회전할 횟수
step = 100
```

```python
# 회전 방향 초깃값
dir = 1

# 각 핀을 출력 핀으로 설정
GPIO.setup(AIN1, GPIO.OUT, initial=GPIO.LOW)
GPIO.setup(BIN1, GPIO.OUT, initial=GPIO.LOW)
GPIO.setup(AIN2, GPIO.OUT, initial=GPIO.LOW)
GPIO.setup(BIN2, GPIO.OUT, initial=GPIO.LOW)

# 예외 처리
try:
    # 무한 반복
    while 1:
        # step으로 지정한 횟수만큼 반복
        for cnt in range( 0, step ):
            # 출력 신호 패턴을 순서대로 출력
            GPIO.output(AIN1, sig[0])
            GPIO.output(BIN1, sig[1])
            GPIO.output(AIN2, sig[2])
            GPIO.output(BIN2, sig[3])
            # 0.01초 대기
            time.sleep(0.01)
            # 출력 신호 패턴을 오른쪽으로 회전
            sig.rotate(dir)
        # 회전 방향을 반대로 만듦
        dir = dir * -1

# 키보드 예외 검출
except KeyboardInterrupt:
    # 아무것도 하지 않음
    pass

# GPIO 개방
GPIO.cleanup()
```

이 프로그램은 신호 출력 패턴을 collections 라이브러리의 deque 객체를 사용해서 저장합니다. deque 객체에는 내장형 리스트에는 없는 편리한 메서드가 있는데, 여기에서는 rotate 메서드를 사용합니다. rotate는 리스트 요소 전체를 인수로 지정한 숫자만큼 오른쪽으로 순환하는 메서드입니다. 인수가 음수이면 왼쪽으로 회전하므로 for 문을 빠져나올 때마다 −1을 곱해서 회전 방향을 반전시킵니다.

이제 라디오 버튼으로 회전 방향을 선택하고 텍스트 박스에 횟수를 입력해서 버튼을 누르면 지정한 회전 방향으로 입력한 횟수만큼 모터가 회전하는 GUI 프로그램을 만들어 봅시다.

<u>코드 4-10</u> tk_Motor_02.py

```python
# coding: utf-8

# GPIO 라이브러리 임포트
import RPi.GPIO as GPIO

# Tkinter 라이브러리 임포트
import tkinter as tk # Python 3
# import Tkinter as tk # Python 2

# time 라이브러리 임포트
import time

# collections 라이브러리 deque 임포트
from collections import deque

# 핀 번호 할당 방법은 커넥터 핀 번호로 설정
GPIO.setmode(GPIO.BOARD)

# 사용할 핀 번호 할당
AIN1 = 15
BIN1 = 16
AIN2 = 18
BIN2 = 22
```

```python
# 출력 신호 패턴 deque 객체 작성
sig = deque([1, 0, 0, 0])

# 각 핀을 출력 핀으로 설정
GPIO.setup(AIN1, GPIO.OUT, initial=GPIO.LOW)
GPIO.setup(BIN1, GPIO.OUT, initial=GPIO.LOW)
GPIO.setup(AIN2, GPIO.OUT, initial=GPIO.LOW)
GPIO.setup(BIN2, GPIO.OUT, initial=GPIO.LOW)

# Tk 객체 인스턴스 작성
root = tk.Tk()

# 방향을 지시하는 Variable 객체 인스턴스를 정수형으로 작성
dir = tk.IntVar()
# 초깃값을 1로 설정
dir.set(1)

# 시계 방향(CW)을 뜻하는 라디오 버튼 작성
rb1 = tk.Radiobutton(root, text = 'CW', variable = dir, value = 1)
# 라디오 버튼(CW) 배치
rb1.pack()

# 시계 반대 방향(CCW)을 뜻하는 라디오 버튼 작성
rb2 = tk.Radiobutton(root, text = 'CCW', variable = dir, value = -1)
# 라디오 버튼(CCW) 배치
rb2.pack()

# root에 표시할 레이블 정의
label = tk.Label(root, text='Input STEP')
# 레이블 배치
label.pack()

# 회전수를 입력할 텍스트 박스 작성
e = tk.Entry(root)
# 텍스트 박스 배치
e.pack()
```

```
# 지정한 횟수만큼 모터를 회전시키는 함수 정의
def rot_mtr():
    # 1회전
    for cnt in range( 0, int( e.get() ) ):

        # 출력 신호 패턴을 순서대로 출력
        GPIO.output(AIN1, sig[0])
        GPIO.output(BIN1, sig[1])
        GPIO.output(AIN2, sig[2])
        GPIO.output(BIN2, sig[3])

        # 0.01초 대기
        time.sleep(0.01)
        # 출력 신호 패턴 회전
        sig.rotate( dir.get() )

# 회전 시작 버튼 작성
b = tk.Button(root, text="rotate", width=10, command=rot_mtr)
# 버튼 배치
b.pack()

# root 표시
root.mainloop()

# GPIO 개방
GPIO.cleanup()
```

프로그램을 실행하면 다음과 같은 창이 표시됩니다. 라디오 버튼으로 회전 방향(CW는 시계 방향, CCW는 시계 반대 방향)을 선택하고, 텍스트 박스에 횟수를 입력해서 rotate 버튼을 누르면 그에 따라 스테핑 모터가 회전합니다. 텍스트 박스에 입력한 값은 문자열이므로 int 함수를 이용해 숫자로 변환해야 한다는 걸 기억하기 바랍니다.

그림 4-42 tk_Motor_02.py 실행 결과

4.6 서보 모터를 제어하는 회로

이번에는 서보 모터를 움직여 봅시다. 다음 그림은 서보 모터를 제어하는 회로입니다.

그림 4-43 서보 모터를 제어하는 회로

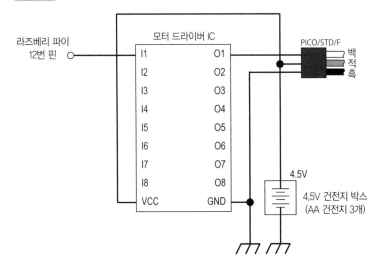

이 회로는 트랜지스터 어레이 IC를 사용합니다. 라즈베리 파이 프로세서가 출력하는 신호 전압과 서보 모터 입력에 필요한 신호 전압이 달라서 전압 레벨을 변환해야 하기 때문입니다.

실체 배선도는 다음 그림을 참고하기 바랍니다. 표 4-11은 이 회로에서 사용하는 부품 목록입니다.

그림 4-44 실체 배선도(서보 모터)

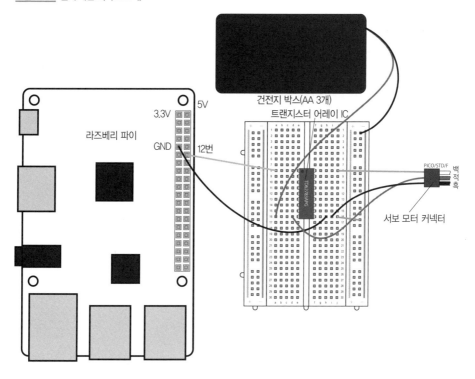

표 4-11 서보 모터 회로 부품 목록

부품명	부품 번호 · 규격	제조사	개수
트랜지스터 어레이 IC	TD62783APG	도시바	1
서보 모터	PICO/STD/F[*]	GWS	1
건전지 박스	AA형 건전지 3개용	지정 없음	1
건전지	AA형 건전지	지정 없음	3

* 서보 모터 PICO/STD/F는 국내에서 구입할 수 없는 제품입니다. 그림 4-32와 비슷한 것을 구입하면 됩니다. 모델에 따라 전선 색깔이 다를 수 있으므로 PWM, Vcc, Ground에 따라 연결해야 합니다.

4.7 파이썬 프로그램(서보 모터 제어)

서보 모터를 제어하는 파이썬 프로그램을 만들어 봅시다. 서보 모터를 0°에서 180°까지 10°씩 회전시키고, 180°까지 회전하면 다시 0°까지 회전시켜서 되돌립니다. 서보 모터 회전 각도는 제어용 PWM 신호 펄스 폭에 따라 정해지므로 회전 각도를 펄스 폭으로 바꿉니다.

코드 4-11 **Motor_03.py**

```python
# coding: utf-8

# GPIO 라이브러리 임포트
import RPi.GPIO as GPIO

# time 라이브러리 임포트
import time

# 핀 번호 할당 방법은 커넥터 핀 번호로 설정
GPIO.setmode(GPIO.BOARD)

# 핀 번호 할당
SRV = 12

# 출력 핀으로 설정
GPIO.setup(SRV, GPIO.OUT)

# 주파수 설정
freq = 100.0
# 각도의 최솟값 설정
deg_min = 0.0
# 각도의 최댓값 설정
deg_max = 180.0
# PWM 신호의 최소 듀티 설정
dc_min = 5.0
# PWM 신호의 최대 듀티 설정
dc_max = 22.0

# 각도를 듀티 비로 환산하는 함수 정의
def convert_dc( deg ):
    return ( (deg - deg_min) * (dc_max - dc_min) / (deg_max - deg_min) + dc_min)

# PWM 객체 인스턴스 생성
# 출력 핀: SRV, 주파수: freq
```

```python
p = GPIO.PWM(SRV, freq)

# PWM 신호 출력 시작
p.start(0)

# 예외 처리
try:
    # 무한 반복
    while 1:
        # 각도를 0부터 180까지 10씩 변화
        for deg in range(0, 181, 10):
            # 듀티 비를 설정
            dc = convert_dc( float(deg) )
            # PWM 신호 듀티 비를 변경해서 PWM 신호 출력
            p.ChangeDutyCycle( dc )
            # 1초 대기
            time.sleep(1)
        # 각도를 180부터 0까지 -10씩 변화
        for deg in range(180, -1, -10):
            # 듀티 비 설정
            dc = convert_dc( float(deg) )
            # PWM 신호 듀티 비를 변경해서 PWM 신호 출력
            p.ChangeDutyCycle( dc )
            # 1초 대기
            time.sleep(1)

# 키보드 예외 검출
except KeyboardInterrupt:
    # 아무것도 하지 않음
    pass

# PWM 정지
p.stop()

# GPIO 개방
GPIO.cleanup()
```

이 프로그램은 RPi.GPIO 라이브러리의 ChangeDutyCycle 메서드를 사용해서 PWM 신호를 출력합니다.

for 문은 range 함수를 사용해서 각도를 0°에서 180°까지 10°씩 변화시키므로 이것을 convert_dc 함수를 사용해서 듀티 비로 환산하고 ChangeDutyCycle 메서드의 인수로 넘깁니다. 이 라이브러리의 PWM 객체로 출력하는 PWM 신호는 소프트웨어에서 생성하므로 주기나 펄스 폭 등이 정확하게 출력되지 않습니다. 다른 우선순위가 높은 처리가 발생하면 PWM 신호 출력 처리가 뒤로 밀릴 수 있기 때문입니다. PWM 신호가 정확하게 출력되지 않으면 서보 모터가 회전 각도를 일정하게 유지할 수 없으므로 미세하게 떨리는 상태가 됩니다. 실제로 이 프로그램을 실행하면 서보 모터가 미세하게 떨리는 것을 확인할 수 있습니다.

라즈베리 파이에 탑재된 SoC에는 PWM 신호를 출력하는 전용 하드웨어가 내장되어 있습니다. 전용 하드웨어를 이용하면 안정된 PWM 신호를 출력할 수 있습니다. RPi.GPIO 라이브러리는 앞으로 하드웨어 PWM 신호 출력에 대응한다고 했으므로 그렇게 되면 서보 모터를 안정적으로 제어할 수 있을 것입니다.

이번에는 슬라이더의 슬라이드 탭을 움직이면 그에 따라 서보 모터가 회전하는 GUI 프로그램을 만들어 보겠습니다.

코드 4-12 tk_Motor_03.py

```python
# coding: utf-8

# GPIO 라이브러리 임포트
import RPi.GPIO as GPIO

# Tkinter 라이브러리 임포트
import tkinter as tk # Python3
# import Tkinter as tk # Python2

# 핀 번호 할당 방법은 커넥터 핀 번호로 설정
GPIO.setmode(GPIO.BOARD)

# 핀 번호 할당
SRV = 12
```

```python
# 출력 핀으로 설정
GPIO.setup(SRV, GPIO.OUT)

# 주파수 설정
freq = 100.0
# 각도의 최솟값 설정
deg_min = 0.0
# 각도의 최댓값 설정
deg_max = 180.0
# PWM 신호 최소 듀티 설정
dc_min = 5.0
# PWM 신호 최대 듀티 설정
dc_max = 22.0

# PWM 객체 인스턴스 생성
# 출력 핀: SRV, 주파수: freq
p = GPIO.PWM(SRV, freq)

# PWM 신호 출력
p.start(0)

# Tk 객체 인스턴스 작성
root = tk.Tk()

# Variable 객체 인스턴스를 부동소수형으로 작성
deg = tk.DoubleVar()
# 0을 설정
deg.set(0)

# 각도를 듀티 비로 환산해서 서보 모터를 회전시킴
def change_dc(dum):
    # 듀티 비를 변경
    dc = (deg.get() - deg_min) * (dc_max - dc_min) / (deg_max - deg_min) + dc_min
    p.ChangeDutyCycle( dc )

# 각도를 조절하는 슬라이더 작성
```

```
# 레이블은 Angle, 방향은 수평, 숫자 범위는 0~180
s = tk.Scale(root, label = 'Angle', orient = 'h',\
                    from_ = 0, to = 180, variable = deg, command = change_dc)

# 슬라이더 배치
s.pack()

# root 표시
root.mainloop()

# PWM 정지
p.stop()

# GPIO 개방
GPIO.cleanup()
```

프로그램을 실행하면 다음과 같은 창이 표시됩니다.

그림 4-45 tk_Motor_03.py 실행 결과

슬라이더의 슬라이드 탭을 움직여 보면 움직임에 따라 0~180 값이 듀티 비로 환산되고,
ChangeDutyCycle 메서드가 그 값을 사용해서 PWM 신호를 보냅니다. 그 결과 서보 모터가
지정한 각도만큼 회전합니다.

이 절에서는 세 가지 모터를 움직여 보았습니다. 모터는 전자 회로 공작에서 움직임을 만드
는 중요한 부품입니다. 각 모터의 서로 다른 특성을 잘 이해해서 사용하면 다양한 동작을 만
들 수 있습니다. 여러분도 아이디어를 내 모터로 여러 가지 동작을 만들어 보기 바랍니다.

⑤ 카메라 사용하기

이 절에서는 라즈베리 파이의 순정 부품인 라즈베리 파이 카메라를 파이썬 프로그램으로 제어해 보겠습니다. 카메라는 사진뿐만 아니라 동영상도 촬영할 수 있습니다. 카메라를 제어하기 위한 전용 라이브러리도 있으니 이를 잘 활용하면 라즈베리 파이를 일반 카메라나 비디오 카메라처럼 활용할 수 있습니다.

5.1 카메라 연결하기

왼쪽 그림은 라즈베리 파이 카메라와 부속품인 접속용 플렉시블 케이블입니다. 라즈베리 파이와 카메라를 연결하려면 우선 오른쪽 그림과 같이 카메라 쪽 커넥터에 플레시블 케이블을 연결해야 합니다.

그림 4-46 **라즈베리 파이 카메라와 접속용 플렉시블 케이블**　　　그림 4-47 **카메라 쪽 커넥터에 플레시블 케이블 연결**

다음으로 라즈베리 파이에 케이블을 꽂습니다. 라즈베리 파이에는 카메라 접속용 전용 커넥터가 있으므로 이 커넥터 탭을 위로 당겨서 쓰러트린 후 케이블을 꽂습니다.

그림 4-48 **라즈베리 파이 카메라 전용 커넥터**

다음으로 카메라를 연결해야 하는데 연결할 때는 반드시 라즈베리 파이 전원을 끈 상태에서 하기 바랍니다. 플렉시블 케이블에는 방향이 있습니다. 플렉시블 케이블 단자가 커넥터 접점에 닿는 방향으로 연결합니다.

라즈베리 파이 카메라는 그대로라면 기판이 노출된 상태이므로 전용 케이스나 스탠드 같은 것을 사용해 보호하는 것이 좋습니다.

그림 4-49 **카메라 케이스**

5.2 라즈베리 파이 카메라를 사용하기 위한 준비

라즈베리 파이 카메라를 사용하려면 라즈베리 파이에서 미리 설정을 해 둬야 합니다. 데스크톱 왼쪽 위에 있는 **Menu** 아이콘을 누르고 **설정** 〉 Raspberry Pi Configuration을 선택합니다. 창이 나타나면 **Interfaces**(인터페이스) 탭을 클릭하고 Camera를 **Enable**로 설정한 후 **OK**를 클릭합니다.

그림 4-50 **카메라 기능 설정하기(1)**

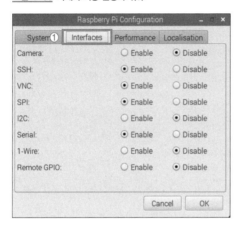

그림 4-51 **카메라 기능 설정하기(2)**

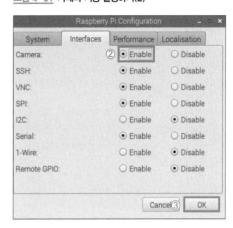

화면 지시에 따라 라즈베리 파이를 재부팅하고 재부팅이 끝나면 카메라 동작을 확인합니다. LXTerminal에서 다음 명령어를 실행하면 됩니다.

```
raspistill -v -o test.jpg
```

카메라 미리 보기 화면이 5초간 표시되고 마지막 화면이 test.jpg 파일로 저장되면 카메라가 정상으로 동작하는 것입니다. 정상으로 동작하지 않을 때는 플렉시블 케이블이 제대로 연결되었는지 확인해 봅니다.

5.3 picamera 라이브러리

picamera 라이브러리에는 라즈베리 파이 카메라를 조작하는 다양한 메서드가 있습니다. 표 4-12는 picamera 라이브러리의 메서드 목록입니다.

표 4-12 picamera 라이브러리의 메서드

메서드	설명	인수	인수 설명
capture(output, [format, use_ video_port, resize, splitter_port, options])	카메라에서 얻은 화상 데이터를 output에 저장	output: 파일명	저장할 파일명
		format: 파일 형식. None, jpeg, png, gif, bmp, yuv, rgb, rgba, bgr, bgra, raw 중 하나	화상 파일 형식. 기본값은 None이고 output 으로 지정한 파일명 확장자에서 저장 형식을 판별
		use_video_port: True 또는 False	카메라 비디오 포트 사용 여부. True면 비디 오 포트를 사용하고, False면 이미지 포트를 사용. 기본값은 False. 이미지 포트가 동작은 느리지만 고화질임. 비디오 포트를 지정하면 splitter_port 매개변수 지정 가능
		resize: None 또는 (width, height)	촬영한 화상 크기의 변경 여부. 기본값은 None. 변경할 때는 매개변수 width(너비)와 height(높이)를 튜플로 넘김
		splitter_port: 포트 번호	비디오 스플리터 포트 번호를 지정. 기본값은 0
		options: 오른쪽 인 수 설명 참조	JPEG로 지정할 때만 다음 옵션 지정 가능 – quality: JPEG 인코더 품질을 1~100 숫 자로 지정. 기본값은 85 – thumbnail: Exif 메타데이터를 내장한 섬 네일의 크기와 품질을 지정. None으로 지 정하면 섬네일을 만들지 않음. 섬네일을 만 들려면 (width, height, quality)(너비, 높 이, 품질)로 지정. 기본값은 (64, 48, 35) – bayer: True로 설정하면 카메라에서 bayer 데이터가 Exif 메타데이터에 포함됨
capture_continuous (output[, format, use_ video_port, resize, splitter_port, options])	카메라에서 반복 화상 데이터를 얻고 output에 저장	capture와 같음	output에 다음 두 값을 넣으면 여기에 format 메서드 변환 규칙을 적용한 이름으로 저장됨 – {counter}: 1에서 시작하는 정수값이 연속 적으로 부여됨 – {timestamp}: 일시가 부여됨

메서드	설명	인수	인수 설명
capture_sequence (outputs[, format, use_ video_port, resize, splitter_port, burst, options])	카메라에서 얻은 화상 데이터를 outputs로 넘긴 목록의 개수만큼 순서대로 저장	outputs: 파일명 목록	저장할 파일명 목록
		format: 파일 형식. jpeg, png, gif, bmp, yuv, rgb, rgba, bgr, bgra, raw 중 하나	화상 파일 형식. 기본값은 jpeg
		burst: True 또는 False	use_video_port가 False면 Still Port에서 데이터를 고속으로 읽음
		기타 옵션: capture 와 같음	
close()	카메라를 종료함	없음	
record_sequence (outputs[, format, resize, splitter_port, options])	카메라에서 얻은 영상을 outputs 로 지정한 리스 트 개수만큼 순 서대로 녹화	outputs: 파일명 목록	녹화한 영상을 저장하는 파일명 목록
		기타 옵션: start_ recording과 같음	단, format의 기본값은 h264
split_recording (output[, splitter_port])	녹화 출력을 output으로 지정한 곳으로 변경	output: 파일명	녹화한 영상을 저장할 파일명
		splitter_port: 포트 번호	비디오 스플리터 포트 번호. 기본값은 1
start_preview(options)	프리뷰 창 표시	options	picamera 프로퍼티 지정. 프리뷰 표시 중에 변경 가능
start_recording (output[, format, resize, splitter_port, options])	녹화를 시작	output: 파일명	녹화한 영상을 저장할 파일명
		format: None, h264, mjpeg, yuv, rgb, rgba, bgr, bgra	영상 파일 형식. 기본값은 None. 이때 output으로 지정한 파일명 확장자에서 저장 형식을 판별
		resize: None 또는 (width, height)	녹화한 영상 크기 변경 여부. 기본값은 None. 변경할 때는 매개변수 width(너비)와 height(높이)를 튜플로 지정
		splitter_port: 포트 번호	비디오 스플리터 포트 번호. 기본값은 1

메서드	설명	인수	인수 설명
		options: 오른쪽 인수 설명 참조	파일 형식이 h264면 다음 옵션을 지정 가능 – profile: h264 프로파일을 지정. 기본값은 high. baseline, main, high, constrained 지정 가능 – intra_period: 키프레임을 지정. 기본값은 None. 프레임 수를 정수 값(32비트)으로 지정 – inline_headres: True로 지정하면 SPS/PPS 정보를 스트림 안에 포함. 기본값은 True – sei: True로 지정하면 스트림 안에 'Supplemental Enhancement Information' 포함. 기본값은 False – motion_output: 모션 벡터 검출 데이터를 저장할 파일명 지정. 기본값은 None으로 출력하지 않음 모든 파일 형식에서 다음 옵션을 지정 가능 – bitrate: 비트 레이트. 기본값은 17Mbps. 최댓값은 25Mpbs. 0을 지정하면 비트 레이트 제어를 하지 않음 – quality: h264 형식에서 10(고품질)~40(저품질)을 지정(보통은 20~25). mjpeg 형식은 1(저품질)~100(고품질)을 지정. 0을 지정하면 적당한 품질이 됨
stop_preview()	프리뷰 창을 닫음	없음	
stop_recording ([splitter_port])	녹화를 정지	splitter_port: 포트 번호	비디오 스플리터 포트 번호. 기본값은 1
wait_recording ([timeout, splitter_port])	timeout으로 지정한 초만큼 비디오 인코더 대기	timeout: 초	대기할 시간(초로 지정). 기본값은 0
		splitter_port: 포트 번호	비디오 스플리터 포트 번호. 기본값은 1

표 4-13 picamera 라이브러리의 프로퍼티

프로퍼티	설명
iso	카메라의 ISO 값 설정. 100, 200, 320, 400, 500, 640, 800, 1600 지정 가능. 기본값은 0(자동)
awb_mode	자동(auto) 화이트밸런스 모드 설정. off, auto, sunlight, cloudy, shade, tungsten, fluorescent, incandescent, flash, horizon 설정 가능. 기본값은 auto
brightness	밝기(휘도). 0~100 범위

프로퍼티	설명
closed	close 메서드가 실행됐으면 True
color_effects	컬러 효과. 기본값은 None. 값을 설정할 때는 (u, v) 튜플로 0~255 범위로 지정. 예를 들어 (128, 128)은 흑백 화상이 됨
contrast	대비. −100~100 범위
exif_tags	화상에 추가할 Exif 태그 정보. 추가와 갱신 가능
exposure_compensation	노출 보정 레벨. −25~25 범위. 기본값은 0
exposure_mode	노출 모드 설정. off, auto, night, nightpreview, gacklight, spotlight, sports, snow, beach, verylong, fixedfps, antishake, fireworks 지정 가능. 기본값은 auto
frame	녹화 중 프레임 정보
framerate	비디오 포트의 프레임 레이트
hflip	카메라에서 출력을 수평 방향으로 반전시킴
image_effect	현재 화상에 효과를 입힘. 다음 효과를 사용 가능. none, negative, solarize, sketch, denoise, emboss, oilpaint, hatch, gpen, pastel, watercolor, film, blur, saturation, colorswap, washedout, posterise, colorprint, colorbalance, cartoon, deinterlace1, deinterlace2
led	GPIO로 카메라 LED 상태를 설정
meter_mode	카메라 계측 모드. average, spot, backlit, matrix 중 하나 지정 가능. 기본값은 average
preview	프리뷰가 동작하면 PiRenderer 인스턴스를 돌려주고 동작하지 않으면 None을 돌려줌. PiRenderer 속성을 사용해서 프리뷰 설정 가능
recording	녹화 중이면 True
resolution	해상도. 픽셀 수를 width(너비)와 height(높이)의 튜플로 지정
rotation	이미지를 회전시킴. 설정 가능한 값은 0, 90, 180, 270
saturation	채도. −100~100 범위. 기본값은 0
sharpness	선명도. −100~100 범위. 기본값은 0
shutter_speed	셔터스피드. 마이크로초로 지정. 기본값은 0(자동)
vflip	카메라 출력을 수직 방향으로 반전시킴
video_denoise	노이즈 제거 알고리즘 적용 여부. True로 적용. 기본값은 True
video_stabilization	손 떨림 방지 기능. 기본값은 False
zoom	줌 설정. (x, y, w, h) 튜플로 부동소수형 0.0~1.0 범위로 지정. 기본값은 (0.0, 0.0, 1.0, 1.0)

5.4 파이썬 프로그램(사진 촬영)

카메라를 통해 사진을 촬영해서 파일로 저장하는 파이썬 프로그램을 만들어 봅시다. 라즈베리 파이 카메라 조작은 pi 사용자로도 가능하므로 이번에는 IDE를 관리자 권한으로 실행하지 않아도 됩니다.

<u>코드 4-13</u> **picamera_01.py**

```python
# coding: utf-8

# picamera 라이브러리 임포트
import picamera

# time 라이브러리 임포트
import time

# PiCamera 객체 인스턴스 생성
with picamera.PiCamera() as camera:

    # 해상도를 선택하게 함
    res = int(input('Resolution(1:320x240, 2:640x480, 3:1024x768)?')) # Python3
    # res = int(raw_input('Resolution(1:320x240, 2:640x480, 3:1024x768)?')) # Python2

    # 선택한 값에 따라 해상도 설정
    if res == 3:
        camera.resolution = (1024, 768)
    elif res == 2:
        camera.resolution = (640, 480)
    else:
        camera.resolution = (320, 240)
    # 파일명 입력받기
    filename = input('File Name?') # Python3
    # filename = raw_input('File Name?') # Python2
    # 프리뷰 화면 표시
    camera.start_preview()
```

```
        # 1초 대기
        time.sleep(1)

        # 프리뷰 종료
        camera.stop_preview()

        # 촬영하고 저장
        camera.capture(filename + '.jpg')
```

프로그램을 실행하면 해상도를 물어보는 메시지가 셀에 표시됩니다. 세 가지 해상도 중 하나를 선택하면 저장할 파일명을 입력받습니다. 입력하고 나면 카메라 프리뷰 화면이 1초간 표시되고 사진이 촬영됩니다.

이 사진은 지정한 파일명으로 저장됩니다. stop_preview 메서드로 프리뷰를 멈춘 후 촬영이 끝나면 카메라를 정지시키고 프로그램을 종료합니다.

촬영한 사진은 프로그램과 같은 디렉터리에 저장됩니다. 파일 매니저로 확인해 보면 지정한 파일명의 JPEG 파일이 있을 것입니다. 파일을 열어 보면 방금 촬영한 사진을 확인해 볼 수 있습니다.

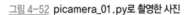

그림 4-52 picamera_01.py로 촬영한 사진

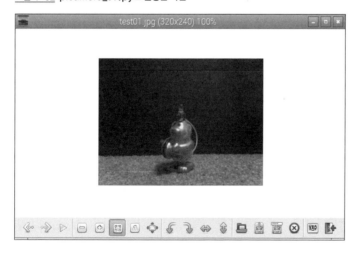

이번에는 GUI 프로그램을 만들어 보겠습니다. 이 프로그램에서는 촬영한 사진에 효과를 입혀 봅니다.

코드 4-14 tk_picamera_01.py

```python
# coding: utf-8

# picamera 라이브러리 임포트
import picamera

# Tkinter 라이브러리 임포트
import tkinter as tk # Python3
# import Tkinter as tk # Python2

# 지정한 해상도로 촬영하는 함수
def cap_img():
    # 선택한 값에 따라 해상도 설정
    if res.get() == 3:
        camera.resolution = (1024, 768)
    elif res.get() == 2:
        camera.resolution = (640, 480)
    else:
        camera.resolution = (320, 240)

    # 선택한 값에 따라 효과 설정
    if eff.get() == 3:
        camera.image_effect = effect[2][0]
    elif eff.get() == 2:
        camera.image_effect = effect[1][0]
    else:
        camera.image_effect = effect[0][0]

    # 텍스트 박스에서 파일명 얻음
    filename = e.get()

    # 촬영하고 파일에 저장
    camera.capture(filename + '.jpg')
```

```python
    # 레이블 Picture Saved 표시
    label3 = tk.Label(root, text = 'Picture Saved')
    # 레이블 배치
    label3.pack()

# Tk 객체 인스턴스 생성
root = tk.Tk()

# PiCamera 객체 인스턴스 생성
with picamera.PiCamera() as camera:

    # 라디오 버튼에 표시하는 레이블 목록을 정의
    resolution = [('320x240', 1), ('640x480', 2), ('1024x768', 3)]
    effect = [('none', 1), ('oilpaint', 2), ('negative', 3)]
    # 해상도를 표시하는 Variable 객체 인스턴스를 정수형으로 생성
    res = tk.IntVar()
    # 기본값 1을 설정
    res.set(1)

    # 효과를 표시하는 Variable 객체 인스턴스를 정수형으로 생성
    eff = tk.IntVar()

    # 기본값 1을 설정
    eff.set(1)

    # 레이블 Resolution 생성
    label1 = tk.Label(root, text = 'Resolution')
    # 레이블 배치
    label1.pack()

    for text, mode in resolution:
        # 해상도 선택용 라디오 버튼 생성
        rb = tk.Radiobutton(root, text = text, variable = res,
            value = mode)
        # 라디오 버튼 배치
        rb.pack(anchor='w')
```

```
# 레이블 Effect 작성
label2 = tk.Label(root, text = 'Effect')
# 레이블 배치
label2.pack()

for text, mode in effect:
    # 이펙트 선택용 라디오 버튼 생성
    rb2 = tk.Radiobutton(root, text = text, variable = eff,
        value = mode)
    # 라디오 버튼 배치
    rb2.pack(anchor='w')
# 파일명 입력용 텍스트 박스 생성
e = tk.Entry(root)
# 텍스트 박스 배치
e.pack()

# 촬영 버튼 생성
b = tk.Button(root, text = 'Picture', width = 10, command = cap_img)
# 버튼 배치
b.pack()

# root 표시
root.mainloop()
```

프로그램을 실행하면 다음과 같은 창이 표시됩니다. 라디오 버튼으로 해상도와 효과를 선택하고 텍스트 박스에 파일명을 입력한 후 **Picture**를 클릭하면 사진이 촬영되고 지정한 파일명으로 저장됩니다.

그림 4-53 tk_picamera_01.py 실행 결과

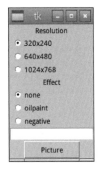

촬영이 끝나면 오른쪽 위에 있는 ▣를 클릭해서 프로그램을 종료하기 바랍니다. oilpaint는 사진을 유화처럼 만드는 효과고 negative는 색상을 반전시키는 효과입니다. 실제로 촬영해 보기 바랍니다.

라즈베리 파이 카메라를 활용하여 GUI 프로그래밍을 하다 보면 몇몇 라즈베리 파이에서 전원이 꺼지는 문제가 발생하기도 합니다. 원인은 밝혀지지 않았지만 계속 꺼지는 문제가 발생한다면 운영체제를 다시 설치해 보기 바랍니다.

5.5 동영상 재생 애플리케이션 설치

동영상을 촬영하기 전에 먼저 동영상을 재생하는 애플리케이션인 VLC 미디어 플레이어를 설치해 보겠습니다. LXTerminal에서 다음 명령어를 실행합니다.

```
sudo apt-get install VLC
```

VLC 미디어 플레이어를 실행하려면 데스크톱 화면에서 왼쪽 위에 있는 **Menu** 아이콘을 클릭하고 **음악과 비디오** > **VLC media player**를 선택합니다.

그림 4-54 VLC 미디어 플레이어 실행

VLC 미디어 플레이어를 실행하면 다음과 같은 창이 표시됩니다.

그림 4-55 VLC 미디어 플레이어

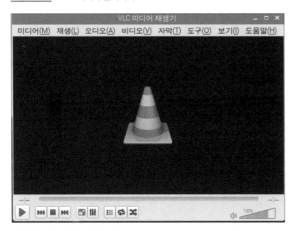

5.6 파이썬 프로그램(동영상 촬영)

동영상을 촬영하는 프로그램을 만들어 봅시다.

코드 4-15 picamera_02.py

```
# coding: utf-8

# picamera 라이브러리 임포트
import picamera

# time 라이브러리 임포트
import time

# PiCamera 객체 인스턴스 생성
with picamera.PiCamera() as camera:

    # 화면 해상도 선택
    res = int(input('Resolution(1:320x240, 2:640x480, 3:1024x768)?')) # Python3
    # res = int(raw_input('Resolution(1:320x240, 2:640x480, 3:1024x768)?')) # Python2
```

```python
# 선택한 값에 따라 해상도 설정
if res == 3:
    camera.resolution = (1024, 768)
elif res == 2:
    camera.resolution = (640, 480)
else:
    camera.resolution = (320, 240)


# 파일명 입력
filename = input('File Name?') # Python3
#filename = raw_input('File Name?') # Python2


# 프리뷰 화면 표시
camera.start_preview()


# 촬영하고 파일 저장
camera.start_recording(output = filename + '.h264')


# 5초 대기
camera.wait_recording(5)


# 프리뷰 화면 종료
camera.stop_preview()


# 촬영 종료
camera.stop_recording()
```

프로그램을 실행하면 앞서 봤던 사진 촬영과 마찬가지로 3가지 해상도 중 하나를 선택하라는 메시지와 저장할 파일명을 입력하라는 메시지가 출력됩니다.

값을 입력하면 카메라 프리뷰 화면이 표시되고 바로 동영상 촬영이 시작됩니다. 촬영은 5초간 진행됩니다. 촬영한 동영상은 h264 형식의 지정한 파일명으로 저장됩니다. 마지막에는 사진을 촬영할 때와 마찬가지로 프리뷰와 카메라를 정지합니다.

미리 설치한 VLC 미디어 플레이어로 동영상을 재생해 봅시다. VLC 미디어 플레이어를 실행해서 **열기** > **파일**을 선택합니다. 파일 창이 열리면 파일 종류를 **모든 파일(*.*)**로 선택한 후 확장자가 .h264인 파일을 선택합니다. 선택한 동영상이 재생됩니다.

그림 4-56 picamera_02.py로 촬영한 동영상

이제 GUI 프로그램을 작성해 보겠습니다. 이 프로그램은 화면을 회전시킬 수 있습니다.

코드 4-16 tk_picamera_02.py

```python
# coding: utf-8

# picamera 라이브러리 임포트
import picamera

# Tkinter 라이브러리 임포트
import tkinter as tk # Python3
# import Tkinter as tk # Python2

# 지정한 해상도와 각도로 촬영하는 함수
def rec_vdo():
    # 선택한 값에 따라 해상도 설정
    if res.get() == 3:
        camera.resolution = (1024, 768)
    elif res.get() == 2:
        camera.resolution = (640, 480)
    else:
        camera.resolution = (320, 240)
```

```python
    # 선택한 값에 따라 회전 각도 설정
    if rot.get() == 4:
        camera.rotation = int(rotation[3][0])
    elif rot.get() == 3:
        camera.rotation = int(rotation[2][0])
    elif rot.get() == 2:
        camera.rotation = int(rotation[1][0])
    else:
        camera.rotation = int(rotation[0][0])

    # 텍스트 박스에서 파일명 얻음
    filename = e.get()

    # 촬영을 시작하고 파일 저장
    camera.start_recording(filename+'.h264')

    # 5초 대기
    camera.wait_recording(5)

    # 촬영 종료
    camera.stop_recording()

    # 레이블 Movie Saved 생성
    label3 = tk.Label(root, text = 'Movie Saved')
    # 레이블 배치
    label3.pack()

# Tk 객체 인스턴스 생성
root = tk.Tk()

# PiCamera 객체 인스턴스 생성
with picamera.PiCamera() as camera:

    # 해상도와 회전 각도 목록 정의
    resolution = [('320x240', 1), ('640x480', 2), ('1024x768', 3)]
    rotation = [('0', 1), ('90', 2), ('180', 3), ('270', 4)]
```

```python
# 해상도를 나타내는 Variable 객체 인스턴스를 정수형으로 생성
res = tk.IntVar()
# 기본값 1을 설정
res.set(1)

# 회전 각도를 나타내는 Variable 객체 인스턴스를 정수형으로 생성
rot = tk.IntVar()
# 기본값 1을 설정
rot.set(1)

# 레이블 Resolution 생성
label1 = tk.Label(root, text = 'Resolution')
# 레이블 배치
label1.pack()
for text, mode in resolution:

    # 해상도 선택용 라디오 버튼 생성
    rb = tk.Radiobutton(root, text = text, variable = res, value = mode)
    # 라디오 버튼 배치
    rb.pack(anchor = 'w')

# 레이블 rotation 생성
label2 = tk.Label(root, text = 'rotation')
# 레이블 배치
label2.pack()

for text, mode in rotation:
    # 회전 각도 선택용 라디오 버튼 생성
    rb2 = tk.Radiobutton(root, text = text, variable = rot, value = mode)
    # 라디오 버튼 배치
    rb2.pack(anchor = 'w')

# 파일명 입력용 텍스트 박스 생성
e = tk.Entry(root)
# 텍스트 박스 배치
e.pack()
```

```
# 촬영 시작 버튼 작성
b = tk.Button(root, text = "Movie", width = 10, command = rec_vdo)
# 버튼 배치
b.pack()

# root 표시
root.mainloop()
```

프로그램을 실행하면 다음과 같은 창이 표시됩니다. 라디오 버튼으로 해상도와 화면 회전
각도를 선택하고 텍스트 박스에 파일명을 입력한 후 **Movie**를 클릭하면 동영상이 5초간 촬
영됩니다. 촬영이 끝나면 오른쪽 위에 있는 ▣를 클릭해서 프로그램을 종료하고 앞에서처럼
촬영한 파일을 VLC 미디어 플레이어로 재생해 봅시다.

<u>그림 4-57</u> **tk_picamera_02.py 실행 결과**

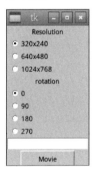

이 절에서는 라즈베리 파이 카메라를 파이썬 프로그램에서 사용하는 방법을 소개했습니다.
이 카메라는 사진뿐만 아니라 동영상도 촬영할 수 있습니다. 그리고 파이썬 라이브러리로
다양한 효과를 적용할 수도 있습니다. 카메라를 사용해 기발한 아이디어로 생각지도 못한
영상을 만들어 보기 바랍니다.

이 절에서는 SPI 인터페이스를 사용해서 A/D 컨버터를 제어해 보겠습니다. SPI 인터페이스
는 시리얼 통신 인터페이스로 소규모 회로 구성과 적은 핀 수로도 디바이스 간 데이터 통신
을 할 수 있는 것이 특징입니다. 소프트웨어 제어도 간단하고 이 인터페이스에 대응하는 IC
도 많아 IC 간 시리얼 통신에서는 기본적인 인터페이스입니다.

6.1 SPI 인터페이스란?

SPI 인터페이스(Serial Peripheral Interface)는 사용하는 신호선 개수에 따라 3선 또는 4선 동기
식 시리얼 인터페이스라고도 합니다. 동기식이라고 부르는 이유는 데이터를 송수신할 때 클
럭이라고 부르는 신호(SCLK)에 데이터(MISO, MOSI)를 동기화시키기 때문입니다.

구체적으로는 다음 그림과 같은 신호입니다.

그림 4-58 **SPI 인터페이스 신호**

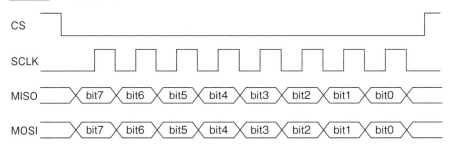

CS 신호는 칩셀렉트 신호라고 하는데, 통신할 때 디바이스를 선택하는 데 사용합니다.

클럭 신호(SCLK)를 출력하는 쪽 IC를 마스터라고 하고, 수신하는 쪽 IC를 슬레이브라고 합
니다. 데이터 송수신은 대부분 8비트(1바이트) 단위고, 8비트를 넘는 데이터는 8비트마다
분할됩니다.

SPI 인터페이스의 전달 방식은 데이터 신호에서 데이터를 읽는 클럭 신호의 위상, 타이밍
차이에 따라 mode 0~3으로 총 4가지 패턴으로 나눠집니다.

그림 4-59 SPI 인터페이스 신호 패턴

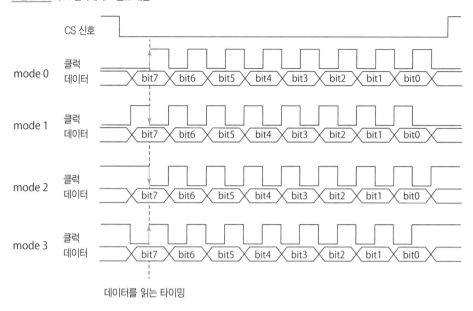

SPI 인터페이스로 통신할 때는 상대편이 어떤 패턴에 대응하는지 확인해야 합니다. 그리고 마스터 쪽 IC는 통신을 시작하기 전에 어떤 신호 패턴을 사용할지 설정해 두어야 합니다.

6.2 SPI 인터페이스를 사용하기 위한 준비

우선은 SPI 인터페이스를 파이썬에서 사용하기 위한 준비를 해 보겠습니다. 라즈비안에는 SPI 인터페이스용 모듈이 미리 설치되어 있지만, 초기 상태는 해당 모듈이 무효인 상태입니다. 우선 이 설정을 변경해서 SPI 모듈을 동작하게 해 봅시다.

데스크톱 왼쪽에 있는 Menu 아이콘을 클릭해서 설정 〉 Raspberry Pi Configuration을 선택합니다. 창이 열리면 Interfaces(인터페이스) 탭을 클릭하고 SPI를 Enable(유효)로 선택한 후 OK를 클릭합니다.

그림 4-60 SPI 모듈 설정하기(1)

그림 4-61 SPI 모듈 설정하기(2)

이것으로 파이썬에서 SPI 인터페이스를 사용할 준비가 끝났습니다.

6.3 SPI 인터페이스의 A/D 컨버터 IC

SPI 인터페이스를 사용해 연결하는 디바이스로는 MCP3002라는 A/D 컨버터 IC를 사용합니다. A/D 컨버터 IC는 아날로그 신호 전압 값을 디지털 값으로 변환하는 IC입니다.

그림 4-62 MCP3002

이번에 사용하는 MCP3002는 10비트 A/D 컨버터 IC로 입력 핀이 2개인데, 이 입력 핀에 서로 다른 신호를 입력하는 싱글 엔드(Single-Ended) 모드와 두 핀에 하나의 차동 신호를 입력하는 디퍼런셜(Differential) 모드 이렇게 2가지 동작 모드가 있습니다.

IC 핀 할당은 다음 그림과 같습니다. 이 IC의 SPI 인터페이스는 앞에서 나온 신호 패턴 중 mode 0과 mode 3에 대응합니다.

그림 4-63 MCP3002 핀 할당

핀 번호	핀 이름	기능
1	CS/SHDN	칩셀렉트, 셧다운 신호 입력 핀
2	CH0	채널 0 아날로그 입력 핀
3	CH1	채널 1 아날로그 입력 핀
4	Vss	그라운드 핀
5	DIN	시리얼 데이터 입력 핀
6	DOUT	시리얼 데이터 출력 핀
7	CLK	시리얼 클럭 입력 핀
8	Vdd/Vref	전원과 레퍼런스 전원 겸용 핀. 2.7~5.5V 전원 전압을 사용

6.4 A/D 컨버터 연결하기

라즈베리 파이의 SPI 인터페이스에 A/D 컨버터 IC를 연결해 봅시다. 라즈베리 파이 확장 포트에는 두 디바이스를 제어할 수 있는 SPI 채널이 하나 할당되어 있습니다. 다음 그림은 SPI 채널에 IC를 연결한 회로도입니다.

그림 4-64 라즈베리 파이와 MCP3002 연결(회로도)

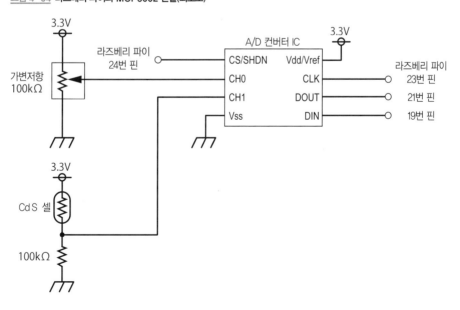

이 회로에는 A/D 컨버터 채널 0에 가변저항을 연결하고, 채널 1에 광센서인 CdS 셀을 연결합니다.

그림 4-65 **가변저항**

그림 4-66 **CdS 셀**

실체 배선도는 다음 그림을 참고하기 바랍니다.

그림 4-67 **실체 배선도(MCP3002 연결)**

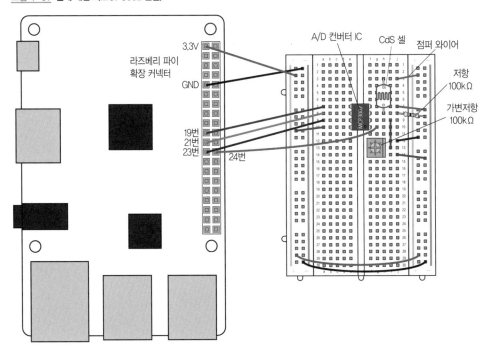

표 4-14는 회로에서 사용하는 부품 목록입니다.

표 4-14 A/D 컨버터 회로 부품 목록

부품명	제품 번호 · 규격	제조사	개수
A/D 컨버터 IC	MCP3002	Microchip	1
CdS 셀	Φ5 또는 Φ10	지정된 것 없음	1
저항	100kΩ	지정된 것 없음	1
가변저항	GF063P1KB104	TOCOS	1

※ 가변저항 GF063P1KB104는 국내에서 구입할 수 없는 제품입니다. '가변저항'으로 검색해서 비슷한 것을 구입하면 됩니다.

6.5 SPI 인터페이스 라이브러리

spidev 라이브러리를 사용하려면 파이썬 프로그램에서 다음과 같이 라이브러리를 임포트해야 합니다.

```
import spidev
```

그리고 다음과 같이 SpiDev 객체 인스턴스를 작성합니다.

```
spi = spidev.SpiDev()
```

이 라이브러리에서 사용할 수 있는 메서드와 프로퍼티는 표 4-15와 표 4-16에 정리해 두었습니다.

표 4-15 SPI 라이브러리 메서드

메서드	설명	인수	인수 설명
close()	SPI 디바이스를 닫음	없음	
open(bus, device)	bus, device로 지정한 SPI 디바이스에 접속	bus: 번호	라즈베리 파이 확장 커넥터에서 사용 가능한 bus는 0뿐임
		device: 번호	라즈베리 파이 확장 커넥터에서 사용 가능한 device는 0 또는 1뿐임
readbytes(len)	SPI 디바이스에서 len으로 지정한 바이트 수 데이터를 수신해서 리스트로 반환	len: 숫자	수신할 바이트 수를 지정
writebytes([values])	리스트 values로 지정한 데이터를 SPI 디바이스에 송신	values: 바이트열	송신할 데이터를 리스트로 지정(옵션)
xfer([values])	리스트 values로 지정한 데이터를 SPI 디바이스에 송신함과 동시에 수신한 데이터를 리스트로 돌려줌. 전송한 바이트 구별자로 CS 신호가 인액티브가 됨	values: 바이트열	송신할 데이터를 리스트로 지정(옵션)
xfer2([values])	리스트 values로 지정한 데이터를 SPI 디바이스에 송신함과 동시에 수신한 데이터를 리스트로 돌려줌. 전송 중에 CS 신호는 액티브인 상태를 유지	values: 바이트열	송신할 데이터를 리스트로 지정(옵션)

표 4-16 SPI 라이브러리 프로퍼티

프로퍼티	설명
bits_per_word	한 글자당 비트 수를 지정. 지정 가능한 값은 8~9*
cshigh	CS 신호 값. 불 값으로 설정. 기본값은 False(CS 신호가 액티브 로우)
loop	루프백 설정. 이 설정은 동작 확인 등에 사용
lsbfirst	LSB(최하위 비트)에서 송신할지를 불 값으로 설정. 기본값은 False로 MSB(최상위 비트)부터 송신됨
max_speed_hz	최대 버스 스피드. Hz로 지정
mode	클럭과 위상 조합으로 전송 모드를 설정. 설정 값은 0~30이며 기본값은 0
threewire	데이터 입출력을 하나의 신호선으로 사용할지 각각 다른 신호선으로 사용할지 불 값으로 설정. 기본값은 False(입력과 출력이 다른 신호선을 사용)

* 라이브러리는 8~16을 사용할 수 있지만, 라즈베리 파이는 8~9만 지원합니다.

6.6 파이썬 프로그램(A/D 컨버터 연결)

A/D 컨버터에 연결한 센서에서 나온 출력 값을 일정 간격으로 얻어 표시하는 프로그램을 만들어 봅시다.

코드 4-17 SPI_01.py

```python
# coding: utf-8

# spi 라이브러리 임포트
import spidev

# time 라이브러리 임포트
import time

# SpiDev 객체 인스턴스 생성
spi = spidev.SpiDev()

# 포트 0, 디바이스 0의 SPI 오픈
spi.open(0, 0)

# 최대 클럭 스피드를 1MHz로 설정
spi.max_speed_hz=1000000

# 한 글자당 8비트로 설정
spi.bits_per_word=8

# 더미 데이터 설정(1111 1111)
dummy = 0xff

# 스타트 비트 설정(0100 0111)
start = 0x47

# 싱글 엔드 모드 설정(0010 0000)
sgl = 0x20

# ch0 선택(0000 0000)
ch0 = 0x00
```

```python
# ch1 선택(0001 0000)
ch1 = 0x10

# MSB 퍼스트 모드 선택(0000 1000)
msbf = 0x08

# IC에서 데이터를 얻는 함수 정의
def measure(ch):
    # SPI 인터페이스로 데이터 송수신
    ad = spi.xfer2( [ (start + sgl + ch + msbf), dummy ] )
    # 수신한 2바이트 데이터를 10비트 데이터로 합침
    val = ( ( ( (ad[0] & 0x03) << 8) + ad[1] ) * 3.3 ) / 1023
    # 결과 반환
    return val

# 예외 처리
try:
    # 무한 반복
    while 1:
        # 함수를 호출해서 ch0 데이터를 얻음
        mes_ch0 = measure(ch0)
        # 함수를 호출해서 ch1 데이터를 얻음
        mes_ch1 = measure(ch1)
        # 결과 표시
        print('ch0 = %2.2f' % mes_ch0,'[V], ch1 = %2.2f' % mes_ch1,'[V]')
        # 0.5초 대기
        time.sleep(0.5)

# 키보드 예외 검출
except KeyboardInterrupt:
    # 아무것도 하지 않음
    pass

# SPI 개방
spi.close()
```

A/D 컨버터에서 데이터를 얻기 위해 다음 그림처럼 앞에서부터 Don't care bit, Start bit, SGL/DIFF bit, ODD/SIGN bit, MSBF bit 이렇게 총 5비트 신호를 송신해서 그에 따라 되돌아오는 11비트(선두에 NULL 비트가 딸린 10비트 데이터) 신호를 수신합니다.

그림 4-68 MCP3002 송수신 신호

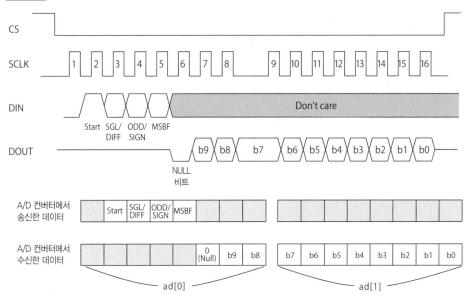

프로그램에서는 spidev 라이브러리의 xfer2 메서드로 데이터를 송수신합니다. 이 메서드는 데이터를 동시에 송수신합니다. 위의 그림과 같은 통신이라면 송신 데이터는 처음 1바이트 중 5비트뿐으로, 그 후에는 데이터를 수신합니다. 하지만 SPI 인터페이스는 데이터를 수신할 때도 클럭을 출력해야 해서 수신 중에도 의미 없는 더미 데이터를 송신해서 클럭을 출력합니다. 이 더미 데이터 송신으로 출력된 클럭에 동기화해서 A/D 컨버터에서 보내온 데이터를 수신합니다.

이 A/D 컨버터는 10비트 데이터를 보냅니다. 하지만 수신 데이터는 2비트 데이터와 8비트 데이터로 분할되어 있으므로 10비트 데이터를 얻으려면 이 두 데이터를 하나로 합쳐야 합니다. 두 데이터를 하나로 합치는 연산은 다음과 같습니다.

```
# 수신한 2바이트 데이터를 10비트 데이터로 합침
val = ( ( ( (ad[0] & 0x03) << 8) + ad[1] ) * 3.3 ) / 1023
```

순서대로 살펴보겠습니다. xfer2 메서드로 얻은 값은 리스트형으로, 첫 번째 바이트의 하위 2비트가 A/D 컨버터가 송신한 데이터의 상위 2비트입니다. 두 번째 바이트가 남은 8비트입니다. 우선 ad[0] & 0x03을 통해 첫 번째 바이트의 하위 2비트를 제외하고 모두 0으로 바꾼 다음, << 8을 통해 남은 하위 2비트를 10비트 데이터의 상위 2비트로 이동시킵니다. 그 후에 + ad[1]로 남은 8비트와 합쳐서 10비트 데이터를 만듭니다. 그러고 나서 * 3.3) / 1023으로 A/D 컨버터에서 보낸 계측 값을 전압으로 환산합니다. A/D 컨버터에서 보낸 10비트 값은 최대 3.3V 전압을 10비트로 나눈 것이므로 이 값에 3.3을 곱하고 1023(10비트)으로 나누면 원래 전압을 계산할 수 있습니다.

이 프로그램을 실행하면 화면에 A/D 컨버터 채널 0, 1의 전압 값이 표시됩니다.

```
>>> %Run SPI_0.1.py
ch0. = 1.38 [V], ch1 = 1.29 [V]
ch0. = 1.35 [V], ch1 = 1.30 [V]
ch0. = 1.35 [V], ch1 = 1.30 [V]
ch0. = 1.36 [V], ch1 = 1.31 [V]
ch0. = 1.40 [V], ch1 = 1.34 [V]
ch0. = 1.37 [V], ch1 = 1.34 [V]
ch0. = 0.00 [V], ch1 = 2.51 [V]
ch0. = 0.00 [V], ch1 = 2.49 [V]
ch0. = 0.00 [V], ch1 = 2.42 [V]
ch0. = 0.57 [V], ch1 = 2.47 [V]
ch0. = 1.35 [V], ch1 = 1.59 [V]
ch0. = 2.76 [V], ch1 = 1.31 [V]
ch0. = 3.30 [V], ch1 = 1.30 [V]
ch0. = 3.30 [V], ch1 = 1.30 [V]
ch0. = 3.30 [V], ch1 = 1.30 [V]
ch0. = 3.30 [V], ch1 = 1.30 [V]
ch0. = 1.36 [V], ch1 = 1.30 [V]
ch0. = 1.35 [V], ch1 = 1.30 [V]
ch0. = 1.35 [V], ch1 = 1.30 [V]
>>>
```

가변저항 손잡이를 돌리면 채널 0의 전압 값이 변하는 걸 확인할 수 있습니다. 그리고 광센서를 손으로 가리면 채널 1의 전압 값이 변합니다.

이제 GUI 프로그램으로 만들어 봅시다. 이번에는 A/D 컨버터에 연결하는 디바이스로 아날로그 타입 조이스틱을 사용해 보겠습니다.

그림 4-69 **조이스틱**

다음 그림은 변경한 회로도입니다.

그림 4-70 **라즈베리 파이와 MCP3002 연결 – 조이스틱 버전(회로도)**

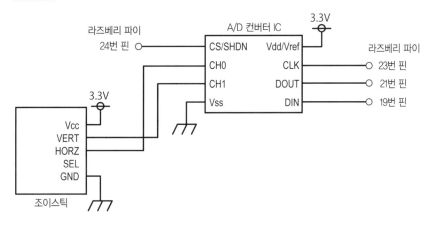

다음 그림은 변경한 실체 배선도입니다.

그림 4-71 **실체 배선도(MCP3002 연결 – 조이스틱 버전)**

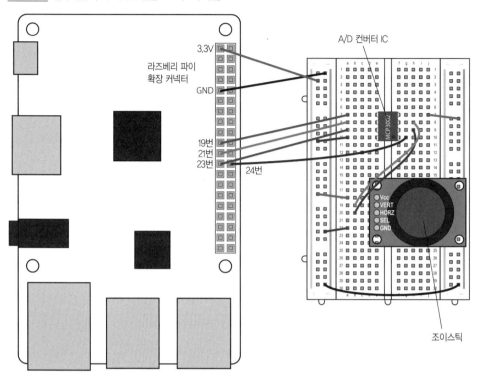

이렇게 연결하면 A/D 컨버터 ch0에 수평 방향 신호가 입력되고, ch1에 수직 방향 신호가 입력됩니다. 표 4-17은 이 회로에서 사용하는 부품 목록입니다. A/D 컨버터는 앞에서 사용한 것과 같은 IC입니다.

표 4-17 **조이스틱 회로 부품 목록**

부품명	제품 번호 · 규격	제조사	개수
조이스틱	COM–09032 + BOB–09110	SparkFun	1
A/D 컨버터 IC	MCP3002	MicroChip	1

우리가 사용할 조이스틱은 내부에 가변저항 2개가 직각으로 배치되어 있습니다. 따라서 스틱을 움직이면 가변저항이 움직이면서 출력되는 전압 값이 변하는 구조입니다. 스틱이 중앙에 있으면 양쪽 가변저항 손잡이가 모두 중앙에 있는 상태가 되어 각 가변저항에서 출력되

는 전압은 전원 전압의 절반입니다. 이 값과 비교해서 전압 값이 큰지 작은지 판단해 스틱이 어느 쪽으로 기울었는지 알 수 있습니다. 이제 조이스틱 움직임에 따라 화면에 그려진 원이 움직이는 프로그램을 만들어 보겠습니다.

코드 4-18 tk_SPI_01.py

```python
# coding: utf-8

# Tkinter 라이브러리 임포트
import tkinter as tk # Python3
# import Tkinter as tk # Python2

# spi 라이브러리 임포트
import spidev

# SpiDev 객체 인스턴스 생성
spi = spidev.SpiDev()

# 포트 0, 디바이스 0 SPI 오픈
spi.open(0, 0)

# 최대 클럭 스피드는 1MHz
spi.max_speed_hz=(1000000)

# 한 글자당 8비트
spi.bits_per_word=(8)

# 더미 데이터 설정(1111 1111)
dummy = 0xff

# 스타트 비트 설정(0100 0111)
start = 0x47

# 싱글 엔드 모드 설정(0010 0000)
sgl = 0x20

# ch0 선택(0000 0000)
ch0 = 0x00
```

```
# ch1 선택(0001 0000)
ch1 = 0x10

# MSB 퍼스트 모드 선택(0000 1000)
msbf = 0x08

# Tk 객체 인스턴스 작성
root = tk.Tk()

# Canvas 객체 인스턴스 작성
# 너비: 500, 높이: 500
c = tk.Canvas(root, width = 500, height = 500)

# Canvas 배치
c.pack()

# 원 그리기
# 좌표 (200, 200)에서 (220, 220), 색상: 파랑
cc = c.create_oval(200, 200, 220, 220, fill = 'blue')

# IC에서 데이터를 얻는 함수 정의
def measure(ch):
    # SPI 인터페이스로 데이터 송수신
    ad = spi.xfer2( [ (start + sgl + ch + msbf), dummy ] )
    # 수신한 2바이트 데이터를 10비트 데이터로 합침
    val = ( ( (ad[0] & 0x03) << 8) + ad[1] ) - 512
    # 결과 반환
    return val

# 측정값으로 원 이동량을 결정하는 함수 정의
def movement(val):
    # 측정값으로 이동량을 결정
    m_val = 0
    if val > 255 :
        m_val = -10
    elif val > 63 :
        m_val = -5
    elif val < -255 :
        m_val = 10
    elif val < -63 :
        m_val = 5
```

```
    # 결과 반환
    return m_val

# 각 채널의 측정값에서 이동량을 구하는 함수를 정의
def check_AD():
    # ch0 데이터 얻음
    mes_ch0 = measure(ch0)
    # ch1 데이터 얻음
    mes_ch1 = measure(ch1)
    # 결과를 리스트로 반환
    return [ movement(mes_ch0), movement(mes_ch1) ]

# 원을 움직이는 함수 정의
def draw():

    # 이동량을 얻음
    diff = check_AD()
    # 이동량만큼 원을 움직임
    c.move(cc, diff[0], diff[1] )
    # 0.05초 뒤에 자기 자신을 호출
    root.after(50, draw)

# draw 함수 실행
draw()

# root 표시
root.mainloop()
```

measure 함수로 A/D 컨버터에서 데이터를 얻어 전원 전압의 절반 값을 0으로 했을 때의 값으로 환산합니다(A/D 컨버터에서 송신한 데이터는 10비트이므로 최대 1023이 되므로 절반 값인 512를 뺍니다).

movement 함수는 측정값에 따라 원의 이동량을 5단계로 결정합니다.

check_AD 함수는 measure 함수로 A/D 컨버터의 양쪽 채널 값을 얻은 후, movement 함수를 통해 그 값을 이동량으로 환산해 리스트로 반환합니다.

draw 함수는 원의 이동을 그리는 함수입니다. 이 함수는 check_AD 함수로 얻은 원의 이동량에 따라 원을 그립니다. 함수 안에서 0.05초 뒤에 자기 자신을 호출해서 원을 다시 그리므로 이걸 반복하면 원이 이동하는 것처럼 보입니다.

프로그램을 실행하면 다음과 같은 창이 표시됩니다. 이 상태에서 조이스틱을 움직이면 스틱을 움직인 방향으로 화면에 있는 원이 움직입니다(조작할 때는 조이스틱 포트가 자기 앞쪽으로 오도록 두고 작동하기 바랍니다).

그림 4-72 tk_SPI_01.py 실행 결과

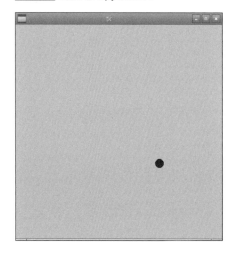

이 절에서는 SPI 인터페이스를 사용해서 A/D 컨버터 IC를 제어하는 방법을 알아보았습니다. 라즈베리 파이의 확장 커넥터는 A/D 컨버터 기능이 있는 핀이 없어서 아날로그 신호를 다루려면 IC에 연결해야 했습니다. 아날로그 신호를 다룰 수 있으면 할 수 있는 전자 회로 공작이 많아집니다. SPI 인터페이스를 탑재한 IC는 A/D 컨버터 외에도 많이 있으므로 여러 가지 IC를 사용해 보기 바랍니다.

이 절에서는 I²C 인터페이스로 가속도 센서를 제어합니다. I²C 인터페이스는 마이크로프로세서끼리 연결하거나 마이크로프로세서와 센서 등의 IC를 연결해 데이터 통신을 하는 인터페이스입니다. 이 인터페이스는 최신 센서 IC 등에 많이 탑재되어 있어서 앞으로 이용 범위가 더 넓어질 것입니다.

7.1 I²C 인터페이스란?

I²C(Inter Integrated Circuit) 인터페이스는 필립스가 고안한 기판 위에 장착된 IC끼리 데이터 통신을 하기 위한 시리얼 통신 인터페이스입니다. IC끼리 두 신호선으로 연결해서 데이터를 주고받습니다. 연결한 IC는 주종 관계가 성립되는데, 마스터 쪽 IC가 슬레이브 쪽 IC의 명령어 송신 등을 제어합니다. 이 두 신호선에는 여러 마스터를 연결하거나 여러 슬레이브를 연결할 수 있습니다. 단 두 신호선만으로도 수많은 IC와 통신할 수 있으니 참 편리합니다.

I²C 인터페이스 신호는 다음 그림과 같습니다.

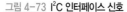
그림 4-73 I²C 인터페이스 신호

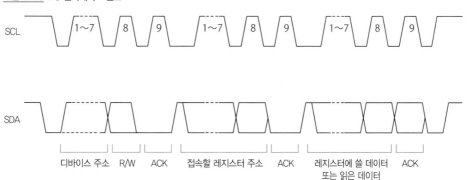

SCL이 클럭 신호고 **SDA**가 양방향 데이터 신호입니다. 통신을 시작할 때는 우선 마스터 쪽 디바이스가 통신하고 싶은 슬레이브 쪽 디바이스의 고유 주소를 송신합니다. 슬레이브 쪽 IC가 내부에 레지스터를 가지고 있다면 레지스터 주소를 지정해서 데이터를 읽고 씁니다.

7.2 I²C 인터페이스를 사용하기 위한 준비

I²C 인터페이스를 파이썬에서 사용하기 위한 준비를 해 보겠습니다. 라즈비안에는 I²C 인터페이스를 사용하기 위한 모듈이 포함되어 있지만 초기 상태는 무효입니다. 이 설정을 변경해서 I²C 모듈이 동작하게 해 봅시다.

설정을 변경하려면 이전과 마찬가지로 데스크톱 왼쪽에 있는 **Menu** 아이콘을 클릭하고 **설정** 〉 Raspberry Pi Configuration을 선택합니다. 창이 열리면 **Interfaces**(인터페이스) 탭을 클릭하고 I2C를 **Enable**(유효)로 선택한 후 **OK**를 클릭합니다.

<u>그림 4-74</u> **그림 4.7.2 I²C 인터페이스 설정하기(1)**　　<u>그림 4-75</u> **그림 4.7.3 I²C 인터페이스 설정하기(2)**

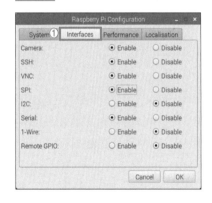　　

이어서 명령어줄에서 I²C 인터페이스로 연결된 디바이스를 조사하는 명령어를 실행합니다.

```
sudo i2cdetect -y 1
```

다음과 같이 표시되면 설정과 설치를 성공한 것입니다.

```
       0 1 2 3 4 5 6 7 8 9 a b c d e f
 00:        -- -- -- -- -- -- -- -- -- -- -- -- --
 10: -- -- -- -- -- -- -- -- -- -- -- -- -- -- -- --
 20: -- -- -- -- -- -- -- -- -- -- -- -- -- -- -- --
 30: -- -- -- -- -- -- -- -- -- -- -- -- -- -- -- --
 40: -- -- -- -- -- -- -- -- -- -- -- -- -- -- -- --
 50: -- -- -- -- -- -- -- -- -- -- -- -- -- -- -- --
 60: -- -- -- -- -- -- -- -- -- -- -- -- -- -- -- --
 70: -- -- -- -- -- -- -- --
```

이로써 파이썬 프로그램에서 I^2C 인터페이스를 사용하기 위한 준비가 모두 끝났습니다.

7.3 I^2C 인터페이스의 3축 가속도 센서 모듈

이번에는 I^2C 인터페이스에 연결하는 3축 가속도 센서 모듈로써 Analog Devices의 3축 가속도 센서 IC인 ADXL345를 탑재한 모듈을 사용해 보겠습니다.

<u>그림 4-76</u> **3축 가속도 센서 모듈**

3축 가속도 센서 IC는 X축, Y축, Z축의 가속도를 측정할 수 있는 센서입니다. 이걸 사용하면 센서가 측정한 회로의 기울기를 확인할 수 있습니다. 이 모듈의 핀 할당은 다음 그림과 같습니다.

그림 4-77 **3축 가속도 센서 모듈의 핀 할당**

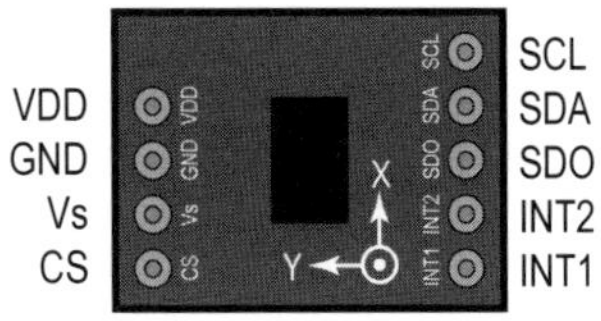

핀 이름	기능
VDD	디지털 인터페이스의 전원 핀. 1.7V~Vs 전압 부여
GND	그라운드 핀
Vs	전원 핀. 2.0~3.6V 전압 부여. 기판의 칩 저항으로 VDD와 연결됨
CS	칩셀렉트 핀
SCL	시리얼 통신 클럭 핀
SDA	시리얼 데이터 입출력 핀 또는 시리얼 데이터 입력 핀
SDO	시리얼 데이터 출력 핀
INT2	인터럽트 2 신호 출력 핀
INT1	인터럽트 1 신호 출력 핀

3축 가속도 센서 IC 디바이스의 주소는 0x1D입니다. I^{2}C 인터페이스로 접근할 때 이 주소를 사용합니다.

센서 내부에는 많은 레지스터가 내장되어 있는데, 가속도 값을 읽거나 설정 값을 쓰거나 하려면 이런 레지스터에 접근해야 합니다. 그런데 우리는 단순히 가속도만 측정할 것이므로 POWER_CTL 레지스터(측정 모드를 전환하기 위해)와 DATAX0, X1, Y0, Y1, Z0, Z1 레지스터(각 축의 가속도 데이터)만 사용합니다.

표 4-18 **ADXL345 레지스터 맵(발췌)**[※]

주소		레지스터명	읽고 쓰기	리셋 값	설명
16진수	10진수				
0x2D	45	POWER_CTL	R/W	00000000	Power-saving features control (슬립/측정 모드 전환 제어)
0x32	50	DATAX0	R	00000000	X-Axis Data 0(X축 방향 데이터 0)
0x33	51	DATAX1	R	00000000	X-Axis Data 1(X축 방향 데이터 1)
0x34	52	DATAY0	R	00000000	Y-Axis Data 0(Y축 방향 데이터 0)
0x35	53	DATAY1	R	00000000	Y-Axis Data 1(Y축 방향 데이터 1)
0x36	54	DATAZ0	R	00000000	Z-Axis Data 0(Z축 방향 데이터 0)
0x37	55	DATAZ1	R	00000000	Z-Axis Data 1(Z축 방향 데이터 1)

※ 그 외의 레지스터는 데이터 시트(http://www.analog.com/media/en/technical-documentation/data-sheets/ADXL345.pdf)를 참조하기 바랍니다.

7.4 가속도 센서 모듈 연결하기

이제 라즈베리 파이에 연결해 봅시다. 라즈베리 파이의 확장 단자에는 I²C 인터페이스가 하나 할당되어 있습니다. 다음 그림은 라즈베리 파이와 ADXL345 모듈을 연결하는 회로도입니다.

그림 4-78 라즈베리 파이와 3축 가속도 센서 모듈 연결(회로도)

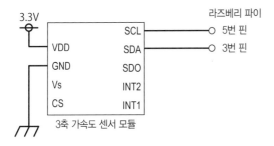

다음 그림은 실체 배선도입니다.

그림 4-79 실체 배선도(3축 가속도 센서 모듈)

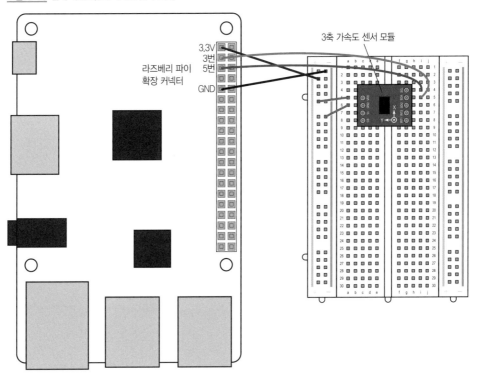

표 4-19에 이 회로에서 사용하는 부품 목록을 정리해 두었습니다.

표 4-19 3축 가속도 센서 모듈 회로의 부품 목록

부품명	제품 번호·규격	제조사	개수
3축 가속도 센서 모듈[※](ADXL345 탑재)	ADXL345	Cixi Borui Technology	1

※ 3축 가속도 센서 모듈은 모델에 따라 핀 위치가 다를 수 있으니 회로도에 있는 핀 이름을 보고 연결해야 합니다.

연결하고 나면 제대로 연결됐는지 확인해 봅시다. 라즈베리 파이에 전원을 넣고 LXTerminal에서 다음 명령어를 실행합니다.

```
sudo i2cdetect -y 1
```

다음과 같이 표시되면 가속도 센서가 바르게 연결된 것입니다(이 결과는 주소 0x1D에 I²C 디바이스가 연결됐다는 것을 뜻합니다).[*]

```
     0  1  2  3  4  5  6  7  8  9  a  b  c  d  e  f
00:          -- -- -- -- -- -- -- -- -- -- -- -- --
10: -- -- -- -- -- -- -- -- -- -- -- -- -- 1d -- --
20: -- -- -- -- -- -- -- -- -- -- -- -- -- -- -- --
30: -- -- -- -- -- -- -- -- -- -- -- -- -- -- -- --
40: -- -- -- -- -- -- -- -- -- -- -- -- -- -- -- --
50: -- -- -- -- -- -- -- -- -- -- -- -- -- -- -- --
60: -- -- -- -- -- -- -- -- -- -- -- -- -- -- -- --
70: -- -- -- -- -- -- -- --
```

---

[*] 본문의 I2C_01.py와 tkI2C_01.py 코드에서는 IC 주소로 0x1D가 들어 있습니다. 실습을 할 때는 각자 나온 결과에 따라 코드의 IC 주소를 수정해야 합니다.

7.5 I²C 인터페이스 라이브러리

라즈베리 파이 확장 커넥터의 I²C 인터페이스 기능을 사용하기 위해 smbus 라이브러리를 사용해 보겠습니다. SMbus도 시리얼 인터페이스 규격 중 하나입니다. SMbus는 I²C에 소프트웨어적인 통신 수단(프로토콜)을 추가한 규격으로 신호 레벨은 I²C 인터페이스와 호환됩니다. 따라서 SMbus에 대응하는 라이브러리라면 I²C 디바이스와도 통신할 수 있습니다.

이 라이브러리를 사용하려면 다음과 같이 임포트해야 합니다.

```
import smbus
```

그리고 SMBus 객체 인스턴스를 생성합니다.

```
bus = smbus.SMBus(1)
```

인수로는 I²C 인터페이스의 채널 번호를 지정합니다. 라즈베리 파이의 확정 커넥터에는 채널 1이 할당되어 있으니 여기서는 1을 지정합니다.

표 4-20에 라이브러리에서 사용할 수 있는 메서드와 프로퍼티를 정리해 두었습니다.

표 4-20 smbus 라이브러리의 메서드

메서드	설명	인수	인수 설명
write_quick(addr)	addr로 지정한 디바이스에 읽기/쓰기 비트만 송신	addr: 7비트 값	접근할 디바이스 주소
read_byte(addr)	addr로 지정한 디바이스에서 1바이트 데이터를 읽음. 디바이스의 레지스터는 지정하지 않음. 반환 값은 1바이트의 읽은 데이터	addr: 7비트 값	접근할 디바이스 주소
write_byte (addr, val)	addr로 지정한 디바이스에 val로 지정한 1바이트를 송신	addr: 7비트 값	접근할 디바이스 주소
		val: 1바이트 값	송신 데이터
read_byte_data (addr, cmd)	addr로 지정한 디바이스에 cmd로 지정한 명령어를 보내서 데이터를 1바이트 읽음. 반환 값은 1바이트의 읽은 데이터	addr: 7비트 값	접근할 디바이스 주소
		cmd: 1바이트 값	송신할 명령어

메서드	설명	인수	인수 설명
write_byte_data (addr, cmd, val)	addr로 지정한 디바이스에 cmd로 지정한 명령어를 보내서 val로 지정한 데이터를 1바이트 쓰기	addr: 7비트 값	접근할 디바이스 주소
		cmd: 1바이트 값	송신할 명령어
		val: 1바이트 값	송신 데이터
read_word_data (addr, cmd)	addr로 지정한 디바이스에 cmd로 지정한 명령어를 보내서 데이터를 한 글자 읽음. 반환 값은 한 글자의 읽은 데이터	addr: 7비트 값	접근할 디바이스 주소
		cmd: 1바이트 값	송신할 명령어
write_word_data (addr, cmd, val)	addr로 지정한 디바이스에 cmd로 지정한 명령어를 보내서 val로 지정한 데이터를 한 글자 쓰기	addr: 7비트 값	접근할 디바이스 주소
		cmd: 1바이트 값	송신할 명령어
		val: 1바이트 값	송신 데이터
process_call(addr, cmd, val)	addr로 지정한 디바이스에 cmd로 지정한 명령어를 보내서 val로 지정한 데이터에 의존하는 데이터를 읽음. 반환 값은 한 글자의 읽은 데이터	addr: 7비트 값	접근할 디바이스 주소
		cmd: 1바이트 값	송신할 명령어
		val: 1바이트 값	송신 데이터
read_block_data (addr, cmd)	addr로 지정한 디바이스에 cmd로 지정한 명령어를 보내서 데이터를 블록으로 읽음	addr: 7비트 값	접근할 디바이스 주소
		cmd: 1바이트 값	송신할 명령어
write_block_data (addr, cmd, vals[])	addr로 지정한 디바이스에 cmd로 지정한 명령어를 보내서 vals[]로 지정한 데이터를 3바이트까지 블록에 쓰기(이 메서드는 vals를 송신하기 전에 vals 길이의 데이터를 추가하므로 write_i2c_block_data를 추천)	addr: 7비트 값	접근할 디바이스 주소
		cmd: 1바이트 값	송신할 명령어
		vals[]: 바이트 열	송신 데이터
block_process _call(addr, cmd, vals[])	addr로 지정한 디바이스에 cmd로 지정한 명령어를 보내서 vals[]로 지정한 데이터에 의존하는 데이터를 블록으로 읽음. 반환 값은 지정한 바이트 수의 블록 데이터	addr: 7비트 값	접근할 디바이스 주소
		cmd: 1바이트 값	송신할 명령어
		vals[]: 바이트 열	송신 데이터
read_i2c_block _data(addr, cmd)	addr로 지정한 디바이스에 cmd로 지정한 명령어를 보내서 데이터를 블록으로 읽음. 반환 값은 지정한 바이트 수의 블록 데이터	addr: 7비트 값	접근할 디바이스 주소
		cmd: 1바이트 값	송신할 명령어
write_i2c_block _data(addr, cmd, vals[])	addr로 지정한 디바이스에 cmd로 지정한 명령어를 보내서 vals[]로 지정한 데이터를 32바이트까지 블록에 씀	addr: 7비트 값	접근할 디바이스 주소
		cmd: 1바이트 값	송신할 명령어
		vals[]: 바이트 열	송신 데이터

7.6 파이썬 프로그램(가속도 센서 모듈)

그럼 가속도 센서의 X축, Y축, Z축 값을 일정 간격으로 얻어서 표시하는 파이썬 프로그램을 만들어 보겠습니다.

<u>코드 4-19</u> I2C_01.py

```python
# coding: utf-8

# smbus 라이브러리 임포트
import smbus

# time 라이브러리 임포트
import time

# smbus 객체 인스턴스 생성
bus = smbus.SMBus(1)

# IC 주소
address = 0x1D

# 각 축의 데이터 주소
x_adr = 0x32
y_adr = 0x34
z_adr = 0x36

# 센서 IC를 초기화하는 함수
def init_ADXL345():
    # POWER_CTL 레지스터(주소: 0x2D)의 Measure 비트에 1을 써서 계측 시작
    bus.write_byte_data(address, 0x2D, 0x08)

# IC에서 데이터를 얻는 함수
def measure_acc(adr):
    # 각 축의 측정값 하위 바이트를 읽기
    acc0 = bus.read_byte_data(address, adr)
    # 각 축의 측정값 상위 바이트를 읽기
    acc1 = bus.read_byte_data(address, adr + 1)
```

```python
        # 수신한 2바이트 데이터를 10비트 데이터로 합치기
        acc = (acc1 << 8) + acc0
        # 부호가 있는지(10비트째가 1인지) 판정
        if acc > 0x1FF:
            # 음수로 변환
            acc = (65536 - acc) * -1
        # 가속도 값으로 변환
        acc = acc * 3.9 / 1000
        # 결과 반환
        return acc


# 예외 처리
try:
    # IC 초기화
    init_ADXL345()

    # 무한 반복
    while 1:
        # 함수를 호출해서 데이터 얻음
        x_acc = measure_acc(x_adr)
        y_acc = measure_acc(y_adr)
        z_acc = measure_acc(z_adr)
        # 결과 표시
        print('X = %2.2f' % x_acc, '[g], Y = %2.2f' % y_acc, '[g], Z = %2.2f'
            % z_acc, '[g]')
        # 0.5초 대기
        time.sleep(0.5)

# 키보드에서 예외 검출
except KeyboardInterrupt:
    # 아무것도 하지 않음
    pass
```

init_ADXL345() 함수는 가속도 센서 IC 내부에 있는 레지스터에 접근해서 IC를 측정 모드로 만듭니다.

measure_acc(adr)은 지정한 축의 가속도 값을 돌려주는 함수로 인수 adr에는 각 축의 가속도 데이터를 가진 레지스터 주소를 지정합니다. 가속도 센서의 데이터 시트에 따르면 1비트당 가속도 값은 3.9mg입니다. 그러므로 이 함수에서 acc = acc * 3.9 / 1000으로 수신 데이터에 1비트당 가속도 값을 곱해 실제 가속도 값을 구합니다.

프로그램을 실행하면 각 축의 가속도 값이 표시됩니다.

```
>>> %Run I2C_0.1.py
X = 0.00 [g], Y = 0.00 [g], Z = 0.00 [g]
X = 0.05 [g], Y = -0.03 [g], Z = 0.96 [g]
X = -0.23 [g], Y = -0.32 [g], Z = 0.76 [g]
X = -0.10 [g], Y = -0.58 [g], Z = 0.67 [g]
X = 0.26 [g], Y = -0.76 [g], Z = 0.37 [g]
X = 0.14 [g], Y = -0.87 [g], Z = 0.49 [g]
X = -0.70 [g], Y = -0.42 [g], Z = 0.39 [g]
X = -0.93 [g], Y = 0.20 [g], Z = 0.15 [g]

X = -0.88 [g], Y = 0.32 [g], Z = 0.18 [g]
X = -0.70 [g], Y = 0.0.5 [g], Z = 0.65 [g]
X = -0.37 [g], Y = -0.00 [g], Z = 0.81 [g]
X = -0.04 [g], Y = -0.12 [g], Z = 0.96 [g]
X = -0.20 [g], Y = -0.32 [g], Z = 0.97 [g]
X = -0.03 [g], Y = -0.51 [g], Z = 0.84 [g]
X = 0.28 [g], Y = -0.61 [g], Z = 0.68 [g]
X = 0.44 [g], Y = -0.65 [g], Z = 0.60 [g]
X = 0.56 [g], Y = -0.60 [g], Z = 0.55 [g]
>>>
```

브레드보드를 기울이면 각 축의 값이 변하는 걸 확인할 수 있습니다.

이번에는 GUI 프로그램을 만들어 봅시다. 이전에 만들었던 원을 움직이는 프로그램을 가속도 센서로 조작하도록 변경해 보겠습니다.

```python
# coding: utf-8

# Tkinter 라이브러리 임포트
import tkinter as tk # Python3
# import Tkinter as tk # Python2

# smbus 라이브러리 임포트
import smbus

# smbus 객체 인스턴스 생성
bus = smbus.SMBus(1)

# IC 주소
address = 0x1D

# 각 축의 데이터 주소
x_adr = 0x32
y_adr = 0x34
z_adr = 0x36

# Tk 객체 인스턴스 생성
root = tk.Tk()

# Canvas 객체 인스턴스 생성
# 폭: 200, 높이: 200
c = tk.Canvas(root, width = 500, height = 500)
# 캔버스 배치
c.pack()

# 원 작성
# 좌표 (200, 200)에서 (220, 220), 색: 녹색
cc = c.create_oval(200, 200, 220, 220, fill = 'green')

# IC 초기화하는 함수
def init_ADXL345():
```

```
        # POWER_CTL 레지스터(주소: 0x2D) Measure 비트에 1을 써서 측정 시작
        bus.write_byte_data(address, 0x2D, 0x08)


# IC에서 데이터를 얻는 함수
def measure_acc(adr):
    # 각 축의 측정값 하위 바이트를 읽음
    acc0 = bus.read_byte_data(address, adr)
    # 각 축의 측정값 상위 바이트를 읽음
    acc1 = bus.read_byte_data(address, adr + 1)
    # 수신한 2바이트 데이터를 10비트 데이터로 합침
    acc = (acc1 << 8) + acc0
    # 부호가 있는지(10비트째가 1인지) 판정
    if acc > 0x1FF:
        # 음수로 변환
        acc = (65536 - acc) * -1
    # 가속도 값으로 변환
    acc = acc * 3.9 / 1000

    # 결과 반환
    return acc


# 측정값에서 원 이동량을 결정하는 함수
def movement(val):
    # 측정값에서 이동량을 결정
    m_val = 0
    if val > 0.5 :
        m_val = 10
    elif val > 0.2 :
        m_val = 5
    elif val < -0.5 :
        m_val = -10
    elif val < -0.2 :
        m_val = -5
    # 결과 반환
    return m_val
```

```python
# 각 채널 측정값에서 이동량을 구하는 함수
def check_acc():
    # x 방향 데이터 얻음
    x_acc = measure_acc(x_adr) * -1
    # y 방향 데이터 얻음
    y_acc = measure_acc(y_adr)
    # 결과를 리스트로 반환
    return [movement(x_acc), movement(y_acc)]

# 원을 움직이는 함수
def draw():
    # 이동량 얻음
    diff = check_acc()
    # 이동량에 따라 움직임
    c.move(cc, diff[0], diff[1])
    # 0.05초 뒤에 자기 자신을 호출
    root.after(50, draw)

# IC 초기화
init_ADXL345()

# draw 함수 실행
draw()

# root 표시
root.mainloop()
```

measure_acc(adr) 함수는 가속도 센서에서 데이터를 얻어서 가속도 값으로 환산합니다.

movement(val) 함수는 측정값에 따라 원의 이동량을 5단계로 결정합니다.

check_acc()는 위 두 함수를 사용해서 가속도 센서의 X축과 Y축 기울기에서 이동량을 리스트로 반환합니다. X축은 가속도 센서 측정값의 양수와 음수를 화면의 X축 방향에 맞추기 위해서 부호를 반전시킵니다.

원을 움직이는 건 draw( ) 함수입니다. draw( ) 함수는 함수 안에서 0.05초 뒤에 자기 자신을 호출해 원을 다시 그리므로 원이 움직이는 것처럼 보입니다.

프로그램을 실행하면 다음과 같은 창이 표시되고, 이 상태에서 브레드보드를 기울이면 화면의 원이 움직입니다(조작할 때는 가속도 센서 모듈 기반의 핀이 5핀 쪽 앞으로 오게 합니다).

그림 4-80 tk_I2C_01.py 실행 결과

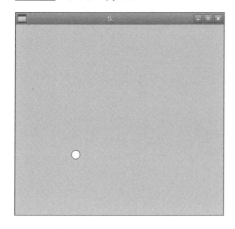

이 절에서는 I²C 인터페이스로 가속도 센서를 제어해 보았습니다. 예전에는 아날로그 전압을 출력하는 타입의 센서가 많았는데, 최근에는 IC 제조 기술이 발달하면서 측정값을 디지털 데이터로 출력하는 센서 IC가 많아졌습니다.

측정값을 디지털 데이터로 출력하는 센서 IC는 대부분 I²C 인터페이스를 탑재합니다. 이번에 소개한 가속도 센서 외에도 센서 IC는 종류가 많아서 다양한 장치에 응용할 수 있습니다. 예를 들어 온도 센서와 습도 센서와 대기압 센서를 조합해서 간단한 기상 예측 장치를 만들거나, 가속도 센서에 자이로 센서를 조합해서 2족 보행 로봇의 자세 제어에 사용하거나, 지자기 센서와 GPS 모듈을 사용해서 내비게이션 시스템을 만들 수도 있습니다.

I²C 인터페이스를 잘 알아 두면 다양한 센서 IC를 쉽게 이용할 수 있습니다. 각종 센서 IC를 실제로 사용해 보며 배워 보기 바랍니다.

> **TIP**
> I2C_01.py 코드와 tk_I2C_01.py 코드의 address=0xID 부분을 현재 연결된 주소로 수정해야 합니다. 숫자 또는 숫자 + 영문 조합을 1D 대신 넣으면 됩니다. 예를 들어 52라고 나왔다면 address = 0x52로 수정하면 됩니다.

WiringPi

WiringPi는 C 언어로 만들어진 GPIO를 제어하는 라이브러리입니다. C 언어 프로그램으로 GPIO를 제어한다면 자주 사용합니다. WiringPi에서 제공하는 함수는 아두이노 함수와 비슷하므로 아두이노 프로그래밍 경험이 있다면 손쉽게 학습할 수 있습니다.

WiringPi는 코드네임 Jessie의 라즈비안부터 표준으로 설치되어 있습니다. 따라서 WiringPi를 파이썬에서 부르기 위한 래퍼 라이브러리를 설치하면 WiringPi의 편리한 함수를 파이썬에서도 사용할 수 있습니다.

이런 래퍼 라이브러리 설치법은 다음과 같습니다.

```
sudo pip3 install wiringpi2
```

LED를 켜고 끈다면 다음처럼 작성합니다.

```python
# coding: utf-8

# WiringPi 라이브러리 임포트
import wiringpi

# 사용할 핀 번호
PIN_LED = 17

# GPIO 초기화
wiringpi.wiringPiSetupGpio()
# LED를 연결한 핀을 출력으로 설정
wiringpi.pinMode(PIN_LED,wiringpi.OUTPUT)

# 예외 처리
try:

    # 무한 반복
    while True:
        # LED 켜기
        wiringpi.digitalWrite(PIN_LED, wiringpi.HIGH)
        # 1초 대기
        wiringpi.delay(1000)
        # LED 끄기
        wiringpi.digitalWrite(PIN_LED, wiringpi.LOW)
        # 1초 대기
        wiringpi.delay(1000)
```

```
# 키보드 예외 검출
except KeyboardInterrupt:

    # 아무것도 하지 않음
    pass

# 핀을 입력으로 바꾸고 LED 끄기
wiringpi.pinMode(PIN_LED, wiringpi.INPUT)
wiringpi.pullUpDnControl(PIN_LED, wiringpi.PUD_DOWN)
```

이 프로그램은 1초마다 LED 켜고 끄기를 반복합니다. WiringPi 각종 함수는 wiringpi 객체 메서드에 대응합니다. WiringPi에 대한 자세한 내용은 다음 URL을 참조하기 바랍니다.

• http://wiringpi.com/

부록

A 라즈비안 백업과 복원

라즈비안 업데이트, 환경 설정, 무선 LAN 설정 등 각종 설정을 하고 난 후 라즈비안 이미지를 백업해 두면 라즈비안을 다시 초기 상태로 되돌려야 할 때 이미 설정이 다 되어 있는 라즈비안 이미지를 사용할 수 있어 편리합니다.

A.1 백업과 복원 방법(윈도)

■ 백업 방법

① 작업용 PC에 빈 이미지 파일(.img)을 작성합니다. 윈도에서는 마우스 오른쪽 버튼을 눌러서 나오는 메뉴에서 **새로 만들기 > 텍스트 문서**를 클릭해 텍스트 파일을 만듭니다. 그러고 나서 .txt 확장자를 **.img**로 변경합니다(이때 파일명도 변경해서 raspbian_backup. img처럼 알기 쉬운 이름으로 지정하면 좋습니다). 경고 메시지가 표시되면 **예**를 클릭합니다.

그림 a-1 빈 이미지 파일 작성하기

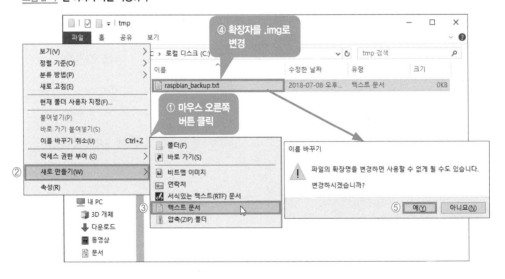

❷ 라즈비안 데이터가 든 마이크로 SD 카드를 작업용 PC에 넣고 Win32 Disk Imager를 실행합니다. Win32 Disk Imager 창의 Image File에 ❶에서 **작성한 파일을 지정**하고, Device에 **마이크로 SD 카드 드라이브**를 지정한 후 **Read**를 클릭하면 마이크로 SD 카드 데이터가 지정한 파일에 내용을 작성합니다(Win32 Disk Imager 설치 방법은 49쪽 '4.2 이미지 파일을 마이크로 SD 카드에 설치하기'를 참조하기 바랍니다). 모든 작업이 끝나면 파일 용량이 마이크로 SD 카드 용량과 비슷해집니다.

그림 a-2 Win32 Disk Imager로 이미지 파일 작성하기

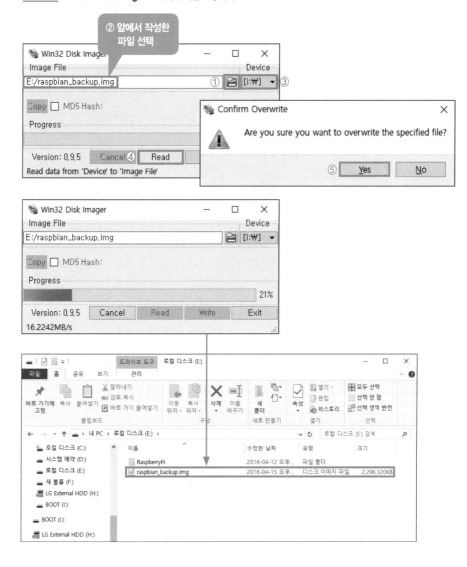

■ **복원 방법**

① SD 포매터를 실행해서 Option을 클릭한 후 FORMAT TYPE을 QUICK, FORMAT
SIZE ADJUSTMENT를 ON으로 설정하고 OK를 클릭합니다. Format을 클릭하여 SD
카드를 퀵 포맷합니다(SD 포매터 설치 방법은 75쪽 '6 마이크로 SD카드 포맷하기'를 참
조합니다).

그림 a-3 SD 포매터로 포맷하기

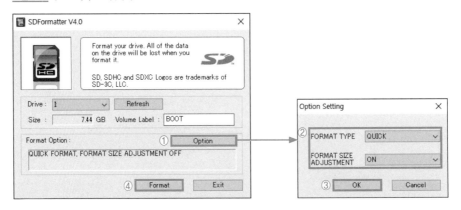

② Win32 Disk Imager에서 미리 만들어 둔 **백업 파일을 지정**한 후 Write를 클릭해 마이크
로 SD 카드에 백업 데이터를 작성합니다(SD 카드 드라이브명은 미리 확인해 두기 바랍
니다. 드라이브를 잘못 지정하면 드라이브의 데이터가 손상될 수 있습니다).

그림 a-4 Win32 Disk Imager로 이미지 파일 작성하기

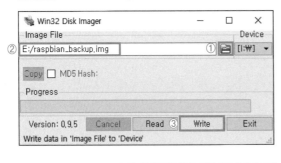

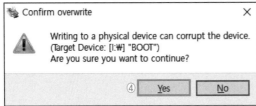

A.2 백업과 복원 방법(OS X)

OS X에서 라즈비안 이미지를 백업하려면 터미널을 실행해 다음 명령어를 실행합니다.

```
sudo dd bs=1m if=/dev/disk1 of=/Users/username/Desktop/backup.img
```

여기서 if=/dev/disk1로 지정한 디바이스 번호에는 이미지를 작성했을 때와 마찬가지로 시스템 정보에서 조사한 BSD명을 입력합니다. username에는 로그인한 사용자명을 입력합니다(53쪽 '4.4 맥에서 사용하는 방법' 참조). dd 명령어를 실행할 때는 명령어를 잘못 입력하지 않도록 조심하기 바랍니다. 상황에 따라서는 PC에 있는 데이터가 손상될 수도 있습니다.

명령어를 실행하고 암호를 입력하면 백업이 시작됩니다. 백업하는 데 시간이 좀 걸립니다(대략 30분).

백업이 끝나면 터미널에 종료 메시지가 표시됩니다. 종료 후 SD 카드 아이콘을 클릭해서 꺼내기를 선택합니다.

백업 복원 방법은 이미지 파일을 작성하는 방법과 같습니다. 자세한 건 53쪽 '4.4 맥에서 사용하는 방법'을 참조하기 바랍니다.

A.3 라즈비안을 최신 상태로 만들기

복원한 라즈비안은 백업한 시점부터 업데이트되지 않은 상태입니다. 라즈베리 파이를 부팅한 다음 반드시 LXTerminal에서 다음 명령어를 실행해 라즈비안을 최신 상태로 만들어야 합니다.

라즈비안을 최신 상태로 만드는 명령어

```
sudo apt-get update
sudo apt-get upgrade
```

위에서부터 순서대로 실행하기 바랍니다.

부품명	제품 번호 · 규격	제조사	사용하는 곳	비고
LED	BL-B5134(333HD)	BRIGHT LED	4.3	빨강, Φ5mm라면 다른 제품 번호도 가능
저항	1.3kΩ	지정된 것 없음	4.3	
버튼 스위치	STP-1250	성문일렉트로닉스	4.3	
저항	10kΩ	지정된 것 없음	4.3	
모터 드라이버 IC 모듈	TB6612FNG	ShenzenAV	4.4	
DC 모터	RC-260B	KELONG	4.4	
건전지 홀더	AA 건전지 2개용	지정된 것 없음	4.4	
건전지 홀더	AA 건전지 3개용	지정된 것 없음	4.4	
스테핑 모터	28BYJ-48	ShenzenAV	4.4	
트랜지스터 어레이 IC	TD62783APG	도시바	4.4	
서보 모터	SG-90	TowerPro	4.4	
라즈베리 파이 카메라	Raspberry Pi Camera Board	Raspberry Pi	4.5	
A/D 컨버터 IC	MCP3002	Microchip	4.6	
CdS 셀	Φ5 또는 Φ10	지정된 것 없음	4.6	
저항	100kΩ	지정된 것 없음	4.6	
가변저항	BOCHEN WIW3386P	ShenzenAV	4.6	
조이스틱	Joystick Module	ShenzenAV	4.6	아날로그 조이스틱과 피치 변환 기판 세트
3축 가속도 센서 모듈	ADXL345	엘레파츠	4.7	
핀 헤더	2.54mm피치 40핀	지정된 것 없음	4.4, 4.6	제품에 따라 포함되지 않는 경우도 있으므로 40핀 길이 정도로 잘라서 사용하는 것도 가능

* LED, 저항, CdS 셀, 핀 헤더 등과 같이 지정된 것이 없는 부품의 경우 인터넷 쇼핑몰(ex. 엘레파츠(http://www.eleparts. co.kr/))에서 부품명으로 검색하여 구할 수 있습니다. 본문에 나와 있는 사진과 비슷한 것을 사면 됩니다.
* 본문에서 사용한 부품 중에는 국내에서 구할 수 없거나 단종된 부품이 있을 수 있습니다. 제품 번호로 검색되지 않을 경우 부품명으로 검색하여 비슷한 것을 사면 됩니다. 단, 모델에 따라 핀 위치, 형태, 전선 색상 등이 다를 수 있으므로 본문에 나와 있는 회로도나 배선도를 볼 때 주의해야 합니다.

C 한글 설정 방법 2

앞에서 소개한 방법으로 한글이 설정되지 않는다면 다음 방법도 참고해 보세요.

① 2018-04-18-raspbian-stretch.img를 설치한 뒤 아무것도 설정하지 않은 라즈베리 파이를 준비합니다. 한글을 설정하려면 인터넷이 연결된 환경이 필요하므로 인터넷을 연결해야 합니다.

그림 c-1 아직 인터넷이 연결되지 않은 상태

② Raspberry Pi Configuration 창을 열어 Timezone을 **Asia / Seoul**로 설정합니다.

그림 c-2 Timezone을 Asia / Seoul로 설정

❸ WiFi Country Code를 **KR Korea (South)**, Keyboard를 **Korea 키보드**로 설정합니다.

<u>그림 c-3</u> **WiFi Country Code를 KR Korea(South)로 설정** | <u>그림 c-4</u> **Korea 키보드로 설정**

❹ WiFi를 연결합니다.

<u>그림 c-5</u> **WiFi가 연결된 상태**

❺ 웹 브라우저를 열어 보면 이미지가 아닌 한글이 깨져 보입니다. 한글 폰트가 없기 때문입니다.

<u>그림 c-6</u> **한글이 깨져 보이는 상태**

⑥ 한글 폰트를 설치해야 합니다. Add / Remove Software 창으로 설치해 보겠습니다. Add / Remove Software 창을 열고 무료 폰트인 **nanum**을 검색합니다. **Nanum Korean fonts**를 체크한 뒤 **Apply**를 클릭합니다.

그림 c-7 nanum으로 검색한 화면

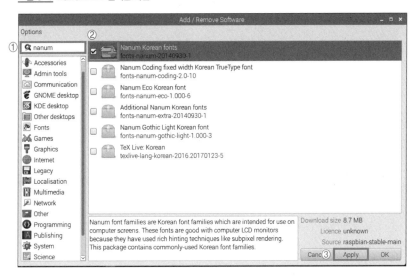

⑦ Password를 입력 창이 뜹니다. **⑧** 단계를 먼저 따라한 후 돌아와 Password를 입력하고 **⑨** 단계로 이동합니다.

그림 c-8 Password 입력 창

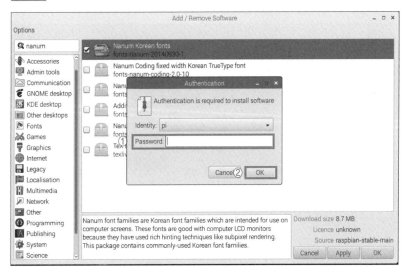

❽ Password를 설정하지 않았을 경우 초기화해 줍니다. Raspberry Pi Configuration 창을 열어 Change Password…를 클릭하여 Password를 바꿉니다.

그림 c-9 **Change Password**

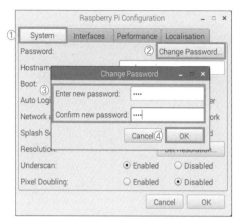

그림 c-10 **설치 완료**

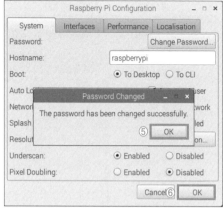

❾ 웹 브라우저를 열어 보면 한글이 제대로 보입니다.

그림 c-11 **한글이 제대로 보이는 웹 페이지**

⑩ 이제 한글을 입력할 수 있도록 ibus-hangul을 설치합니다. 터미널 창을 열어 다음 명령어를 차례로 실행합니다. 중간에 [Y / n]을 묻는 부분이 나오면 Y를 입력합니다.

```
sudo apt-get install fonts-unfonts-core
sudo apt-get install ibus
sudo apt-get install ibus-hangul
ibus engine hangul
```

⑪ 이제 [한/영] 키를 누르면 한글을 입력할 수 있습니다(Pi를 재부팅했을 때 한글이 입력되지 않으면 터미널에서 ibus engine hangul을 다시 한 번 입력해 보세요).

그림 c-12 한글 입력 가능

D 참고 자료

- 《모두의 파이썬(みんなのPython)》 柴田淳, SB Creative
- 《러닝 파이썬》 마크 루츠 저, 강성용·조인중 역, 제이펍
- 《Python in a Nutshell》 Alex Martelli, O'Reilly
- 《Python for Kids : A Playful Introduction to Programming》 Jason R. Briggs, no starch press